복 있는 사람

오직 여호와의 율법을 즐거워하여 그 율법을 주야로 묵상하는 자로다.
저는 시냇가에 심은 나무가 시절을 좇아 과실을 맺으며 그 잎사귀가 마르지 아니함 같으니
그 행사가 다 형통하리로다. (시편 1:2-3)

이 책은 히브리어 원문이라는 높은 문턱을 누구나 넘을 수 있도록 다정히 손을 내미는 친절한 안내서입니다. 흔히 번역은 반역이라고 하지요. 원문에는 번역에서 맛볼 수 없는 맛이 있습니다. 번역 속에 가려진 성경 구절의 뜻을 원어로 세밀하게 풀어내며, 평범한 독자도 말씀이 지닌 깊은 울림과 섬세한 뉘앙스를 직접 맛볼 수 있게 도와줍니다. 저자 전원희 목사는 신학교 시절부터 히브리어에 남다른 열정을 품고 원문에 대한 사랑을 갈고닦아 온 분입니다. 그 열정은 학문적 성취에 머물지 않고, 한국교회 성도와 열매를 나누고자 하는 열심으로 이어졌습니다. 이 책은 그 긴 여정의 결실입니다. 성경을 사랑하는 모든 이들이 이 책을 통해 원문의 숨결과 빛깔을 새롭게 발견하며, 말씀의 깊은 샘 속에 더 깊이 빠져드는 기쁨을 누리게 되리라 확신합니다.

홍국평 | 연세대학교 신과대학 구약학 교수

성경은 언제나 가까이에 있으면서도 끝내 닿을 수 없는 먼 별과 같습니다. 눈앞에 펼쳐져 있으나, 번역의 옷을 입은 순간 우리는 그 빛을 일부만 보게 됩니다. 언어의 벽 너머에서 아직 들려오지 않은 울림이 있습니다. 전원희 목사의 『히브리어로 읽는 모세오경』은 그 울림을 직접 듣게 해주는 책입니다.

"문법을 중심에 두기보다 성경 본문을 중심에 두고, 그 내용을 더욱 정확히 이해하기 위한 도구로서 문법을 활용합니다." 이 고백은 이 책이 학술서가 아니라 성경 본문의 세계로 인도하는 안내서임을 증언합니다. 히브리어 한 단어가 어떻게 창세기의 평등을 밝히고, 출애굽기의 신비를 드러내며, 레위기의 거룩을 조명하며, 민수기의 고통을 기록하고, 신명기의 기억을 불러오는지를 살피고, 그 길을 따라가다 보면, 성경은 더 이상 낡은 기록이 아니라 지금 우리의 신앙을 여는 불빛이 됩니다.

말씀과 독자 사이에 놓여 있던 오래된 장벽을 허물고, 원어의 숨결이 곧 신앙의 숨결임을 체험하게 하는 전원희 목사의 『히브리어로 읽는 모세오경』은, 설교자에게는 본문을 새롭게 열어 주는 열쇠가 되고, 평신도에게는 오경의 세계를 엿볼 수 있는 창이 될 것입니다.

송민원 | 더바이블 프로젝트 대표, 『히브리어의 시간』의 저자

전원희 목사의 『히브리어로 읽는 모세오경』은 창세기부터 신명기까지, 유대인과 기독교인들이 소중하게 여긴 구절들을 차근차근 풀어 설명하면서도, 단순한 해설에 그치지 않고, 구절 속에 담긴 히브리어 단어와 표현을 짚어 주어 말씀의 의미를 한층 깊이 이해하도록 돕습니다. 또한 교회를 향한 따뜻한 제언을 통해 목회자와 성도 모두가 성경을 새롭게 바라보는 길을 엽니다. 더불어 각 장 끝머리 부분에서 히브리어 단어와 중요한 문법 설명을 간단하게 덧붙여, 처음 히브리어를 배우는 분이나 문법 공부에 어려움을 겪었던 분들도 부담 없이 이해할 수 있도록 배려합니다. 이 책은 성경을 더 깊이 알고 싶어하는 목회자나, 평신도 모두에게 좋은 길잡이가 될 것입니다.

이삭 | 연세대학교 한국기독교문화연구소 연구교수

히브리어로 읽는
모세오경

히브리어로 읽는 모세오경

2025년 9월 5일 초판1쇄 인쇄
2025년 9월 12일 초판1쇄 발행

지은이 전원희
펴낸이 박종현

(주) 복 있는 사람
주소 서울특별시 마포구 연남동 246-21(성미산로23길 26-6)
전화 02-723-7183(편집), 7734(영업·마케팅)
팩스 02-723-7184
이메일 hismessage@naver.com
등록 1998년 1월 19일 제1-2280호

ISBN 979-11-7083-287-4 03230

히브리어로 읽는 모세오경

전원희

차례

시작에 앞서

그리스도인들은 성경을 무척 사랑합니다. 성경은 기록된 하나님의 말씀이며 하나님의 감동으로 쓰인 것이기에, 우리를 교훈하고 책망하며 바르게 살도록 돕고 의로 교육하기에도 유익하기 때문입니다(딤후 3:16). 우리는 바로 그 성경을 읽고 묵상하며, 지칠 때나 기쁠 때나 그 안에서 삶의 지혜와 위로를 얻습니다.

그러나 이렇게 성경을 사랑하고 가까이하려는 노력에도 불구하고, 오늘날 한국 교회의 현실과 개인의 신앙에는 여전히 깊은 갈증이 있습니다. 성경을 많이 읽었지만, 정작 본문이 전하는 본래 의미와 의도를 제대로 알지 못하는 데서 오는 갈증이지요. 더 나아가 성경이 오늘 우리의 삶과 현실에도 여전히 의미가 있는지에 대한 문제의식도 있습니다. 이러한 문제를 해결하지 못한 채 신앙생활을 하다 보면, 우리는 점점 성경의 본질에서 멀어지고, 형식적인 신앙에 머물거나 세상의 가치관 속에서 방황하기도 합니다. 과연 우리는 기록된 말씀 속에서 하나님과의 살아 있는 만남을 진정 경험하고 있을까요?

이 질문은 자연스럽게 성경을 사랑하는 그리스도인들이 오래도록 품어 온 또 다른 갈망으로 이어집니다. 바로 성경을 원어로 읽는 것입니다. 왜냐하면 언어는 단순한 의사소통 수단을 넘어 그 시대의 문화와 풍습, 사고방식, 정치와 경제가 응축된 문명의 거울이기 때문입니다. 구약성경을 기록한 히브리어 역시 고대 이스라엘 사회의 정신이 고스란히 배어 있는 언어입니다. 따라서 번역된 언어로는 결코 다 담아내지 못하는 미묘한 뉘앙스와 깊이가 원어 속에 숨어 있습니다. 예를 들어 한 단어가 가진 다층적인 의미, 문맥에 따라 달라지는 뉘앙스, 혹은 단순히 번역으로는 살릴 수 없는 언어의 리듬과 울림은 독자들로 하여금 마치 성경의 현장에 서 있는 듯한 생생함을 느끼게 합니다. 원어로 성경을 읽는다는 것은 곧 고대 세계의 창을 열고, 성경이 기록된 시간과 공간 속으로 직접 들어가는 일입니다. 성경의 원어는 살아 계신 하나님의 이야기를 더 생생하고 풍성하게 들려주는 통로입니다. 바로 이 지점에서 원어 성경의 매력이 있습니다.

하지만 성경의 원어를 배우는 일은 진입 장벽이 상당히 높습니다. 신학교 수업에서도 히브리어와 헬라어는 많은 시간과 노력을 기울여야 하는 '악명 높은' 과목으로 유명합니다. 그렇다면 우리는 성경을 원어로 접할 기회를 전혀 가질 수 없는 것일까요? 이 책은 그 기대를 조금이나마 채우기 위해 탄생했습니다.

이 책은 히브리어를 본격적으로 가르치는 문법 교재는 아닙니다. 그 대신 오경의 내용을 개론적으로 조망하면서, 각 권의 핵심 주제와 메시지를 이해하는 데 꼭 필요한 히브리어 단어와 문법을 함께 살펴보며 읽어 나가는 책입니다. 이를 위해 오경 전체를 다루기보다는, 각 권의 핵심 주제가 담긴 본문을 선별해 히브리어로 분석하고 그 의미를 풀어냈습니다. 다시 말해 이 책은 히브리어 문법 자체보다 성경 본문을 중심에 두고, 그 내용을 더욱 정확하고 깊이 있게 읽기 위해 원어를 탐구하는 데 초점을 맞췄습니다.

따라서 이 책은 신학교 교재처럼 체계적인 문법 교육을 목표로 하지 않으며, 필요한 만큼만 간결하게 문법을 다룹니다. 독자들이 이 책을 통해 오경의 흐름과 구조, 핵심 메시지를 파악하고, 동시에 히브리어 원어로 성경을 읽을 때 드러나는 본문의 의미를 맛보게 되기를 바랍니다. 더 나아가 이 책은 단순한 학문적 접근을 넘어 우리의 신앙 여정에 깊이를 더하고 실제적인 통찰을 제공하며, 우리가 직면한 현실 속에서 말씀의 참된 의미를 발견하도록 돕는 것을 목표로 합니다. 만약 이 과정에서 히브리어에 대한 관심이 더 깊어진다면, 그것만으로도 이 책은 충분히 역할을 다한 것입니다.

오경의 히브리어 명칭인 '토라'(תּוֹרָה)는 흔히 '율법'으로 번역되지만 '가르침' 또는 '교육'이라는 뜻도 담고 있습니다. 전통적으로 오경의 저자는 모세로 알려져 있으며, 모세를 통해 주어진 하나님의 가르침이 그 안에 담겨 있습니다.

오경의 첫 책인 창세기에는 창조주 하나님을 벗어나려는 인간의 끊임없는 욕망과 죄를 다룬 원역사(창 1-11장)와 타락한 인류를 구원하기 위해 한 가정을 선택하신 하나님의 역사를 그린 족장사(창 12-50장)로 구성됩니다. 출애굽기는 요셉의 죽음 이후 이집트에서 고통받던 이스라엘을 구원하신 하나님의 이야기와 성막을 통해 인간이 하나님께 나아갈 길이 열리는 과정을 담고 있습니다. 즉, 출애굽기는 하나님의 '다가오심'에 관한 이야기입니다. 레위기는 '거룩'을 핵심 주제로 삼아 제사 규정, 정결법, 대속죄일, 법전 등을 다루며, 거룩의 본질이 '구별'에 있음을 드러냅니다. 그러나 이 구별은 하나님과 이스라엘의 관계에 해당하는 것이지, 이스라엘이 다른 민족보다 우월하여 그들 위에 군림해도 된다는 의미가 아님을 강조합니다. 민수기는 광야에서의 사건들을 기록하며, 끊임없는 불순종에도 이스라엘을 포기하지 않으시는 하나님의 인내를 다룹니다. 또한 안식년, 희년 등을 통해 공동체가 함께 살아가도록 하신 하나님의 뜻을 보여줍니다. 오경의 마지막 책 신명기는 약속의 땅 앞에 선 이스라엘을 향해 하나님의 말씀에 대한 '순종'을 강력하게 촉구하는 내용을 담고 있습니다.

이처럼 구약성경의 핵심을 담은 오경을 히브리어의 풍성한 의미와 함께 읽는다면, 그 이야기가 우리 마음에 더욱 깊이 새겨질 것입니다. 오경은 단순히 오래된 기록이 아니라, 오늘 우리의 삶과 신앙에 여전히 살아 있는 말씀입니다. 각 권의 핵심 주제가 주는 통찰을 통해, 말씀 안에서 우리가 직면한 현실의 문제들을 어떻게 풀어 나갈 수 있을지도 함께 고민하면 좋겠습니다.

2025년 9월
전원희

자음과 음가

알파벳	끝 자음 (소피트)	히브리어 발음	영어 발음	한글 발음	음가	숫자	의미
א		אָלֶף	ʾalef	알레프/ 알렙	ʾ	1	소
ב בּ		בֵּת	bet	베트	$\underline{b}$ b	2	집
ג גּ		גִּימֶל	gimel	기멜/김멜	$\underline{g}$ g	3	낙타?
ד דּ		דָּלֶת	dalet	달레트/ 달렡	$\underline{d}$ d	4	문
ה		הֵי	he	헤	h	5	창문의 격자
ו		וָו	vav/ waw	바브/와우	v / w	6	갈고리
ז		זַיִן	zain	자인	z	7	무기
ח		חֵת	ḥet	헤트	ḥ	8	울타리
ט		טֵת	ṭet	테트	ṭ	9	뱀?
י		יוֹד	yod	요드	y	10	손
כ כּ	ך ךּ	כַּף	kaf	카프	$\underline{k}$ k	20	손바닥
ל		לָמֶד	lamed	라메드	l	30	소 모는 막대
מ	ם	מֵם	mem	멤	m	40	물

נ	ן	נוּן	nun	눈	n	50	생선
ס		סָמֶךְ	samech	싸메크/ 싸멕	s	60	버팀목
ע		עַיִן	ʿain	아인	ʿ	70	눈
פ פ	ף	פֵּי	pe	페	p̄ p	80	입
צ	ץ	צָדֵי	ṣadê	짜딕	ṣ	90	낚시 바늘
ק		קוֹף	qof	코프	q	100	바늘귀, 뒤통수
ר		רֵשׁ	reš	레쉬	r	200	머리
שׁ		שִׁין	šin	쉰	š	300	치아
שׂ		שִׂין	śin	씬	ś		
ת ת		תָּיו	tav/ taw	타브/타우	t̲ t	400	열심자 기호

모음과 음가

발음&음가	모양						
	장모음	단모음	반모음		완전 철자법(순장 모음)		
아	□ָ	□ַ	□ֲ		□ָה		
음가	ā	a	ă		$\bar{a}^h$		
	카메쯔, 카마쯔	파타흐	하텝-파타흐				
에	□ֵ	□ֶ	□ְ	□ֱ	□ֶה	□ֵי	□ֶי
음가	ē	e	ə	ĕ	e^h	ê=ey	ê
	쩨레	쎄골	(유성) 쉐바	하텝-쎄골		쩨레 요드	쎄골 요드
이	□ִ				□ִי		
음가	i				î		
	히렉				히렉 요드		
오	□ֹ	□ָ	□ֳ		□ֹה		□וֹ
음가	ō	o	ŏ		ô		
	홀람, 홀렘	카메쯔-하툽, 카마쯔-하툽	하텝-카메쯔				바브 홀렘, 홀렘 바브

우	◌		ˈ◌
	u		û
	키부쯔, 쿠부쯔		슈룩, 슈렉
묵음	◌		
	ə		
	(무성)쉐바		

창세기

1

쩰렘(צֶלֶם), 쩰라(צֵלָע)

인간은 모두
평등하게 창조되었다

히브리 성경에서 오경의 각 권은 본문을 시작하는 첫 단어가 곧 책의 제목이 됩니다. 따라서 창세기를 시작하는 첫 단어이자 제목은 '태초에'입니다. 히브리어로는 '베레쉬트'(בְּרֵאשִׁית)라고 읽는데, 여기서 유의할 점은 히브리어는 한글과 달리 오른쪽에서 왼쪽으로 읽는다는 것입니다. '베레쉬트'는 '~안에'를 뜻하는 전치사 '베'(בְּ)와 '태초'라는 의미의 '레쉬트'(רֵאשִׁית)가 합쳐진 단어입니다. 이렇게 '태초에'가 구약성경 첫 책의 제목이 된 것입니다.

온 세상의 기원과 내력을 다루는 창세기는 하나님께서 하늘과 땅, 그리고 그 안에 있는 만물을 창조하셨음을 선포합니다. 창조 이야기는 1-3장에 걸쳐 기록되어 있으며, 일반적으로 두 부분으로 분류합니다. 전반부(1:1-2:4a)에서는 말씀으로 천지를 창조하시는 하나님의 모습이 강조되고, 후반부

(2:4b-3:24)에서는 인간 창조를 보다 상세하게 다루며, 특히 '행위로 창조하시는' 하나님의 모습을 보여줍니다. 천지창조는 칠 일 동안 이루어졌고, 그 핵심인 인간 창조는 여섯째 날에 이루어졌습니다.

이번 장에서는 하나님의 창조가 드러내는 여러 주제 가운데 '평등'에 주목하고자 합니다. 이 주제는 성경 전반에 걸쳐 자주 등장하지만, 무엇보다 성경 전체의 첫 책인 창세기의 서두, 곧 창조 이야기에서부터 다루어지고 있습니다.

하나님의 형상(מֶלֶם)

창세기의 문을 여는 문장은 다음과 같습니다.

태초에 하나님이 천지를 창조하시니라(창 1:1).

얼핏 간결해 보이는 이 문장은 앞으로 전개될 장엄한 창조의 장면을 압축해 보여줍니다. 고대 사회에서 사람들은 태양이나 달과 같은 자연물을 신으로 섬기곤 했습니다. 그러나 창세기는 서두부터 그것들이 전부 하나님의 피조물에 불과하다고 선언합니다. 하늘과 땅 그리고 그 안에 존재하는 모든 것이 하나님의 말씀으로 지어진 피조물이라는 사실은, 당시의 세계의 통념을 뒤집는 전복적인 선언이었습니다.

그리고 하나님은 마지막으로 인간을 창조하셨습니다. 인간에게는 다른 피조물과 구별되는 특별한 특징이 있습니다. 바로 '하나님의 형상'을 따라 창조되었다는 것입니다.

하나님이 이르시되 우리의 형상(מֶלֶם)을 따라 우리의 모양대로 우리가 사람을 만들고 그들로 바다의 물고기와 하늘

의 새와 가축과 온 땅과 땅에 기는 모든 것을 다스리게 하
자 하시고(창 1:26).

히브리어 '쩰렘'(מֶלֶצ)은 기본적으로 '형상', '모형'을 뜻하
고 나아가 '어떤 사물에서 갈라져 나온 것'이라는 의미도 담고
있습니다.[1] 이처럼 '쩰렘'은 본체와 형상 사이의 유사성을 설
명할 때 사용되는 단어입니다. 고대 근동에서는 신의 형상을
만들고 그것을 지상에 내려온 신으로 믿고 섬겼습니다. 또한
스스로를 신의 현현으로 선포한 제국의 왕들은 자신의 상(像)
을 통치 구역 곳곳에 세워 왕이 신의 통치를 대리한다고 주장
하는 경우가 보편적이었습니다.[2] 즉, 고대 근동에서는 왕만이
유일하게 신의 형상을 지녔고, 왕만이 신으로부터 통치권을
위임받은 자였습니다. 이러한 세계관에서는 결국 왕을 숭배
하는 문화와 종교가 강화될 수밖에 없었습니다.

그러나 하나님의 창조는 고대 근동의 세계관에 근본적인
충격을 주는 이야기였습니다. 창세기는 왕만이 신의 형상이
며 신의 대리 통치자인 동시에 숭배의 대상으로 여기는 사상
을 정면으로 비판하고, 모든 인류가 신의 형상을 따라 창조되
었다고 선포합니다. 이는 단순히 왕을 숭배하는 세계관을 거
부하는 차원을 넘어, 모든 인류가 하나님 앞에서 본질적으로
'평등'하다는 새로운 세계를 선포한 것입니다.

갈빗대(צֵלָע)

'평등'이라는 창조 이야기의 주제는 여성 창조의 장면에
서도 나타납니다.

여호와 하나님이 아담을 깊이 잠들게 하시니 잠들매 그가

그 갈빗대(צֵלָע) 하나를 취하고 살로 대신 채우시고 여호와 하나님이 아담에게서 취하신 그 갈빗대로 여자를 만드시고 그를 아담에게로 이끌어 오시니(창 2:21-22).

갈빗대는 히브리어로 '쩰라'(צֵלָע)이며, 문자 그대로 인간 신체의 일부를 가리킬 수도 있지만, '존재의 한 측면'이라는 의미로도 이해할 수 있습니다. 따라서 이 구절은 아담의 몸에서 뼈의 일부를 떼어 하와를 만들었다는 단순한 문자적인 의미보다는, '사람' 또는 '인류'라는 존재 안에 남성과 여성 두 부류가 유기적이며 영적으로 서로 분리되지 않고 하나의 통일성을 이룬다는 의미로 해석할 수 있습니다. 이는 남자와 여자를 가리키는 히브리어 단어에도 잘 드러납니다.

아담이 이르되 이는 내 뼈 중의 뼈요 살 중의 살이라. 이것을 남자(אִישׁ)에게서 취하였은즉 여자(אִשָּׁה)라 부르리라 하니라(창 2:23).

히브리어로 남자는 '이쉬'(אִישׁ), 여자는 '잇샤'(אִשָּׁה)입니다. 이는 남자와 여자의 정체성과 평등함을 강조하기 위한 의도적인 언어유희입니다. 창세기 2:23에서 처음 등장하는 '이쉬'와 '잇샤'는 단순한 성별 구분이 아니라, 남자와 여자가 서로의 존재를 규정하는 동반자임을 나타냅니다. 여자는 남자의 갈빗대에서, 남자는 흙에서 나왔다는 창조 이야기는 단순히 재료의 차이를 말하는 것이 아닙니다. 창세기 1:27은 하나님께서 자기 형상을 따라 남자와 여자를 창조하셨다고 말합니다. 즉, 두 존재 모두 하나님의 형상대로 지음받았으며 동일한 본질적 기원을 공유하는 것입니다. 이로써 남자와 여자는 서로를 통해 비로소 자신을 인식하는 동반자 관계를 이룹니다.

고대 근동에서 '이름을 부여하는 행위'는 통치와 권위를 상징했습니다. 그러나 창세기에서 아담이 여자에게 붙여 준 이름은 그것과 전혀 다릅니다. 그는 자신(이쉬)과 어근이 비슷한 이름(잇샤)을 부여함으로써, 상대를 통치나 소유 관계 아래 두는 것이 아니라, 자신과 동일한 본질과 정체성을 가진 존재임을 선포한 것입니다. 이처럼 아담은 하와를 권위를 과시하는 대상이 아닌 '동등한 존재'로서 인정합니다.[3] 그러므로 '이쉬'와 '잇샤'라는 이름은 인간의 성차가 단순한 생물학적 차원을 넘어 상호성과 동일성을 지녔음을 강조합니다. 창조 질서 안에서 남녀는 우열이 아닌 평등한 동반자로 자리매김되어 있는 것이지요.[4]

하나님의 형상을 가진 존재

앞서 살펴보았듯이 창조 이야기는 하나님께서 말씀과 행위로 세상을 창조하셨다는 진리를 선포합니다. 또한 인류가 어떻게 시작되었으며, 어떤 존재인지에 대해 분명히 설명합니다. 즉, 인간은 '하나님의 형상'을 따라 창조된 존귀한 존재입니다. 이는 고대 사회에서 오직 왕만이 특별한 존재로 여겨졌던 사고를 깨뜨리고, 모든 인간이 하나님의 형상을 따라 창조된 '평등한' 존재임을 강조합니다. 이에 대해 토마스 아퀴나스는 다음과 같이 말합니다.

여자가 남자에게 권위를 행사하면 안 되기 때문에 여자는 남자의 머리에서 만들어지지 않았다. 그리고 여자가 남자의 노예로서 남자의 멸시를 받는 것이 옳지 않기 때문에 남자의 발로부터 만들어지지 않았다(Summa Theologica I q.

92, a. 3).[5]

인간 창조의 중요한 메시지는 특정 계급만이 아니라 모든 사람이 특별하며, 누구도 다른 사람에게 숭배나 지배를 받을 수 없다는 것입니다. 구약성경은 다른 이들로부터 특별한 존재로 숭배받고자 하는 욕망을 반드시 파괴해야 할 형상, 곧 '우상'이라고 말합니다(민 33:52; 왕하 11:18; 대하 23:17; 겔 7:20; 16:17; 23:14; 암 5:26). 우리 모두는 하나님의 형상을 따라 창조된 존귀하고 특별하며 평등한 피조물입니다. 이러한 창조의 진리는 오늘날 우리의 삶, 사회 그리고 교회 공동체 안에서도 실현되어야 할 중요한 원칙입니다.

상대방이 하나님의 형상대로 창조된 평등한 존재임을 인식할 때, 비로소 진정한 연합과 건강한 관계가 시작됩니다. 하나님께서 인간을 창조하실 때 '평등'이라는 가치가 핵심이었다면, 우리는 이를 실천해야 하는 사명을 안고 있습니다. 역사 속에서 기독교를 비롯해 평등을 외치는 목소리는 끊이지 않았고, 지금도 계속되고 있습니다. 덕분에 인류 사회는 평등의 가치를 한층 더 실현시킬 수 있었고, 우리는 이를 삶 속에서 느낄 수 있습니다.

그럼에도 우리 앞에는 여전히 나아갈 길이 있습니다. 고대 근동 세계에서는 왕이 신의 대리자라는 정치, 종교적 사상이 지배적이었기 때문에 '불평등'이 당연시되었습니다. 그렇다면 현대 사회에서는 '왕'이라는 제도가 없으니 불평등 문제가 해소된 것일까요? 그렇지 않습니다. 우리는 여전히 돈과 힘, 권력을 기준으로 누가 더 대접받아야 하는지를 따지며 살아갑니다.

하나님의 형상대로 지음받은 모든 존재가 평등하다는 진리를 붙들지 않는다면, 우리는 여전히 눈에 보이지 않는 차별과 배제를 반복할 것입니다. 이 창조의 메시지는 오늘날 우리 개인과 공동체가 반드시 회복해야 할 하나님의 질서이며, 진정한 연합과 건강한 관계의 출발점입니다.

더 생각해 보기

창세기에서 '평등'은 핵심 주제입니다. 교회도 예외가 아닙니다. 교회 안에서도 헌금 액수, 직분, 능력에 따라 사람을 평가하고 구분하는 경향이 있습니다. '모든 인간은 하나님의 형상대로 평등하게 창조되었다'는 창조 원리에 어긋나는 일이지요.

그렇기에 우리는 교회 안에서 사역 배분이나 리더 선정 시, 능력이나 헌금 액수를 기준으로 삼기보다 모든 성도가 하나님의 형상으로서 존중받고 있다는 원칙을 앞세워야 합니다. 직분이나 역할과 관계없이 모든 이의 의견과 목소리에 귀 기울이는 문화가 자리 잡아야 합니다. 이를 위해 교회 교육에서도 창세기의 '평등' 메시지를 반복적이고 구체적으로 가르치는 자리가 필요합니다. 소그룹 모임이나 제직회, 리더 훈련 과정 등에서 이 주제를 다룰 수 있겠지요.

또한 교회 내 성평등 문제 역시 해결해야 합니다. 한국 교회는 여전히 남성 중심으로 이루어져 있습니다. 교회의 주요 결정 과정에 대부분 남성이 참여하고, 여성은 여전히 보조적 역할에 머무는 경우가 많습니다. 이러한 구조는 교회 내 여성의 위치와 역할을 제한하며, 직제와 사역 참여 전반에 부정적인 영향을 미칩니다.

하나님의 형상을 따라 동등하게 창조된 남성과 여성이 각자의 은사와 역량을 교회의 모든 영역에서 동등하게 발휘할 수 있어야 합니다. 이를 위해 직분 임명과 의사 결정 과정에서 남성과 여성에게 동등한 기회를 보장해야 하며, 여성이 단순히 돕는 역할을 넘어 당회와 같은 주요 의사 결정 기구에 참여할 수 있는 길을 열어야 합니다. 그렇게 함으로써 여성도 하나님께서 주신 은사와 역량에 따라 교회의 비전과 사역 방향에 대한 의견을 제시하고 결정하는 데 적극 참여할 수 있게 해야 합니다.

모두가 하나님의 형상을 따라 동등하게 존중받고, 각자의 은사와 소명이 존중되는 건강한 공동체로 성장하기 위해서는 우리부터 실천해야 합니다. 그럴 때 교회는 창세기가 보여주는 하나님 창조 질서 안에 담긴 아름다운 평등성을 세상에 드러낼 수 있을 것입니다.

새로 배운 단어와 문법

단어	발음(음역)	의미
בְּרֵאשִׁית	베레쉬트(bərēʾšît)	태초에
צֶלֶם	쩰렘(ṣelem)	형상
צֵלָע	쩰라(ṣelāʿ)	갈빗대
אִישׁ	이쉬(ʾîš)	남자
אִשָּׁה	잇사(ʾiššâ)	여자

◆ 히브리어는 오른쪽부터 읽습니다.

2

케로힘(כֵּאלֹהִים)

하나님처럼
되고 싶은 욕망

오늘날 우리는 쉽게 편을 가르고, 나와 다른 생각과 삶의 방식을 적대시하는 사회 속에 살고 있습니다. 가족, 직장, 교회에서도 '내 편 아니면 적'이라는 생각에 사로잡히는 경우가 적지 않습니다. 그러다 보니 다른 의견에 대해서도 '다르다'가 아닌 '틀리다'라고 단정하며 상대를 몰아세우는 모습을 쉽게 수 있습니다.

　이러한 사고는 교회 안에서도 내게 익숙한 예배, 내가 해오던 기도, 내가 옳다고 여기는 신앙생활 외의 다른 모습을 부정적으로 속단하게 만듭니다. 그렇다면 '다른 것'을 '틀린 것'으로 단정하는 생각은 언제부터 시작된 것이며, 우리는 과연 이 사고방식에서 벗어날 수 있을까요? 흥미롭게도 그 단초는 창세기의 오래된 이야기 속, 한 히브리어 단어에서 발견할 수 있습니다.

선악을 알게 하는 나무(עֵץ הַדַּעַת טוֹב וָרָע)

하나님께서 창조하신 인간은 에덴동산에서 다른 피조물들과 함께 하나님의 나라를 누리며 살았습니다. 무엇보다 하나님과의 교제를 통해 참된 기쁨을 누렸습니다. 에덴동산에서 인간에게는 모든 것이 허락되었지만, 유일하게 금지된 것이 있었습니다. 바로 '선악과'입니다. 이에 대해 창세기는 다음과 같이 설명합니다.

> 선악을 알게 하는 나무의 열매(עֵץ הַדַּעַת טוֹב וָרָע)는 먹지 말라. 네가 먹는 날에는 반드시 죽으리라 하시니라(창 2:17).

우리에게 익숙한 이 본문은 전체적인 뉘앙스뿐만 아니라, 단어 하나하나를 꼼꼼히 살펴보는 것이 중요합니다. 이 짧은 문장에 담긴 단어들은 인간의 죄와 타락의 본질을 드러내는 중요한 신학적 메시지를 내포하고 있기 때문입니다. 먼저 히브리어는 오른쪽에서 왼쪽으로 읽는 언어임을 기억하면서 본문의 단어들을 하나씩 살펴보겠습니다.

첫 번째 단어 '에쯔'(עֵץ)의 의미는 '나무'입니다. 두 번째 단어 '핫다아트'(הַדַּעַת)는 관사 '하'(ה)와 명사 '다아트'(דַּעַת)가 결합된 것입니다. 히브리어에는 정관사만 있기 때문에 관사는 '그'로 번역합니다. '다아트'는 '지식'을 뜻합니다. 따라서 두 번째 단어 '핫다아트'는 '그 지식'이라는 뜻이 됩니다. 세 번째 단어 '토브'(טוֹב)는 '선한'이라는 의미의 형용사인데, 수식하는 명사가 없을 경우 독립 형용사로 쓰입니다. 그래서 '선한 사람' 또는 '선한 것'이라고 번역할 수 있습니다. 네 번째 단어 '봐라'(וָרָע)는 접속사 '봐'(ו)(원래 형태는 붸[וְ])와 형용사 '라'(רָע)로 이루어져 있습니다. '악한'이라는 의미의 '라'는 '토브’와 마찬가지로 수식하는 명사가 없기 때문에 독립 형용사입니다. 그래서 ‘악한 사람’ 또는 ‘악한 것’이라고 번역합니다.

위의 네 단어를 종합해 직역하면, ‘그리고 선한 것과 악한 것의 그 지식의 나무’가 됩니다. 즉, 이 본문은 ‘인간이 옳고 그름을 스스로 판단할 수 있는 지식’에 관한 유혹을 말하고 있습니다. 하나님은 바로 이 나무의 열매를 먹지 말라고 명령하신 것이지요. 왜 그러셨을까요?

하나님처럼(כֵּאלֹהִים)

창조주이신 하나님이 피조물인 인간에게 주신 이 금지 명령을, 인간은 처음에는 순종하며 잘 지켰습니다. 그러나 금지된 것에 매력을 느끼게 만든 존재가 있었습니다. 성경에 따르면, 하나님께서 만드신 피조물 중 가장 간교한 ‘뱀’이 인간의 시선을 금지된 것으로 향하게 했습니다. 뱀은 ‘참으로’라는 말을 사용하여 인간이 이미 받은 복 외의 금지된 것을 주목하게 했고, 그로 인해 하나님 말씀의 신실함에 의심을 품게 했습니다(창 3:1). 이어서 뱀은 강한 부정으로 선악과를 먹어도 절대 죽지 않을 것이라며(창 3:4), 하나님께서 인간이 선악과를 먹고 하나님처럼 선악을 알게 될까 봐 먹지 못하게 하신 것이라고 주장했습니다. 이는 인간으로 하여금 하나님에 대한 의심과 불만을 품게 만들었습니다. 결국 인간은 뱀의 유혹을 이기지 못하고 선악과에 시선을 고정시켰고, 마음이 흔들린 그 순간 뱀은 최후의 한마디를 던집니다.

너희가 그것을 먹는 날에는 너희 눈이 밝아져 하나님과 같이 되어 선악(כֵּאלֹהִים טוֹב וָרָע)을 알 줄 하나님이 아심이니라(창 3:5).

이 문장의 히브리어 단어를 분석해 보겠습니다. 첫 번째 단어 '케로힘'(כֵּאלֹהִים)은 '~처럼, ~같이'라는 의미의 전치사 '케'(כְּ)(원래 형태는 케[כְ])와, 우리가 잘 아는 단어 '엘로힘'(אֱלֹהִים), 곧 '하나님'이 결합된 형태입니다. 따라서 이 단어는 '하나님처럼, 하나님같이'라는 뜻이 됩니다. 두 번째 단어 '토브'(טוֹב)는 앞서 선악과를 설명하면서 다룬 독립 형용사로 '선한 것'을 의미합니다. 마지막 단어 '봐라'(וָרָע) 역시 접속사 '봐'(וָ)와 독립 형용사 '라'(רָע)로 구성되어 있으며, '그리고 악한 것'으로 번역됩니다.

자, 이제 문법 분석은 끝났으니, 뱀이 어떤 생각과 내용으로 인간을 유혹했는지 보면 이렇습니다. "하나님처럼 선한 것과 악한 것을 (아는)." 얼마나 매력적인 제안입니까? 창조주 하나님의 능력을 내가 가질 수 있다는 말은 아담과 하와에게 뿌리치기 어려운 유혹이었을 것입니다. 결국 뱀의 이 마지막 말을 들은 인간은 스스로 선악과를 먹었습니다. 그리고 성경은 그들의 눈이 밝아졌다고 기록합니다.

그렇다면 이제 그들은 정말로 하나님처럼 선한 것과 악한 것을 알게 된 것일까요? 질문에 답하기 전에, 우리는 먼저 '선과 악'이 무엇인지를 깊이 이해해야 합니다.

선악과를 먹은 결과: 도덕적 자율성

인간이 알게 된 선과 악이 무엇인지에 대해서는 학자들 사이에 다양한 해석이 있습니다. 첫 번째 해석은 '성적인 지식'입니다.[6] 이는 그들이 선악과를 먹은 직후 자신들이 벗었다는 것을 깨닫고 부끄러워했기 때문입니다. 그러나 본문을 이렇게 이해하는 것은 무리가 있습니다. 이미 아담과 하와에게는 성적인 지식이 있었다고 보는 것이 자연스럽기 때문입

니다.[7]

두 번째 해석은 세상의 모든 것을 다 알게 되었다는 '전지성'(全知性)입니다.[8] 하지만 인류 역사를 살펴보면, 인간이 전지성을 얻었다고 보기는 어렵습니다. 누구도 이 명제에 동의하지 않을 것입니다.[9] 실제로 선악과를 먹은 후 그들이 얻게 된 것은 벌거벗었다는 부끄러움의 지식뿐이었습니다.[10]

세 번째 해석은 '도덕적 분별력'입니다. 즉, 옳고 그름을 정확히 알고 옳음을 선택할 수 있는 능력입니다. 하지만 선악과 사건 이후 인간이 더 나은 분별력을 갖고 살았다고 보기 어렵기에 이 해석도 동의하기 어렵습니다.

종합해 보면, 선악과를 통해 인간이 얻은 것은 특정한 '지식'이 아니었습니다. 성경은 그들이 어떤 지식을 알게 되었는지 구체적으로 밝히지 않기 때문입니다.

오히려 그들이 얻게 된 것은 '도덕적 자율성'입니다.[11] 아담과 하와는 선악과를 먹고 자신들이 벌거벗었음을 '깨닫고' 부끄러워하며 무화과나무 잎으로 몸을 가렸습니다. 이는 이전에 없던 '옳고 그름'에 대한 인식이 생겼음을 보여줍니다. 벗고 있는 것이 옳지 않다고 스스로 판단한 것이지요. 또한 그들은 선악과를 먹은 일에 대해 서로를 비난하고, 아담은 하와에게, 하와는 뱀에게 책임을 전가합니다. 이때부터 선악을 판단하는 기준이 하나님이 아니라 그들 자신이 되었고, 이것이 곧 도덕적 자율성의 시작입니다.

이후 인류는 자신이 옳다고 생각하는 것을 행하며 살았지만, 하나님이 보시기에 그것은 악했고 다른 피조물에게도 악을 행하는 일이었습니다. 결국 이들이 얻은 도덕적 자율성이란, 선악을 올바르게 정의할 수 없는 존재가 스스로 선악을 판단하는 것이었고, 그 판단의 기준을 '유익'과 '불이익'에 두는 것이었습니다. 선악을 결정할 절대적인 권한이 하나님께 있음을 배제하고, 스스로 하나님의 자리에 오르려는 욕망이 도덕적 자율성의 본질이었습니다.

이 욕망은 뱀의 말에 교묘하게 숨겨져 있던 하나님에 대한 '불신'에서 시작되었습니다. 하나님을 신뢰하지 못한 인간은 스스로의 유익을 결정하게 되었고, 그 결과 하나님을 두려워하여 숨게 됩니다. 이는 하나님과의 온전한 신뢰 관계가 깨졌음을 분명히 보여줍니다. 더 이상 하나님과의 친밀한 교제가 불가능해진 인간은 죄의식 속에 살아가게 되었습니다.

그 여파는 거기서 끝나지 않았습니다. 이전에는 자연을 다스리는 주체였던 인간이 이제는 가시와 엉겅퀴를 내는 자연과 적대적인 관계가 되었고, 다른 피조물과의 관계도 깨어졌습니다. 아담은 하와를 향해 "당신(하나님)이 준 그 여자"라고 비난하며 책임을 전가했습니다. 남녀가 하나의 통일체였던 관계는 무너져 서로를 향한 비난과 불신이 시작되었습니다. 결국 하나님께서 가장 아름답게 창조하신 세계는 인간의 손에 어지럽혀졌습니다. 이 모든 것은 피조물인 인간이 하나님처럼 선악을 아는 자가 되겠다는 욕망을 추구한 결과였습니다.

그들은 결국 피조물이 넘지 말아야 할 선을 넘고, 올라가지 말아야 할 자리에 올라갔습니다. 에덴동산에서 쫓겨난 후에도 인간은 그 욕망에 따라 살았습니다. 시간이 흘러 노아 홍수 직전에도 세상에는 죄악이 가득했습니다. 인간의 모든 계획은 항상 악할 뿐이었습니다(창 6:5). 그들은 스스로 옳다고 생각하는 것을 행했지만, 하나님이 보시기에는 악한 일이었습니다. 이후로 바벨탑 사건에서도 이 욕망은 계속해서 되풀이됩니다.

또 말하되 자, 성읍과 탑을 건설하여 그 탑 꼭대기를 하늘에 닿게 하여 우리 이름을 내고 온 지면에 흩어짐을 면하자

하였더니(창 11:4).

선악을 스스로 판단하려는 인간의 욕망

구약성경에서 하나님께서 사물이나 사람의 이름을 지으실 때, 이는 창조와 주권의 표현이자 피조물에 대한 하나님의 지배권을 상징합니다(창 1:5, 창 2:19 참조).[12] 따라서 이름을 부여받은 피조물은 창조주이신 하나님의 통치를 받는 것이 자연스러운 이치였습니다.

그러나 바벨탑을 건설한 사람들은 하나님이 아닌 자신들의 이름을 드러내고자 했습니다. 이는 하나님의 통치를 거부하려는 욕망이자 그분에 대한 저항이었습니다. 이후에도 선악을 스스로 판단하려는 인간의 욕망은 계속되었습니다. 물론 모든 사람이 잘못된 선택만 한 것은 아니었습니다.

이스라엘 역사상 가장 지혜로운 왕으로 알려져 있는 솔로몬은 왕위에 오른 뒤 하나님께 일천번제를 드렸고, 하나님은 그를 만나 주셨습니다. 하나님께서 그에게 원하는 것을 물으셨을 때, 솔로몬은 이렇게 간구했습니다.

누가 주의 이 많은 백성을 재판할 수 있사오리이까. 듣는 마음을 종에게 주사 주의 백성을 재판하여 선악(מוב ורע)을 분별하게 하옵소서(왕상 3:9).

솔로몬이 분별하고자 한 '선악'을 살펴보면, '선'에 해당하는 단어는 '토브'(מוב)이고 '악'에 해당하는 단어는 '레라'(לרע)입니다. 이 단어의 전치사 '레'(ל)를 제외하면 '라'(רע)(원형은 라[רע])가 남습니다. 즉, 두 단어이며, '토브'와 '라', 각각 '선한 것'과 '악한 것'을 의미합니다. 그러나 솔로몬이 구한 것은 단순히 선과 악을 구별하는 능력이 아니었습니다. 그는 분별을 위해 하나님과 사람들의 말을 귀 기울여 '듣는 마음'을 구했습니다. 그의 간구는 인간이 본래부터 스스로 선악을 완벽히 분별할 수 없는 피조물이라는 전제를 깔고 있습니다. 창세기의 메시지를 정확히 이해하고 있었던 것입니다.

요한 크리소스토무스(John Chrysostom)는 바벨탑 이야기에서 인간의 욕망을 다음과 같이 설명했습니다.

> … 특히 인류가 잃어버린 것은 자신의 한계를 인정할 준비가 되어 있지 않고, 항상 더 많은 것을 갈망하며 자신의 능력을 넘어서는 야망을 품는 것입니다. 이런 점에서 세상의 것을 쫓는 사람들이 많은 부와 지위를 얻으면 자신의 본성을 잃어버리고 더 높은 곳을 갈망하다가 나락으로 떨어지기도 합니다. 다른 사람들이 눈치채지 못하는 사이에 이런 일이 매일 일어나는 것을 볼 수 있습니다(Hom. Gen. 30. 5).[13]

선악을 구분할 수 있는 것은 창조주와 피조물의 본질적인 차이이며, 선악을 판단하는 것은 창조주의 고유 영역입니다. 인간이 이 선을 넘는 것은 결국 하나님의 뜻이 아닌 자기 마음대로 모든 것을 다스리려는 욕망에서 비롯됩니다.

선악과를 먹고자 했던 욕망은 성경 시대에서 끝나지 않고 오늘날까지도 형태를 바꿔 계속되고 있습니다. 창세기의 선악과 이야기는 단순히 한 번의 불순종 사건이 아니라, '하나님처럼 되려는 욕망'이 어떻게 피조물 안에 자리 잡게 되었는지를 보여줍니다. 이 욕망은 하나님만이 가지셔야 할 선악 판단의 권한을 인간이 스스로 차지하려는 시도이며, 결국 관계의 단절과 공동체의 파괴로 이어집니다.

오늘 우리 사회와 개인의 삶 속에서도 이 패턴은 여전히 반복됩니다. 내가 옳다고 믿는 기준이 절대적이라고 여기는 순간, 우리는 타인의 '다름'을 '틀림'으로 바꾸어 버립니다. 창세기는 우리에게 스스로의 기준을 내려놓고 하나님의 음성을 듣는 '겸손한 마음'을 회복할 것을 요청합니다. 그때서야 우리는 타인과 더불어 살아가는 참된 자유를 누릴 수 있습니다.

더 생각해 보기

교회 안에서조차 내가 옳다고 생각하는 기준을 절대화하고, 나와 다른 이들의 신앙 태도를 틀렸다고 정죄하는 모습이 너무도 많습니다. 예를 들어 통성기도가 익숙한 이들은 침묵기도를 냉소적으로 바라보고, 조용한 묵상기도에 익숙한 이들은 찬양과 뜨거운 기도 문화를 불편하게 여깁니다. 다름은 곧 틀림이 아닙니다. 그런데도 우리는 자신의 경험과 기준을 넘어 다른 신앙의 색깔을 존중하지 못할 때가 많습니다. 그럼 어떻게 이 문제를 해결할 수 있을까요? 하나님만이 선악의 기준이라는 사실을 다시 회복하여, 교회 공동체 안에서 다양한 신앙의 모습에 대한 존중과 포용을 실천해야 합니다. 창세기의 교훈은 단순히 과거의 이야기가 아닙니다. 오늘날 우리 안에도 여전히 도사리고 있는 교만, 곧 내가 '선악의 기준'이 되려는 마음을 깨뜨리라는 하나님의 음성입니다. 성경의 첫머리이자 인간에 관한 첫 이야기는, 피조물인 인간이 스스로 하나님 자리에 올라 선악을 구분하며 남을 판단해서는 안 된다고 말합니다. 피조물로서 인간의 자리를 떠나 하나님의 자리를 차지하려는 욕망을 거부해야 합니다. 오늘 우리는 다시, 피조물로서의 자리를 회복해야 하지 않을까요?

새로 새로 배운 단어와 문법와 문법

단어	발음(음역)	의미
עֵץ	에쯔(ʿēṣ)	나무
הַ	하(ha)	그
דַּעַת	다아트(daʿaṯ)	지식
טוֹב	토브(ṭôḇ)	선한
רַע	라(raʿ)	악한
כְּ	케(kə)	~처럼, ~같이
אֱלֹהִים	엘로힘(ʾĕlōhîm)	하나님

◆ 히브리어는 한 단어에 여러 품사가 붙을 수 있습니다. 예를 들어 명사와 관사는 한 단어로 표현됩니다.

◆ 히브리어의 관사는 정관사만 있습니다.

◆ 형용사가 수식하는 명사가 없을 때는 독립 형용사 용법으로 번역합니다. 예를 들어 '~하는 자' 또는 '~하는 것' 입니다.

3

헨(חֵן)

'노아'의 이름에
숨겨진 '은혜'

인류는 수천 년 동안 발전해 왔지만, 악의 문제는 여전히 해결되지 않은 채 우리 세계 곳곳에서 드러납니다. 그래서 우리는 그리스도인으로서 질문하게 됩니다. '하나님은 왜 이런 악한 세상을 그대로 두실까?', '하나님은 세상의 죄악에 관심이 있으신 걸까?' 이 질문은 우리 마음을 무겁게 합니다. 도대체 악은 어디서 비롯된 것일까요? 하나님은 죄로 물든 이 세상을 어떻게 보고 계실까요? 세상을 향한 하나님의 은혜와 인도하심은 여전히 유효할까요?

인간의 죄악과 하나님의 마음

앞선 질문의 해답을 찾기 위해 우리는 창세기 이야기 속, 죄가 만연했던 노아의 시대로 들어가 보려 합니다.

여호와께서 사람의 죄악(רָעַת הָאָדָם)이 세상에 가득함과 그의 마음(לִבּוֹ)으로 생각하는 모든 계획이 항상 악할 뿐(רַק רַע כָּל־הַיּוֹם)임을 보시고(창 6:5).

성경은 하나님께서 보신 당시 사람들의 모습을 두 가지로 묘사합니다. 첫째, "사람의 죄악이 세상에 가득"했습니다. 여기서 '사람'은 히브리어 '하아담'(הָאָדָם)을 번역한 것입니다. 이 단어는 정관사 '하'(הַ)(원래 형태는 하[ה])와 명사 '아담'(אָדָם)이 결합된 형태로, 직역하면 '그 사람'이 됩니다. '아담'이라는 단어는 고유명사로는 최초의 인간 아담을 가리키지만, 일반명사로는 단순히 '사람'을 의미하기도 합니다.

'죄악'으로 번역된 히브리어는 '라아트'(רָעַת)이고, 이는 본래 '악'을 뜻합니다. 이 단어는 명사 '라아'(רָעָה)의 연계형으로, 뒤에 오는 명사와 결합하여 '~의'라는 속격(소유격)을 나타냅니다. 따라서 '라아트 하아담'(רָעַת הָאָדָם)은 '그 사람의 악'으로 번역할 수 있습니다.

둘째, 하나님께서 보신 또 다른 상황은 "사람의 마음으로 생각하는 모든 계획이 항상 악하다"는 것입니다. 여기서 '그의 마음'은 히브리어로 '립보'(לִבּוֹ)이며, '마음'을 뜻하는 명사 '레브'(לֵב)에 3인칭 남성 단수 소유격 접미사 '오'(וֹ)가 붙은 형태입니다. 명사에 붙는 대명사 접미사는 '소유격'의 의미를 지닙니다. 그래서 '립보'는 '그의 마음'입니다. '립보'는 '마음'이라는 뜻 외에 '심장'이라는 뜻도 있습니다. 고대인들은 심장을 의사 결정을 내리는 기관으로 이해했기 때문에, 여기서 '마음'은 단순한 감정이 아니라 의지와 판단을 포함합니다. 현대의 관점에서 보면 '뇌'에 해당하는 개념이라 할 수 있겠지요. 인간은 의사 결정을 내리는 기관인 심장을 통해 "항상 악한" 계획을 세웠습니다. "항상 악할 뿐"이라는 문장에 가장 먼저 나오는 단어

'라크'(רַק)는 일반적으로 '다만'을 뜻하지만, 추상적인 개념과 함께 쓰일 때는 '~만, ~뿐'이라는 의미를 지닙니다. 그다음 '라'(רַע)는 '악한'이라는 뜻의 형용사입니다. 그리고 '콜'(כָּל)은 구약성경에 상당히 많이 등장하는데, '모든'이라는 의미를 가집니다. '콜'과 연결된 '하욤'(הַיּוֹם)은 관사 '하'(הַ)와 '날'을 뜻하는 '욤'(יוֹם)이 결합된 형태로, 직역하면 '모든 그날'이지만 문맥상 '온종일, 하루 종일'로 번역하는 것이 자연스럽습니다. 따라서 본문은 사람이 마음으로 온 종일, 하루 종일 세우는 모든 계획이 악했고, 하나님께서 그 모든 상황을 다 보고 계셨음을 보여줍니다.

하나님의 한탄(נחם)

온 세상에 가득한 악을 보신 하나님은 어떤 감정을 느끼셨을까요? 그보다 먼저 하나님은 인간처럼 감정을 느끼실 수 있을까요? 구약성경을 살펴보면 의외로 많은 본문에서 하나님을 인간의 행동에 반응하고 감정을 느끼시는 분으로 묘사합니다. 하나님은 기뻐하시고(사 62:5), 분노하시며(시 7:11), 질투하시고(출 34:14), 때로는 슬퍼하시기도(겔 6:9) 합니다. 이러한 표현은 신학적으로 하나님의 초월성과 내재성을 동시에 드러냅니다. 하나님은 인간과 다른 초월적인 존재이지만, 동시에 인간의 삶과 역사에 깊이 관여하며 관계를 맺으시는 분이라는 것입니다. 다만 우리는 언어가 가진 한계를 인정해야 합니다. 단어의 의미는 시대와 맥락에 따라 다르게 받아들여질 수 있고, 사람마다 선입견에 영향을 받을 수도 있기 때문입니다. 그렇기에 하나님의 성품을 이해하려 할 때는 단어 자체의 의미에 갇히지 않고, 본문이 전하고자 하는 메시지에 더 집중해야 합니다. 성경에 기록된 언어는 인간을 위해 하나님의 역사를 담아낸 귀한 수단이지만, 그 의미를 문자적으로만 받아들이면 오히려 하나님을 제대로 이해하지 못할 수 있습니다. 하나님의 성품과 감정을 묘사하는 표현은 인간의 이해를 돕기 위한 방식임을 이해해야 합니다. 이러한 전제를 깔고, 성경은 온 세상에 가득한 악을 보신 하나님에 대해 어떻게 말하는지 살펴보겠습니다.

> 땅 위에 사람 지으셨음을 한탄하사(נחם) 마음에 근심하시고(창 6:6).

이 구절에서 '한탄하다'로 번역된 히브리어 '나함'(נחם)은 대개 '후회하다'로 번역됩니다. 그것을 한탄으로 보든, 후회로 보든 우리는 이 구절에서 하나님이 느끼신 깊은 감정을 충분히 읽어 낼 수 있습니다. 그러나 노아 시대의 사람들은 자신들이 악을 행해도 아무 일도 일어나지 않는 것을 보고, 하나님이 세상을 살피지 않으신다고 생각했을지도 모릅니다. 심지어 자신들의 악행을 하나님이 허용한다고 착각했을 가능성도 있습니다. 하지만 본문을 보면, 하나님은 모든 것을 다 지켜보고 계셨습니다. 그리고 마침내 돌이키지 않는 그들을 향해 직접 행동하기로 결단하십니다.

> 그때에 온 땅이 하나님 앞에 부패하여 포악함이 땅에 가득한지라. 하나님이 보신즉 땅이 부패하였으니 이는 땅에서 모든 혈육 있는 자의 행위가 부패함이었더라. 하나님이 노아에게 이르시되 모든 혈육 있는 자의 포악함이 땅에 가득하므로 그 끝 날이 내 앞에 이르렀으니 내가 그들을 땅과 함께 멸하리라(창 6:11-13).

하나님은 땅에 있는 모든 피조물의 부패함을 보시고 인류를 멸하기로 결정하셨습니다. 이는 아담의 범죄로부터 비롯된 문제입니다. 창세기는 기본적으로 인간이 땅과 다른 피조물과 밀접하게 연결되어 있다고 봅니다. 따라서 폭력과 악에 물든 인간의 행위는 땅을 부패하게 만들었고, 짐승들마저 포악하게 만드는 결과를 낳은 것입니다. 이렇게 인류는 심판 앞에 섰습니다.

그렇다면 하나님의 창조는 실패했고, 하나님은 무(無)의 상태에서 다시 시작하기로 마음먹으신 것일까요? 그런데 성경은 그 순간 하나님께서 한 사람을 주목하셨다고 말합니다. 인간의 죄가 세상에 가득할 때, 그분의 시선에 '노아'가 들어온 것입니다.

은혜(חֵן)

그러나 노아(נֹחַ)는 여호와께 은혜(חֵן)를 입었더라(창 6:8).

이 구절에는 흥미로운 특징이 있습니다. '은혜'라고 번역한 히브리어 '헨'(חֵן)은, 자음 순서를 거꾸로 하면 노아의 이름 '노아흐'(נֹחַ)가 됩니다. 구약성경은 이와 같은 언어유희를 자주 사용합니다. 본문은 "노아가 하나님께 은혜를 입었다"고 말합니다. 창세기 1:7에 따르면 그 근거를 노아의 의로움에서 찾을 수 있지만, 죄가 가득한 시대에 그가 하나님께 선택받은 것은 그의 행동이나 자격 때문이 아니라 전적으로 하나님의 은혜에 의한 것입니다.

죄가 가득한 세상에 하나님은 홍수를 내리셨고, 노아의 가족과 동물들은 방주에 탑니다.

노아는 아들들과 아내와 며느리들과 함께 홍수를 피하여 방주(תֵּבָה)에 들어갔고 정결한 짐승과 부정한 짐승과 새와 땅에 기는 모든 것은 하나님이 노아에게 명하신 대로 암수 둘씩 노아에게 나아와 방주(תֵּבָה)로 들어갔으며(창 7:7-9).

여기서 '방주'로 번역된 히브리어 단어 '테바'(תֵּבָה)는 출애굽기에서 '모세의 갈대 상자'에도 사용된 단어입니다.

더 숨길 수 없게 되매 그를 위하여 갈대 상자(תֵּבָה)를 가져다가 역청과 나무 진을 칠하고 아기를 거기 담아 나일강 가 갈대 사이에 두고(출 2:3).

모세를 담은 '상자' 역시 '테바'(תֵּבָה)입니다. 이 단어는 구약 전체에서 단 두 번, 노아의 방주(창 6-9장)와 모세의 갈대 상자(출 2장) 이야기에서만 등장합니다. 흥미롭게도 두 이야기 모두 죽음의 위기 속에서 구원을 향해 나아가는 여정을 그리고 있으며, 그 구원의 도구로서 동일하게 '테바'가 사용된 것입니다.

'테바'는 일반적인 배와 달리 조종 장치가 전혀 없습니다. 키도 없고 돛도 없으며, 인간이 방향을 조정하거나 속도를 제어할 수 있는 어떤 장치도 없습니다. 이는 단순한 우연이 아니라 매우 의도적이고 상징적입니다. 노아는 인류의 생존을, 모세는 이스라엘의 구원을 상징하는 인물입니다. 두 이야기 모두 구원의 역사가 전적으로 하나님의 주권 아래 진행된다는 메시지를 전합니다.

인간은 '테바' 안에 있지만, 그것을 움직일 수는 없습니다. 다시 말해, 이 구원의 여정은 인간의 능력이나 판단이 아닌 하나님의 보호와 인도하심에 의존합니다. 이것은 우리에게 깊은 신학적 통찰을 줍니다. 혼돈과 위험 속에서 방향을 잃은 인간에게, 구원은 인간의 기술이나 판단이 아닌 하나님의 손에 달려 있다는 것입니다. 즉, '테바'는 하나님의 보호와 인도하심 아래 놓인 생명의 공간을 상징합니다.

물로 심판하지 않겠다는 약속

세상을 뒤덮은 홍수가 끝난 후, 하나님께서는 상상하기 힘든 결단을 하십니다. 즉, 그분은 인간의 죄가 여전히 존재함에도 불구하고 다시는 물로 세상을 심판하지 않겠다고 약속하십니다.

여호와께서 그 향기를 받으시고 그 중심에 이르시되 내가 다시는 사람으로 말미암아 땅을 저주하지 아니하리니 이는 사람의 마음이 계획하는 바가 어려서부터 악함이라. 내가 전에 행한 것 같이 모든 생물을 다시 멸하지 아니하리니 (창 8:21).

이 구절에는 두 가지 특별한 점이 있습니다. 첫째, 하나님은 고대 근동의 신들과 전혀 다르다는 사실입니다. 고대 근동 설화 중에는 노아의 홍수와 상당히 유사한 이야기가 있습니다. 홍수 이야기가 성경 외의 기록에도 전해지는 것에 놀랄 필요는 없습니다. 고대 근동 사람들 역시 실제로 홍수를 경험했고, 그 사건을 각자의 방식으로 해석하고 이해했기 때문입니다. 그러나 우리는 성경이 하나님의 뜻을 계시하는 말씀이라는 사실을 전제해야 하며, 그렇기에 이러한 설화들과 성경 사이에는 분명한 관점의 차이가 있음을 기억해야 합니다.

예를 들어, 메소포타미아를 비롯한 다른 문명의 홍수 설화에서는 인간의 죄가 홍수의 원인이 되지 않습니다. 홍수는 단순히 신들의 충동적이고 숙고 없는 행동의 결과입니다. 한 설화에서는 인간이 너무 시끄럽게 굴어 잠을 잘 수 없던 신들이 홍수를 일으켰다고 전합니다. 이러한 설화에서는 창조의 신, 홍수의 신, 인간 영웅들이 등장해 저마다 행동합니다. 그러나 성경에서 홍수는 오직 한분 하나님께서 행하신 일입니다. 고대 근동 설화 속 신들은 자연의 지배를 받지만, 하나님은 자연을 다스리십니다. 또한 고대 설화에서는 인간 영웅이 중심이지만, 성경에서는 야웨 하나님이 주인공입니다. 더 나아가 고대 설화에서는 영웅이 드린 제사에 굶주린 신들이 몰려들지만, 노아는 회개의 제사를 드리고 하나님은 그것을 기쁘게 받아 주십니다. 그래서 구약학자 커리드(John D. Currid)는 성경의 홍수 이야기가 다른 설화들과 달리 강력한 유일신 신앙을 보여준다고 설명합니다.[14] 고대 설화에 등장하는 신들과 달리 하나님은 전지전능하시며, 다른 신들의 도움이 필요하지 않고 모든 것을 홀로 다스리시는 분입니다.

무지개(קֶשֶׁת)

또 하나 특별하면서도 놀라운 점은, 하나님께서 다시는 물로 심판하지 않겠다고 약속하신 근거가 원래 심판의 원인이었다는 사실입니다.

여호와께서 사람의 죄악이 세상에 가득함과 그의 마음으로 생각하는 모든 계획이 항상 악할 뿐임을 보시고(창 6:5).

무지개는 "다시는 물로 심판하지 않겠다"는 약속의 표징일 뿐 아니라, 인간을 창조하신 것을 후회하지 않겠다는 의미도 담고 있습니다. 노아 홍수의 주제는 "하나님이 인간의 죄 때문에 후회하시고 심판하셨다"에서 끝나지 않습니다. 오히려 인간의 악함에도 불구하고 하나님이 인간을 보호하시고 보존하신다는 데 있습니다.[15]

인간의 악함은 하나님의 심판의 원인이었습니다. 이로 인해 노아의 가족을 제외한 모든 인류는 사라졌습니다. 그러나 홍수가 끝난 후 노아와 가족이 하나님께 제사를 드렸을 때, 하나님은 그 제사를 받으시며 인간이 어려서부터 가진 악함으로 인해 다시는 물로 심판하지 않겠다고 결단하셨습니다. 이는 하나님께서 스스로를 제한하신 결정이며, 인간을 위해 기꺼이 감당하신 약속이었습니다. 그 약속의 증표로 하나님은 무지개를 주셨습니다. 이 무지개 언약은 하나님께만 책임이 있는, 전적으로 일방적인 약속이었습니다.

> 무지개(הַקֶּשֶׁת)가 구름 사이에 있으리니 내가 보고 나 하나님과 모든 육체를 가진 땅의 모든 생물 사이의 영원한 언약을 기억하리라(창 9:16).

본문에서 무지개라고 번역된 단어 '학케쉐트'(הַקֶּשֶׁת)는 관사 '하'(ה)와 '무지개'라는 의미의 명사 '케쉐트'(קֶשֶׁת)가 결합한 것입니다. 주목할 점은 관사 바로 뒤에 오는 자음 '코프'(ק) 가운데에 '다게쉬', 곧 '점'이 붙어 있습니다. 이는 히브리어 관사의 특징으로, 기본적으로 '하'가 붙을 때 뒤에 오는 자음에 자음 중첩을 의미하는 점(다게시 포르테)을 붙입니다. 이렇게 해서 '학케쉐트'(הַקֶּשֶׁת)라는 형태가 됩니다. 직역하면 '그 무지개'입니다.

'케쉐트'는 본문에서는 '무지개'로 번역되지만, 구약의 다른 본문에서는 '활'로도 번역됩니다. 이 '활'은 고대 신들의 무기이기도 했습니다. 그렇다면 노아와 그의 가족, 그리고 이 이야기를 알고 있던 홍수 이후 시대의 사람들은 무지개를 보며 무슨 생각을 했을까요? 한편으로는 활의 이미지를 떠올리며 죄로 인해 하나님의 심판을 피할 수 없었던 상황을 기억했을 것입니다. 그러나 또 다른 한편으로는, 죄 가운데서도 용서하시는 하나님의 인내와 사랑을 떠올렸을 것입니다. 이스라엘은 무지개를 볼 때마다 이 두 가지 의미를 함께 생각하며, 자신들이 하나님의 은혜로 살아 있음을 기억했을 것입니다.

노아 이야기는 오늘날 우리에게도 많은 통찰을 줍니다. 첫째, 노아의 의로움은 그를 구원한 '원인'이 아닌, 하나님의 구원 계획에 쓰임받을 준비 상태였습니다. 요한 크리소스토무스도 노아의 선택을 다음과 같이 설명합니다.

주님께서 어떻게 우리의 본성을 자유 의지를 누리도록 창조하셨는지 아십니까? 제 말은, 어떻게 저 사람들은 악행에 열광하며 스스로 벌받을 처지에 놓인 반면, 이 사람은 덕을 택하고 그들과의 교제를 피하여 벌받지 않게 되었을까요? 각 사람이 자신의 의지로 악행이나 덕행을 선택했다는 것이 너무나 명백하지 않습니까?(Hom. Gen. 22.5)[16]

우리는 하나님의 말씀에 순종하면 그에 따른 대가가 있을 것이라 기대합니다. 성경 곳곳에서 순종하는 자에게 복을 주시는 하나님을 보았기 때문입니다. 그러나 그것은 단순히 '순종했기 때문'이 아니라, 전적으로 하나님의 결정에 의해 주어진 것입니다. 노아는 하나님의 뜻에 맞춰 의롭게 살고자 애썼지만, 인간은 노력만으로는 완벽하게 의로울 수 없습니다. 즉, 하나님께서 노아를 주목하시고 선택하신 것은, 그가 의로운 삶을 살기 위해 애쓴 결과이자 하나님의 절대적인 주권과 은혜의 표현입니다. 만약 모든 것이 '원인-결과'의 원리로만 주어진다면, 우리는 하나님의 은혜를 고백할 수 없을 것입니다.

둘째, 노아의 가족은 나아갈 방향을 스스로 정할 수 없는 방주에 올랐습니다. 방주에는 운전대가 없기에, 그들은 자신들이 원하는 곳으로 방주를 끌고 갈 수 없었습니다. 그러나 하나님이 인도하신다는 사실을 믿기에 두려워하지 않았을 것입니다. 그리스도인 역시 하나님을 믿기로 결단한 순간부터 방주에 올라탄 이들과 같습니다. 이제 삶의 방향키는 내가 아닌 하나님께 맡겨졌기 때문입니다. 그래서 노아 이야기는 단순한 심판 이야기가 아니라, 하나님의 인내와 은혜, 보호하심에 관한 이야기입니다. 방주는 우리의 신앙 여정을 상징하고, 무지개는 오늘날에도 여전히 유효한 하나님의 자비의 표징입니다. 하나님은 지금도 우리 삶의 선장이 되십니다. 우리는 하나님의 은혜로 선택받은 자로서, 방주 안에서 그분의 인도하심을 믿고 살아가야 합니다.

셋째, 인간을 심판했던 근거가 용서의 근거로 바뀌도록 결단하신 하나님의 마음을 기억해야 합니다. 홍수가 끝난 후, 하나님께서 인간을 용서하기로 하신 결정에는 인간이 그럴 만한 이유를 제공한 것이 없습니다. 전적으로 하나님 스스로 내리신 결정입니다. 인간의 죄는 여전히 존재하지만, 인간을 향한 사랑 때문에 그렇게 결정하신 하나님의 마음을 기억해야 합니다. 그 사랑은 지금도 변함이 없습니다. 우리가 아무리 노력해도 하나님의 완전한 정의 앞에서는 온전히 의롭다 할 수 없습니다. 지금도 우리는 죄 가운데 살지만, 하나님의 자비와 긍휼 그리고 은혜가 있기에 살아갈 수 있음을 기억해야 합니다.

노아 이야기는 우리가 사는 이 시대와 무관한 옛이야기가
아닙니다. 지금 우리는 여러 형태의 '홍수' 속에 살고 있습
니다. 끝없는 전쟁과 분열, 기후 위기, 경제적 양극화, 그리
고 도무지 끝이 보이지 않는 인간의 죄성과 탐욕. 이런 세
상에서 신앙을 지키며 '의롭게 살아간다'는 것이 때로는
무모한 일처럼 느껴질 때가 많습니다. 세상은 점점 더 자기
중심적이고, 빠르고, 성과를 중시하는 방향으로 흐르지만,
하나님을 신뢰하며 그분의 뜻에 따라 산다는 것은 그 흐름
에 맞서는 일일 수밖에 없습니다.

현대의 그리스도인에게 '방주'는 구체적으로 어떤 모습
일까요? 그것은 곧 하나님의 뜻을 따르겠다는 결단으로 살
아가는 삶의 자리일 것입니다. 정직하게 일하는 것, 정해진
시간을 지키는 것, 관계에서 진실을 말하는 것, 자녀에게
신앙의 모범을 보이는 것, 약자를 보호하려는 노력 같은 사
소해 보이는 선택들이 바로 방주에 들어가는 행위입니다.
그러나 그런 삶이 오히려 불이익과 오해를 가져올 수도 있
습니다. 때로는 '이렇게까지 할 필요가 있을까?'라는 회의
가 들기도 합니다. 하지만 노아처럼 방향키 없는 방주에 몸
을 실은 채 하나님의 인도하심에 맡기는 것이 믿음입니다.

또 하나, 우리는 종종 '순종하면 반드시 복을 받는다'라
는 공식처럼 신앙을 이해하려는 유혹에 빠집니다. 하지만
하나님은 우리의 순종을 계산의 대상이 아니라, 관계 안에
서 받기를 원하십니다. 노아는 하나님의 선택을 받았기 때
문에 살아남았고, 그 선택은 노아의 공로 때문이 아니라 하
나님의 은혜에서 비롯된 것이었습니다. 우리 역시 그렇습
니다. 오늘 우리가 여전히 살아 있고, 신앙을 붙들고 있다
는 사실 자체가 은혜입니다.

그러므로 우리는 하나님 앞에서 겸손해야 합니다. 내가
가진 것이 무엇이든 내가 이룬 것이 무엇이든, 결국 그것은
은혜의 결과입니다. 그리고 이 은혜를 깨달았다면, 세상을

향해 방주를 짓는 삶을 시작해야 합니다. 지금도 절망의 물결 속에서 살아가는 사람들은 구원의 방주를 기다리고 있습니다. 하나님은 오늘도 우리를 통해 그들을 향한 자비와 인내를 보여주길 원하십니다.

새로 배운 단어와 문법

단어	발음(음역)	의미
אָדָם	아담(ʾādām)	사람
רָעָה	라아(rāʿâ)	악
לֵב	레브(lēb)	마음, 심장
רַק	라크(raq)	다만, ~만, ~뿐
רַע	라(raʿ)	악한
כָּל	콜(kol)	모든
יוֹם	욤(yôm)	날
כָּל-הַיּוֹם	콜-하욤 (kol-hayyôm)	온 종일, 하루 종일
נחם	나함(nāḥam)	후회하다, 한탄하다
חֵן	헨(ḥēn)	은혜
נֹחַ	노아흐(nōaḥ)	노아
תֵּבָה	테바(tēbâ)	방주, 상자
קֶשֶׁת	케쉐트(qešeṭ)	무지개, 활

◆ 명사 연계형-독립형은 명사가 연속해서 나올 때 가능합니다. 물론 명사가 연속해서 나온다고 다 이런 관계는 아닙니다. 연계형-독립형 관계일 때, 독립형의 명사에 '~의'를 붙여서 속격(소유격)으로 번역합니다.

4

헤에민(הֶאֱמִין)

보이지 않는 약속을
믿는 것

눈에 보이지 않는 하나님을 믿는다는 것은 결코 쉬운 일이 아닙니다. 그래서 인간은 현상이나 경험을 통해 하나님의 존재를 확신하려 합니다. 그러나 기도의 응답을 받거나 하나님의 역사를 직접 체험하는 것 또한 쉽지 않습니다. 그렇기에 하나님께 눈에 보이는 응답을 요구하는 것은 지극히 자연스러운 모습일 수 있습니다. 성경 속 인물들도 마찬가지였습니다. 그들에게도 보이지 않는 하나님을 믿는 것은 어려운 일이었습니다. 그럼에도 그들은 어떻게 하나님을 신뢰할 수 있었을까요? 이번 장에서는 그들의 믿음과 신앙을 통해 귀중한 통찰을 얻고자 합니다.

아브라함의 등장

인간의 죄로 인해 하나님께서 홍수를 내리신 지 얼마나 지났을까요? 인간은 다시 죄를 짓기 시작했습니다. 그들은 하나님의 통치를 거부하고, 자신만의 뜻과 의지대로 살았습니다. 그 마음은 바벨탑을 쌓는 것으로 정점에 이르렀습니다. 이 사건은 '하나님과 같이' 되려 했던 인간의 욕망을 보여준 선악과 사건과 연결됩니다. 홍수가 끝난 후, 창세기 10장에서 자손이 번성하여 민족이 흩어지는 것은 하나님의 뜻이었습니다.

이들은 그 백성들의 족보에 따르면 노아 자손의 족속들이요 홍수 후에 이들에게서 그 땅의 백성들이 나뉘었더라(창 10:32).

그러나 바벨탑 이야기 속 사람들은 흩어짐을 거부했습니다. 이는 곧 하나님의 뜻을 정면으로 거스는 일이었습니다.[17]

또 말하되 자, 성읍과 탑을 건설하여 그 탑 꼭대기를 하늘에 닿게 하여 우리 이름을 내고 온 지면에 흩어짐을 면하자 하였더니(창 11:4).

하나님은 이러한 상황을 그냥 두고 보지 않으셨습니다.

온 지면에 흩으셨더라(창 11:8).

이 '흩어짐'은 하나님의 통치를 거부하고, 자신들의 이름을 널리 알리고자 시날 평지에 모여 바벨탑을 건설하던 이들에게 하나님이 내리신 벌이었습니다. 물론 현대 사회에서는 자신의 이름을 알리는 것이 반드시 부정적인 의미를 갖지 않습니다. 그러나 창세기의 맥락에서 자신의 이름을 알린다는 것은 하나님의 통치를 거부하는 행동이었습니다. 구약성경에서 이름을 짓는 것은 윗사람이 아랫사람에게 하는 것이며(창 2:19; 3:20; 왕하 23:34; 24:17), 이는 우월성과 지배, 통치를 상징합니다. 이름은 본래 하나님으로부터 나오고, 그 안에는 하나님의 섭리가 있습니다. 그러나 바벨탑을 세운 사람들은 이 원리를 거부하고 스스로의 이름을 높이려 했습니다.

이 사건 이후, 세상에는 더 이상 희망이 없는 듯 보였습니다. 사람들은 자신이 세운 기준으로 선악을 판단했고, 마치 하나님은 그들을 그대로 내버려두시는 듯했습니다. 그런데 성경은 바벨탑 사건 이후 갑작스럽게 한 인물의 짧은 족보를 소개한 뒤, 아브라함을 등장시킵니다. 그는 데라의 후손 중 유일하게 자손이 없는 사람이었습니다. 그런데 하나님은 그를 부르셨습니다. 성경은 왜 그가 선택되었는지, 그가 어떤 상황이었는지 그 이상의 정보를 주지는 않습니다. 다만 고대 유대 문헌인 『아브라함의 묵시』[18]와 『희년서』에 따르면, 그의 아버지 데라는 우상을 제작하는 사람이었다고 전해집니다.

> 내 마음속으로 생각했다. "내 아버지가 행하는 이 쓸데없는 활동은 무엇인가? 그가 오히려 그의 신들에게 신이 아닌가? 왜냐하면 그들은 그의 조각, 그의 가공, 그의 기술로부터 탄생하기 때문이다"(아브라함의 묵시 3:2-3).

그러나 아브라함은 그 상황에서 믿음을 굳게 지킨 사람으로 묘사됩니다.

그(아브라함)는 우상을 숭배하지 않기 위해 자기 아버지와 작별했다(희년서 11:16).

믿었다(הֶאֱמִן)

아브라함은 흔히 '믿음의 조상'이라 불립니다. 그의 삶을 살펴보면 왜 그가 그렇게 불렸는지 알 수 있습니다. 창세기 12장에서 하나님의 부르심을 받은 아브라함은 어디로 가야 할지 모른 채 길을 나섰습니다. 그가 가진 것은 오직 하나님께서 주신 약속뿐이었지요. 눈에 보이는 증거가 아무것도 없었지만, 그는 고향과 친척, 아버지의 집을 떠났습니다. 이후 아브라함은 세 번에 걸쳐 하나님으로부터 자손과 땅에 대한 약속을 받았지만,(창 12:4, 7; 13:14-17). 여전히 약속을 확인할 만한 증거는 없었습니다. 그럼에도 그는 약속을 따라갔고, 우리는 이를 그의 '믿음'이라 부릅니다. 그런데 과연 그것이 전부일까요? 사실 아브라함이 하나님을 '믿었다'라고 명시적으로 표현한 것은 창세기 15장이 처음입니다.

아브람이 여호와를 믿으니(וְהֶאֱמִן) 여호와께서 이를 그의 의로 여기시고(창 15:6).

여기서 '믿었다'는 히브리어로 '붸헤에민'(וְהֶאֱמִן)으로, 접속사 '붸'(וְ)와 동사 '헤에민'(הֶאֱמִן)이 결합된 형태입니다. 두 단어는 각각 이 본문에서 상당히 중요합니다. '헤에민'은 '아만'(אמן)을 어근으로 하며, 본문에서는 '~하게 하다'라는 의미의 히필(Hiphil)형으로 사용되었습니다. '아만'이 히필형일 때는 '신임하다, 믿다, 견디다' 등의 의미를 지닙니다. 그런데 이 형태는 문법적으로 보기에 조금 의아합니다. 믿으면 그냥 믿는 것이지 굳이 히필형을 사용했기 때문입니다.

앞서 말했듯이, 히브리어에서 '히필형'은 반드시 사역(시키는 의미)의 의미로만 사용되지는 않습니다. 여러 의미 중 '선언적 의미'로 쓰일 때가 있는데,[19] 어떤 사실을 '~하다고 말하다' 또는 '~하다고 선포하다'라는 뜻입니다. 이를 적용하면 아브라함이 하나님을 믿었다는 표현은 단순한 내적 신뢰가 아니라, 하나님을 향한 믿음을 '선포했다'는 의미로 볼 수 있습니다. 구약학자 클라인(Meredith G. Kline)은 이를 "아브라함이 하나님께 '아멘'이라고 선언했다"고 번역합니다.[20]

따라서 '아만'을 히필형으로 썼다는 것은 인간이 스스로 만들어 낼 수 없는, 전적으로 하나님과 그분의 말씀에 대한 절대적인 신뢰를 의미합니다.[21] 히필형을 썼다고 해서 믿음의 주체인 아브라함을 강조하는 것처럼 보이지만, 실제로는 그 믿음의 대상인 하나님과 그분의 약속이 강조되는 것입니다. 아브라함이 이런 믿음을 가질 수 있었던 이유는 다름 아닌 하나님의 신실한 약속 때문이라는 것입니다.

히필형은 '어떤 상태를 지속시키다'라는 의미로도 사용되며,[22] 이 경우 "아브라함의 믿음이 야웨께 확고해졌다"라고 번역할 수 있습니다. 역시 믿음의 주체인 아브라함의 확실함과 확고함이 강조됩니다. 이와 같은 의미를 애즈베리 대학교의 구약학자 해밀턴(Victor P. Hamilton)은 단순한 언어학적 해석이 아닌 신학적 관찰이라고 설명합니다.[23]

이제 접속사 '붸'(ו)를 살펴보겠습니다. 이 단어는 일반적으로 '그리고, 그러나, 그래서' 등 다양한 의미로 사용할 수 있으며, 동사와 함께 쓰일 때는 특별한 의미를 부여합니다. 앞서 살펴본 동사 '헤에민'은 완료 시제, 곧 완료(Qatal)형입니다. 여기에 접속사 '붸'가 결합되면, 과거에 시작된 상태가 오랫동안 지속되었음을 의미합니다.[24] 즉, 아브라함은 약속을 받은 그 순간 갑자기 하나님을 믿게 된 것이 아니라, 이전부터 지속적으로 하나님을 믿어 왔다는 뜻이 됩니다.

결국 아브라함이 하나님을 믿었다는 것은 단순한 심리 상태가 아니라, 하나님의 약속에 대한 아브라함의 선언적 행위이자 믿음의 대상인 하나님을 강조한 것입니다. 아울러 하나님에 대한 믿음이 이전부터 지속되었고, 더욱 확고해진 아브라함의 모습을 볼 수 있습니다. 그는 여전히 하나님의 약속과 관련된 증거를 갖고 있지 않았습니다. 그럼에도 아브라함은 믿었습니다. 눈에 보이는 어떤 증거가 없어도 받아들이는 것, 그것이 바로 아브라함이 보여준 믿음입니다.

의(צְדָקָה)

아브람의 믿음을 보신 하나님은 그것을 그의 의로 여기셨습니다.

아브람이 여호와를 믿으니 여호와께서 이를 그의 의(צְדָקָה)로 여기시고(창 15:6).

'의'는 히브리어로 '쩨다카'(צְדָקָה)입니다. 이 단어는 '하나님께서 올바른 것으로, 그리고 만족하시는 것으로 인정하시는 인간의 행동'을 의미합니다.[25] 즉, 여기에서 말하는 '의'는 절대적이거나 이념적인 규범이 아니라 관계의 개념으로 사용되었습니다. 그렇기에 상호적인 관계 속에서 요구되는 행동을 했을 때 '의롭다'고 말할 수 있습니다.

아브라함이 받은 '의'는 그의 어떤 제의(祭儀)나 모범적인 행위에 근거한 것이 아니었습니다. 오히려 하나님이 주신 약속을 믿었을 때 주어졌습니다. 앞서 본 것처럼 아브라함은 눈에 보이는 어떤 증거가 없었음에도 야웨 하나님의 말씀을 믿었습니다. 이는 신뢰 없이는 결코 나올 수 없는 행동이었습니다. 아브라함은 하나님을 신뢰했고, 하나님은 그 신뢰의 마음을 보셨습니다. 그래서 하나님은 아브라함의 믿음의 행동을 보시고 그를 '의롭다'고 여기셨습니다. 이처럼 '의'는 관계적인 성격이 강조되며, 하나님께서 주시는 선언이기에 그 의미가 더욱 큽니다.[26]

아브라함의 믿음 이야기는 우리에게 당연하게 들릴지도 모릅니다. 그러나 우리가 진정 가져야 할 믿음은, 아브라함처럼 아무것도 보이지 않아도, 약속은 받았지만 어떤 증거가 나타나지 않아도 믿을 수 있는 믿음입니다.

크리소스토무스는 믿음에 관해 다음과 같이 말했습니다.

… 우리가 믿음으로 의로움을 얻고 약속된 선한 것들을 얻기 위하여 우리가 약속하시는 분의 능력을 믿는다면, 인간의 추론을 크게 초월할 수 있을 것입니다(Hom. Gen. 36. 15).[27]

아브라함의 믿음은 눈앞에 아무 증거가 없을 때 오히려 더 빛났습니다. 그는 약속을 받았지만, 그 약속을 확인할 수 있는 현실적 근거가 전혀 없을 때도 하나님을 신뢰했습니다. 그의 믿음은 단순한 '마음속 확신'이 아니라, 약속하신 분께 '아멘'이라고 선언하는 의지적 선택이자 관계 안에서 드러나는 신뢰의 행위였습니다.

우리에게 필요한 믿음도 마찬가지입니다. 상황이 불확실하고 결과가 보이지 않을 때, 우리는 여전히 약속하신 분의 신실함에 근거해 믿음을 선택할 수 있습니다. 그렇게 선택된 믿음은 때로는 흔들리더라도 굳게 하나님을 붙드는 토대가 되며, 하나님과 동행하는 길이 됩니다.

더 생각해 보기

우리는 기도의 응답, 신앙생활의 경험을 통해 믿음을 가집니다. 그런 경험들이 쌓여 신앙은 더욱 견고해지고, 믿음도 더욱 확고해지며, 하나님을 향한 신뢰도 쌓여 갑니다. 그러나 우리의 노력이 믿음을 강하게 했다고 여겨서는 안 됩니다. 우리가 예배를 충실히 드렸다고 해서, 또는 기도를 많이 하거나 성경을 많이 읽었다고 해서 믿음이 저절로 생기는 것은 아닙니다. 믿음이 생겼다는 것은 어떤 노력이 있었기 때문에 당연하게 주어진 것이 아니라, 그 과정 속에 역사하시는 하나님 때문에 가능했던 것입니다. 만약 이것을 생각하지 못한다면 우리도 모르는 사이에 '이유 있는 믿음'이 동반됩니다. 예배에 빠지지 않았으니까 하나님은 복을 주셔야 하고, 기도를 열심히 했으니까 내가 원하는 응답을 해주셔야 한다는 생각 말입니다. 결국 열심히 신앙생활 했는데 원하는 것이 이루어지지 않는다고, 우리는 곧잘 하나님을 원망하며 하나님이 나를 사랑하지 않으신다고 생각합니다. 그렇게 우리는 이유 있는 믿음을 가지고 눈앞에 내가 원하는 일들이 벌어지기를 기대합니다.

오늘 본문에서 아브라함의 믿음은 증거를 근거로 한 조건적인 태도가 아니라, 하나님께서 하신 약속의 말씀 하나만으로 반응한 신뢰의 선언이었습니다. 그 믿음은 히브리어 히필형의 문법이 암시하듯, 마음속의 추상적 동의가 아니라 하나님께 "아멘"이라 선포하는 능동적 응답이었습니다. 그리고 하나님은 그 믿음을 "의"로 여기셨습니다. 이것은 단지 윤리적 정당함이 아니라 하나님과의 관계 안에서 충실한 반응으로 간주된 것입니다. 오늘날 우리가 가져야 할 믿음도 이와 같습니다. 눈에 보이는 확신이나 보상이 없는 상황에서도 하나님의 약속에 응답하는 믿음, 증거가 나타나기 전에도 하나님을 신뢰하는 믿음 말입니다. 우리가 기도하고 예배하고 성경을 읽는 그 모든 과정 속에서도 믿음의 주체는 하나님이시며, 우리의 믿음을 세우는 분도 하나님이십니다. 그러므로 우리가 믿는다는 사실은 우리의 성실함의 결과라기보다, 여전히 우리 안에서 일하시는 하나님의 은혜입니다. 이런 은혜를 기억할 때 우리는 이유 있는 믿음을 내려놓고, 보이지 않아도 신뢰할 수 있는 참된 믿음을 배워 가게 됩니다.

새로 배운 단어와 문법

단어	발음(음역)	의미
אמן	아만(ʾāman)	믿다
צְדָקָה	쩨다카(ṣəḏāqāʰ)	의

5

레크-레카(לֶךְ-לְךָ)

신앙의 힘은
기억에서 온다

믿음이란 무엇일까요? 우리는 예배 중에 찬양을 부르거나 기도하다가 마음이 뜨거워지는 순간을 경험하면 스스로 믿음이 단단하다고 생각하곤 합니다. 그러나 예상치 못한 어려움이나 고난이 찾아오면 우리의 믿음은 흔들리기 시작합니다. '하나님은 정말 나를 사랑하실까?', '왜 내 기도는 응답되지 않을까?' 하는 의문이 마음속에 생깁니다. 그러한 흔들림을 경험하면, 우리는 스스로에게 실망하고 낙담합니다. '나는 왜 이렇게 연약할까?', '내가 정말 하나님을 믿는 게 맞을까?' 하고 말이지요.

이런 고민은 우리만의 문제가 아닙니다. '믿음의 조상'이라 불리는 아브라함도 같은 고민의 길을 걸었습니다.

아브라함의 시험

하나님께서 '아들'에 관한 약속을 처음 하셨을 때, 아브라함은 그 약속을 온전히 믿었고 하나님은 이를 그의 의로 여기셨습니다. 그러나 시간이 지나도 그 약속이 이루어지지 않자, 아브라함의 마음도 조금씩 흔들렸습니다. 하나님은 그때마다 약속을 상기시키셨지만, 그 성취는 여전히 더뎠습니다. 아브라함은 오랜 시간 인내해야 했습니다. 그리고 마침내 약속의 아들 이삭이 태어나자, 하나님은 아브라함에게 전혀 예상치 못한 시험을 주십니다. 바로 그 아들, 이삭을 번제물로 바치라는 명령이었지요.

하나님은 왜 아브라함을 시험하신 것일까요? 성경은 그 이유를 직접적으로 설명하지 않습니다. 그러나 고대 유대 문헌은 이 본문을 이해하기 위해 여러 해석을 덧붙였습니다.

> 그리고 왕자 마스테마(사탄)가 와서 하나님 앞에서 말했다. "보십시오, 아브라함은 그의 아들 이삭을 사랑합니다. 그는 모든 것보다 그를 더 기쁘게 생각합니다. 그에게 그를 번제로 바치라고 말하십시오. 그러면 당신은 그가 이 일을 할 것인지 보게 될 것입니다. 그리고 당신이 그를 시험하는 모든 일에 그가 신실한지 알게 될 것입니다"(희년서 17:16).[28]

> … 그(사탄)에게 말씀하셨다. "아들을 위해 준비했다고? 내가 그(아브라함)에게 '네 아들을 나에게 바치라'고 말하면 그는 즉시 그(이삭)를 죽일 것이다." 직후 하나님은 아브라함을 시험하셨다(b. Sanh. 89b:9).[29]

유대 문헌과 달리 창세기는 시험의 이유 대신 그 시험을 받은 아브라함의 믿음과 행동에 초점을 맞춥니다. 아브라함의 믿음은 어떤 것일까요? 다음의 본문은 시험을 주신 분이 아브라함과 독자들이 명확히 알고 있는 '그' 하나님임을 표현하기 위해 관사를 사용합니다.

그 일 후에 하나님(הָאֱלֹהִים)이 아브라함을 시험하시려고 그를 부르시되 아브라함아 하시니 그가 이르되 내가 여기 있나이다(창 22:1).

'하나님'은 히브리어로 '엘로힘'(אֱלֹהִים)이지만, 여기서는 관사 '하'(הַ)(원래 형태는 하[ה])가 붙어 '하엘로힘'(הָאֱלֹהִים)입니다. 직역하면 '그 하나님'입니다. 또한 히브리어 본문에서는 '하나님'이라는 주어가 문장의 첫머리에 배치되어 시험을 행하시는 하나님을 분명히 드러냅니다. 즉, 본문은 관사와 어순을 통해 이 시험이 우리가 그리고 아브라함이 알고 있는 바로 '그 하나님'으로부터 주어진 것임을 명확하게 말하고 있습니다.

데리고(קַח־נָא)

하지만 그 시험은 강도가 너무 높아, 웬만해서는 통과하기 어려운 것처럼 보입니다. 오랫동안 기다려 온 아들을 번제물로 드리라는 명령이기 때문입니다.

여호와께서 이르시되 네 아들 네 사랑하는 독자 이삭을 데리고(קַח־נָא) 모리아 땅으로 가서(לֶךְ־לְךָ) 내가 네게 일러 준 한 산 거기서 그를 번제로 드리라(창 22:2).

아브라함은 이삭을 데리고 모리아 땅으로 가야 했습니다. '데리고'의 히브리어는 '라카흐'(לָקַח)이며, 본문에서는 명령형 '카흐'(קַח)가 사용되었습니다. 일반적으로 '취하다, 데려가다'라는 뜻입니다. 여기에 간청을 나타내는 불변사 '나'(נָא)가 함께 사용되었습니다. 이 단어의 의미는 '제발'입니다. 그렇다면 하나님께서 아브라함에게 '간청'하셨다는 의미로 봐야 할까요? 이에 대해서는 학자들 사이에 몇 가지 견해가 있습니다.

창세기와 출애굽기 연구로 잘 알려진 구약학자 사르나(Nahum M. Sarna)는 명령형에 '나'(נָא)가 붙으면 명령을 보다 부드럽게 만들고, 강제성보다 선택권을 주는 뉘앙스가 생긴다고 설명합니다. 그래서 거절하더라도 죄책감을 느끼지 않아도 될 정도의 명령이라는 것이지요.[30] 이 해석대로라면 아브라함은 명령 자체에는 크게 고민하지 않았을 수도 있습니다. 하지만 어쩌면 그는 명령을 거부할 생각조차 하지 않았기 때문에 더 큰 고민을 한 것은 아닐까요?

사르나의 주장과 반대로 언어학자 램딘(Thomas Oden Lambdin)은 '나'(נָא)의 사용을 앞선 명령이나 상황에 따른 논리적 결과로 해석합니다.[31] 그래서 구약학자 월키(Bruce K. Waltke)는 이 의미를 따라 "너는 내게 복종할 준비가 되어 있으니 네 아들을 취하라"라고 번역합니다.[32] 이 주장이 학계에서 비교적 일반적으로 받아들여지는 해석입니다.

이에 더해 '나'(נָא)라는 표현은 하나님께서 이 시험이 인간으로서 망설일 수밖에 없는 수준임을 알고 계시다는 뉘앙스를 담고 있다고도 볼 수 있습니다. 그 명령은 인간의 이해를 넘어서는 것이며,[33] 시험을 받아들일 준비가 되었다고 해서 반드시 통과를 장담할 수 있는 것은 아니기 때문입니다.

가라(가-가)

또 다른 명령 '가라'의 히브리어는 '레크'(가)인데, '할라 크'(가)의 명령형입니다. 그리고 여기에는 단어가 하나 더 있습니다. 이 단어는 한글 성경뿐 아니라 다른 언어의 성경에서도 번역되지 않았습니다. 바로 '레카'(가)입니다. 이는 전치사 '레'(가)에 2인칭 남성 단수인 대명사 접미사 '카'(가)가 결합된 형태입니다. 따라서 실제 명령은 '레크-레카'(가-가) 두 단어로 이루어져 있습니다. 전치사 '레'는 명령의 대상이 되는 인물의 중요성을 강조합니다.[34] 즉, 하나님께서 아브라함에게 '가라'고 명령하신 것은 단순히 이동 명령이 아니라, 아브라함 개인에게 중요한 사명임을 나타내는 의미로 해석할 수 있습니다.

이어서 하나님은 이삭을 데리고 가야 할 장소를 일러 주십니다. 그곳은 모리아 땅에 있는 '한 산'입니다. 모리아가 정확히 어디인지는 확정할 수 없지만, 전통적으로 예루살렘과 연결 짓기도 합니다. 그러나 본문은 그 산이 구체적으로 어디인지 밝히지 않습니다. 흔히 '모리아 산'으로 알고 있지만, 이는 마치 경기도에 있는 어떤 산을 '경기도 산'이라고 말한 것과 같습니다. 아브라함도 그 목적지를 정확히 알지는 못했을 것입니다. 더군다나 본문을 살펴보면 어딘가 아리송합니다. 하나님은 아브라함에게 명령 이전에도, 이후에도 그 산의 정확한 위치를 알려 주신 적이 없습니다. 그럼에도 아브라함은 이삭을 데리고 그 산을 향해 떠납니다.

어떻게 그렇게 할 수 있었을까요? 아마 아브라함은 이 명령을 들었을 때, 과거의 한 사건을 떠올렸을 것입니다. 왜냐하면 지금과 비슷한 명령을 들었던 적이 있기 때문입니다. 바로 자신이 처음 하나님의 부르심을 받았을 때입니다.

> 여호와께서 아브람에게 이르시되 너는 너의 고향과 친척과
> 아버지의 집을 떠나 내가 네게 보여 줄 땅으로 가라(לֶךְ־לְךָ)
> (창 12:1).

그때도 하나님은 '가라'고 하셨지만, 어디로 갈지 알려 주시지 않았습니다. 이번 명령 역시 '레크-레카'(לֶךְ־לְךָ)로 동일한 표현이 사용되었습니다. 이 표현은 구약 전체에서 아브라함에게만 두 번 사용되었고, 그 두 사건을 긴밀히 연결합니다.[35]

이삭을 바치라는 명령을 받은 순간, 아브라함은 첫 번째 부르심 이후 이삭을 얻기까지의 삶에서 경험한 하나님의 역사를 떠올렸을 것입니다. 그 안에는 하나님의 약속이 있었고, 수없이 흔들리던 순간들도 있었지만, 결국 하나님은 정확한 때에 아브라함에게 약속대로 이삭을 주셨습니다. 그 기억을 되새기며 다시 한번 명령 앞에 선 아브라함은 하나님을 신뢰할 수 있다는 결론에 도달했을 것이고, 결국 모리아를 향해 길을 나섭니다.

아브라함과 이삭은 사흘 길을 걸어 마침내 모리아 산에 도착했습니다. 그는 종들을 산 아래에 남겨 두고 이삭과 단둘이 산에 올랐습니다. 이삭은 제단에 쓸 나무를 짊어졌고, 아브라함은 제단을 쌓은 뒤 이삭을 묶어 그 위에 올렸습니다. 그리고 아들을 칼로 치려는 순간, 하늘에서 하나님의 사자가 나타나 아브라함을 멈춰 세우며 말했습니다. "네 아들 이삭에게 손대지 말라. 이제야 네가 하나님을 경외하는 줄을 내가 아노라"(창 22:12). 그때 아브라함이 눈을 들어 보니, 수풀에 뿔이 걸린 숫양이 있었습니다. 하나님께서 아브라함의 믿음을 시험하신 후, 이삭 대신 바칠 제물을 이미 준비해 두신 것입니다.

여호와 이레(יְהוָה יִרְאֶה)

마침내 시험을 통과하고 하나님이 준비하신 제물로 제사를 드린 뒤 아브라함은 그 땅에 이름을 붙입니다.

아브라함이 그 땅 이름을 여호와 이레(יְהוָה יִרְאֶה)라 하였으므로 오늘날까지 사람들이 이르기를 여호와의 산에서 준비되리라(יֵרָאֶה) 하더라(창 22:14).

흥미롭게도 '이레', '준비되리라', '모리아'는 모두 어근이 같습니다. 그 어근은 '보다'라는 뜻의 '라아'(רָאָה)입니다. 본문에서 이 '라아'와 관련된 두 단어를 살펴보겠습니다. 먼저 '이레'(יִרְאֶה)라는 동사입니다. 히브리어에서 동사는 매우 중요합니다. 동사 안에 어근, 주어, 시제뿐 아니라 목적어까지 포함될 수 있기 때문에 신중히 분석해야 합니다. 동사 '이레'는 특별한 성격이 없는 기본형 칼(Qal)형이고, 시제는 현재와 미완료로 볼 수 있는 '익톨'(Yiqtol) 입니다. 히브리어 동사의 시제 구분은 엄격하게 완료, 미완료로만 나누기 어렵지만, 일반적으로 '익톨'은 현재와 미완료 시제를 의미할 가능성이 높습니다. 따라서 '여호와 이레'(יְהוָה יִרְאֶה)는 '여호와께서 보고 계신다' 또는 '여호와께서 보실 것이다'로 번역할 수 있습니다.

다음으로 히브리어 동사 '준비되리라'(יֵרָאֶה)는 '예라에'라고 발음합니다. 이 단어의 어근은 앞서 언급한 것처럼 '이레'와 같은 '라아'입니다. 이 동사는 수동태 또는 재귀형의 의미로 번역하는 '니팔'(Niphal)형입니다.[36] 이 특징을 따라 번역하면 '준비된다/준비될 것이다', '나타난다/나타날 것이다'가 됩니다. 아브라함이 이렇게 고백할 수 있었던 것은 자신이 겪고 있는 시험의 과정을 하나님께서 보고 계신다는 경험을 했기 때문입니다. 모리아가 예루살렘이라는 해석에 기반한다면, 이스라엘 사람들은 이곳에 하나님의 성전이 세워질 것을 이미 알기에 하나님의 나타나심과 연관시킬 수 있다고 생각했을 것입니다. 결론적으로 이 본문을 통해 하나님의 지켜보심이, 곧 하나님의 준비하심과 연결되어 있다는 것을 발견할 수 있습니다. 하나님은 언제나 보고 계시기 때문에 준비하실 수 있는 분입니다. 그래서 어찌 보면 인간이 시험을 겪는 과정에는 하나님도 함께하신다고 볼 수도 있습니다.

아브라함은 결과가 보이지 않는 시험 속에서도 하나님을 신뢰했습니다. '모리아 산'이 어디인지도 모르는 상황에서, 그리고 사랑하는 아들을 바치라는 명령 앞에서도 그는 하나님의 말씀을 따라 순종했습니다. 이에 대해 오리게네스(Origen of Alexandria)는 창세기 주석에서 다음과 같이 말했습니다.

> 하나님에 대한 믿음이 육신의 애정보다 더 강하다는 것을 보여주십시오. 본문에 따르면 아브라함은 아들 이삭을 사랑했지만 육신의 사랑보다 하나님의 사랑을 우선시했습니다(Orig. Hom. Gen. 8.7).[37]

그 믿음의 끝에서 아브라함은 '여호와 이레', 곧 '하나님이 보고 계시고 준비하신다'는 사실을 경험했습니다. 믿음은 감정의 고조나 순간적인 확신에 머무르지 않습니다. 보이지 않는 길을 걸어야 하고 이해할 수 없는 명령 앞에 서야 할 때, 지난 시간 하나님이 행하신 일들을 기억하며 다시 한 걸음 내딛는 것입니다. 아브라함은 첫 부르심 때와 마찬가지로, 이번에도 하나님을 신뢰하며 모리아를 향해 나아갔습니다. 그 끝에서 그는 하나님의 '보고 계심'과 '준비하심'을 경험했습니다. 결국 믿음은, 모든 상황 속에서 하나님이 여전히 보고 계시고 준비하고 계신다는 사실에 마음을 두는 것입니다.

더 생각해 보기

오늘 한국 교회와 성도들의 가장 큰 위기는 '하나님이 보고 계신다'는 사실을 잊고, 현실의 압박 앞에서 너무 쉽게 타협한다는 것입니다. 직장에서는 실적을 위해 거짓을 묵인하고, 가정에서는 갈등을 방치하며, 교회에서는 섬김보다 인정과 자리를 더 갈망합니다. 그리고 이런 모습이 반복되면서도, 우리는 여전히 믿음이 있다고 스스로를 위로합니다. 아브라함이 모리아로 갈 수 있었던 이유는 단순한 결단이 아니라, 하나님의 신실하심을 기억했기 때문입니다. 반대로 우리는 시험이 닥칠 때, 과거 하나님의 역사를 너무 빨리 잊습니다. 그 결과 믿음은 감정의 기복에 매달리고, 순종은 상황이 허락할 때만 가능합니다. 이제는 변명 대신 점검이 필요합니다. 지난 1년 동안 하나님이 행하신 일을 구체적으로 기록한 적이 있습니까? 지금의 선택이 하나님의 말씀과 부르심에 부합하는지 냉정히 따져 본 적이 있습니까? '여호와 이레'를 입으로 고백하면서, 정작 하나님의 준비하심보다 내 계획을 더 신뢰하고 있는 것은 아닌지 돌아봐야 합니다. 시험은 언젠가 끝납니다. 그러나 시험 속에서 하나님을 잊고 산다면, 끝난 후에도 우리는 달라지지 않습니다. 한국 교회가 다시 세상 앞에서 증인의 자리에 서려면, 아브라함처럼 기억을 무기로 삼아 지금의 명령에 순종해야 합니다. 하나님은 여전히 보고 계시지만, 순종의 걸음을 내딛는 일은 우리 몫입니다.

새로 배운 단어와 문법

단어	발음(음역)	의미
הַ	하(ha)	그
אֱלֹהִים	엘로힘(ʾĕlōhîm)	하나님
לקח	라카흐(lāqaḥ)	취하다
נָא	나(nāʾ)	제발
הלך	할라크(hālak̲)	가다
לְ	레(lə)	~위해
ראה	라아(rāʾaʰ)	보다
יְהוָה	야웨 / 아도나이 (YHWH)	여호와

6

야레크(יָרֵךְ)

약함의

은혜

우리는 삶에서 누군가에 의해, 혹은 인생의 자연스러운 흐름 속에서 경험하는 고통의 이유를 쉽게 정의할 수 없습니다. 그 원인은 너무 복합적이고, 우리의 감정과 상황이 얽혀 있기 때문입니다. 그래서 고통은 단순히 한 시점의 사건으로 끝나지 않고, 마음속 깊이 스며들어 오래도록 영향을 미칩니다. 시간이 지나 평화가 찾아와도, 늘 남는 것이 하나 있습니다. 바로 '흔적'입니다. 그 흔적은 때로 몸에, 마음에 남아 우리의 기억을 자극하고 다시 아픔을 떠올리게 만듭니다.

야곱의 밤: 씨름과 어긋난 관절

우리가 앞서 살펴본 아브라함은 이삭을 제물로 바쳐야 하는 어려운 시험을 통과했습니다. 아브라함 이후 이삭의 이야기는 다른 구약 족장들에 비해 상당히 짧게 등장합니다. 오히려 이삭의 아들 중 한 명인 야곱의 이야기가 훨씬 중요하게 부각됩니다. 이번 장에서는 야곱의 이야기를 살펴보겠습니다. 아브라함과 이삭을 지나 야곱에게로 이어지는 족장 이야기 속에서, 유독 이 야곱은 '상처입은 인생'으로 기억됩니다.

야곱은 형 에서와 쌍둥이였습니다. 서로 다른 성향을 가진 둘은 팥죽 사건과 야곱이 장자의 축복을 가로챈 사건으로 인해 감정의 골이 깊어집니다. 결국 야곱은 자신을 죽이려는 에서를 피해 외삼촌 라반의 집에서 오랜 기간 머무릅니다. 어느 정도 시간이 흐르고 야곱은 외삼촌 집에서의 생활을 정리하고 형 에서와 화해하기 위해 고향으로 돌아가려고 합니다. 그런데 고향으로 돌아가는 길에 에서가 자신을 만나러 400명을 거느리고 오고 있다는 소식을 들은 야곱은 겁에 질려 자신의 동행자와 양과 소와 낙타를 두 무리로 나눕니다. 한 무리를 먼저 보내서 몰살당하면 다른 무리만이라도 피신시키려는 계획이었습니다. 그리고 계획을 시행하기 직전 야곱은 하나님께 도움을 구합니다. 그리고 형을 위한 예물을 가진 절반의 무리와 거리를 두고, 다른 무리의 사람들도 보냅니다. 홀로 얍복 나루에 머물러 있던 그는 갑자기 나타난 어떤 사람과 씨름을 하게 되었습니다. 그 사람이 날이 새도록 이기지 못하자 야곱의 몸의 한 부위를 칩니다.

> 자기가 야곱을 이기지 못함을 보고 그가 야곱의 허벅지 관절을 치매 야곱의 허벅지 관절(יָרֵךְ)이 그 사람과 씨름할 때에 어긋났더라(창 32:25).

그 부위가 '허벅지 관절, 넙적다리, 환도뼈' 등으로 번역되는 단어인 '야레크'(יָרֵךְ)입니다. 그로 인해 야곱은 평생 절름발이로 살게 됩니다. 이 사건이 얼마나 문제가 되는 것이었는지, 그 이후로 야곱의 후손들은 짐승의 둔부의 힘줄을 먹지 않았다고 전해집니다(창 32:32). 그런데 왜 그 사람은 야곱의 '야레크', 곧 허벅지를 쳤을까요? '야레크'에 무슨 의미가 있을까요?

인생의 근원, 야레크(יָרֵךְ): 약함을 통한 변화

먼저 고대 이스라엘에서 '야레크'(יָרֵךְ)는 사람이 지탱하고 서 있거나 걸을 수 있는, 나아가 활동할 수 있는 '기초'였습니다. 이는 확장된 의미로 '인생의 근원'을 의미하기도 합니다. 그런데 하나님은 야곱의 '야레크'를 치심으로, 삶에서 끝까지 자신의 힘과 능력으로 이기려 애쓰던 야곱의 중심을 무너뜨려 본격적으로 그의 삶을 변화시키고 하나님의 방법대로 이끌어 가시고자 했습니다. 결국 이전 삶의 근원은 무너졌지만, 야곱은 하나님 앞에서 평생 겸손하게 살게 되었습니다. 그의 몸에 남은 지울 수 없는 흔적은 평생토록 하나님을 기억하게 하는 표지가 되었습니다. 잊을 만하면 '야레크'로 인한 아픔을 통해 그는 하나님을 생각했을 것이기 때문입니다. 그래서 이 사건은 분명 야곱에게 은혜였습니다.

야곱에게 아픔의 자리였지만, 하나님은 그 자리에서 생명의 번성을 이루어 내셨습니다

> 야곱의 허리(יָרֵךְ)에서 나온 사람이 모두 칠십이요 요셉은 애굽에 있었더라(출 1:5).

야곱이 '이스라엘'이라는 이름을 얻게 된 것은 바로 '야레크'를 다치는 고난을 받아들였기 때문입니다. 그리고 하나님은 족장들에게서 이어진 자손의 약속을 바로 그 고난의 자리

에서 이루어 내셨습니다. 그런데 출애굽기 1:5에서 야곱의 자손을 나타낸 단어가 '야레크'일 필요가 있었을까요? 성경의 일반적인 표현대로 "야곱의 자손"이라고 하면 되는데 말입니다. 이 단어를 사용한 것은 인간의 기초가 무너진 자리에서도 민족을 이루어 내신 하나님은 능치 못할 일이 없으며, 그분은 인간의 모든 상상을 뛰어넘으신다는 것을 강조하기 위함입니다. 아울러 인간 자신이 무엇인가를 이루었다는 교만함을 사라지게 하기 위함입니다. 하나님이 일하시는 데는 사람의 어떤 환경이나 상황도 문제가 되지 않습니다. 다만 하나님의 일하심을 내가 믿느냐, 그렇지 않느냐의 문제입니다.

이스라엘의 회개: 야레크(יָרֵךְ)의 또 다른 의미

이 단어가 사용된 구약성경의 다른 본문들을 보면 다른 관점으로 해석할 수도 있습니다.

인자야, 너는 부르짖어 슬피 울지어다. 이것이 내 백성에게 임하며 이스라엘 모든 고관에게 임함이로다. 그들과 내 백성이 함께 칼에 넘긴 바 되었으니 너는 네 넓적다리(יָרֵךְ)를 칠지어다(겔 21:12).

내가 돌이킨 후에 뉘우쳤고 내가 교훈을 받은 후에 내 볼기(יָרֵךְ)를 쳤사오니 이는 어렸을 때의 치욕을 지므로 부끄럽고 욕됨이니이다 하도다(렘 31:19).

구약성경에서 '야레크'는 "허리", "넓적다리", "볼기" 등으로도 번역되었습니다. 이 두 본문을 자세히 들여다보면 '회개'라는 공통된 주제를 발견할 수 있습니다. '야레크'로 인한 아픔은 야곱에게서 끝난 것이 아닙니다. 야곱은 당사자이기 때문에 그 사건을 기억하고 아픔을 느끼고 있었을 것이며, 그로 인해 하나님의 은혜가 있다는 것도 알고 있었을 것입니다. 그런데 오랜 시간이 흘러 예언자들은 회개하며 자신의 허벅지 관절을 칩니다. 이는 앞서 야곱에게 깨달음을 주려고 했던 하나님의 관점을 그대로 적용해 보면 이해할 수 있습니다. 첫째는 그들 자신의 중심을 무너지게 하는 것이었습니다. 그들이 죄를 범했다는 것, 그래서 회개에 이르렀다는 것은 자기중심으로 살아가고 있었기 때문이고, 삶의 근원이 자신이었기 때문입니다. 그것이 무너져야만 함을 그들은 자신의 '야레크'를 치며 다시 생각했을 것입니다. 둘째는 그것으로 인해 삶의 중심, 근원이 하나님이었을 때 주어진 은혜를 다시 생각나게 했을 것입니다. 야곱 한 개인에게 주어졌던 하나님의 역사를 이제는 민족 전체가 기억하고, 하나님 관점으로 다시 살기를 소망했던 것이 바로 회개하며 '야레크'를 쳤던 이스라엘의 신앙이었습니다.

'야레크'를 맞으면서 중심이 무너진 야곱은 평생 절망의 삶을 살아야 할 것 같았지만, 그는 이제 하나님 중심으로 살아가는 인생으로 완전히 바뀌었습니다. 우리는 때로 삶에서 아픔을 경험할 수도 있습니다. 그 아픔은 여러 이유가 있겠지만, 하나님이 우리를 겸손하게 만드셔서 하나님의 방법으로 살아갈 수 있도록 하기 위한 길일 때가 있습니다. 그렇다면 그것은 은혜입니다. 암브로시우스(Sanctus Ambrosius)는 그의 책『야곱과 행복한 삶』에서 씨름 이야기를 다음과 같이 해석합니다.

> 그러므로 모든 거짓을 버리고 마음의 평화를 누리던 야곱은 먼저 자신의 모든 것을 버리고 홀로 남아 하나님과 씨름했습니다. 세상적인 것들을 버리는 자는 하나님의 형상과 모습에 더 가까이 다가가는 것입니다(Jac. 7. 30).[38]

정리하자면 야곱은 치명적인 아픔을 경험했고, 그의 모습을 본 다른 이들은 야곱이 하나님께 징벌을 받았다고 판단했을지도 모릅니다. 그리고 더 이상 그의 인생을 통해서는 아무 일도 일어나지 않을 것이라고 생각했을지도 모릅니다. 하지만 하나님은 그 '야레크'로부터 생명을 탄생시키셨습니다. 야곱은 자신의 부끄러운 인생에서 아무 일도 일어나지 않을 것이라 생각했습니다. 그러나 하나님은 그 생각을 깨뜨리고 새로운 일을 일으키셨습니다. 마찬가지로 우리 역시 아무 일도 일어나지 않을 것 같은 삶을 하나님의 시선으로 바라볼 필요가 있습니다. 마지막으로 이스라엘은 그들 자신의 '야레크'를 치며 삶을 돌이켰습니다. 야곱은 허벅지 관절이 어긋나면서 평생 절망의 삶을 살아갈 수도 있었지만, 오히려 그의 약함은 하나님께 의지하게 하는 은혜의 통로가 되었습니다.

우리 삶에는 쉽게 지워지지 않는 흔적이 남습니다. 그것은 고통의 결과일 수도, 관계의 상처나 실패의 후유증일 수도 있습니다. 하지만 어떤 흔적은 우리를 겸손하게 만들고, 새로운 방향으로 이끄는 힘이 되기도 합니다. 야곱의 어긋난 관절이 그의 약함이자 하나님을 의지하게 하는 표지가 되었듯, 우리의 약함 속에서도 새로운 길이 열릴 수 있습니다. 약함을 통해 새로운 가능성이 시작될 수 있습니다.

더 생각해 보기

신앙인도 삶에서 잊지 못할 아픔을 겪을 때가 있습니다. 가까운 가족이나 오랜 친구와의 관계에서 받은 깊은 상처, 오랫동안 준비했던 일이 하루아침에 무너졌을 때의 허무함과 좌절감, 혹은 예기치 않은 건강 문제와 같은 일들은 우리 마음속에 오래도록 지워지지 않는 흔적으로 남습니다.

이런 흔적은 처음에는 우리를 무너뜨리는 것처럼 보일 수 있지만, 때로는 우리를 겸손하게 만들고 하나님의 방법대로 살아가도록 방향을 돌리는 전환점이 되기도 합니다. 그래서 우리 삶에 남아 있는 어떤 흔적은, 겉으로 보기에는 약함이지만 하나님께서 주신 은혜의 자리일 수 있습니다.

하나님의 시선으로 보면, 우리의 약함은 단순한 결핍이나 실패가 아니라 하나님의 능력이 드러나는 통로입니다. 그렇기에 우리는 약함을 숨기거나 부끄러움으로만 여기지 말고, 그 약함 속에서 하나님이 어떤 일을 이루실지 기대해야 합니다. 그리고 이 기대는 개인에게만 해당되지 않습니다. 우리가 속한 공동체 안에도 크고 작은 '야레크'가 있습니다. 그러므로 교회는 이 약함을 숨기거나 평가 절하하기보다, 하나님께서 역사하실 수 있는 은혜의 공간으로 받아들여야 합니다. 이를 위해 첫째, 공동체 안에 약함과 실패를 안전하게 나눌 수 있는 관계 문화와 소그룹을 세워야 합니다. 둘째, 지도자부터 약함을 인정하고 회개하는 본을 보여야 합니다. 셋째, 약함이 있는 이들을 배제하는 대신 그들의 은사와 가능성을 발견하고 세워야 합니다.

야곱이 절름발이가 되었으나 '이스라엘'이라는 새 이름을 얻었듯, 우리도 약함을 직면하고 하나님께 맡길 때 새로운 정체성과 사명을 회복하는 공동체가 될 수 있습니다. 그 약함이 하나님께서 시작하시는 변화의 자리임을 믿고, 함께 걸어가는 교회가 되어야 합니다.

새로 배운 단어와 문법

단어	발음(음역)	의미
יָרֵךְ	야레크 (yārēk)	허벅지 관절, 넓적다리, 볼기

7

이스라엘(יִשְׂרָאֵל)

하나님이
함께 싸우신다!

인간이 겪는 가장 깊은 고통 중 하나는 '외로움'입니다. 이는 단순히 혼자 있기 때문에 느끼는 감정만은 아닙니다. 때로는 누군가와 함께 있어도, 북적이는 공동체 안에서도 마치 혼자 남겨졌다고 느낄 때가 있습니다. 아무도 나를 모르는 것 같고, 나를 기억하는 이가 없는 것 같은 감정은 우리를 깊은 상처와 아픔으로 밀어 넣지요. 교회 안에서도 마찬가지입니다. 신앙 생활을 잘하고 있다고 생각했는데도, 문득 혼자 남겨진 듯한 느낌을 받을 때가 있습니다. 그런 외로움 속에서는 하나님조차 멀게 느껴지기도 합니다. 야곱도 그런 경험을 했습니다. 이번 장에서는 얍복 강가에 있던 야곱의 상황으로 다시 돌아가 보겠습니다.

홀로 남은 밤: 이름 없는 씨름꾼과의 만남

가족과 더불어 자기와 함께했던 모든 이들과 가축까지 다 보내고 형을 기다리던 야곱은 얼마나 괴롭고 외로웠을까요? 형이 어떤 감정을 품고 있을지 전혀 알 수 없는 상황이었고, 떠나온 곳으로 다시 돌아갈 수도 없었습니다. 그렇게 야곱은 홀로 남아 있어야 했습니다. 그때 누군가가 그에게 다가왔고, 둘은 씨름을 하게 됩니다.

야곱은 홀로 남았더니 어떤 사람이 날이 새도록 야곱과 씨름하다가(창 32:24).

야곱과 씨름한 '어떤 사람'이 누구인지, 언제, 왜 나타났는지 성경은 침묵합니다. 그는 홀로 있던 야곱에게 다짜고짜 나타나서 날이 새도록 씨름을 한 것입니다. 도대체 무슨 일일까요? 누군가와 밤새 씨름이라도 했으니 외롭지 않았다고 말해야 할까요? 싸움이 끝나지 않자 그 사람은 야곱의 허벅지 관절을 치고 떠나려 합니다.

자기가 야곱을 이기지 못함을 보고 그가 야곱의 허벅지 관절을 치매 야곱의 허벅지 관절이 그 사람과 씨름할 때에 어긋났더라(창 32:25).

허벅지 관절을 친 것은 앞선 장에서 설명했기에 여기서는 넘어가겠습니다. 허벅지 관절을 맞은 야곱은 극심한 고통을 느꼈을 것입니다. 홀로 남아 두려움에 떨고 있는 상황에 형을 만나야 하는 압박까지 더해졌는데, 이제는 누군가와 씨름하다 허벅지 관절까지 다쳤으니 말입니다. 그런데 바로 그 고통의 순간에 야곱의 반응도 독특합니다.

> 그가 이르되 날이 새려하니 나로 가게 하라. 야곱이 이르되
> 당신이 내게 축복하지 아니하면 가게 하지 아니하겠나이다
> (창 32:26).

야곱은 그 사람에게 끝까지 매달려 복을 구합니다. 그가 누구인지 제대로 알지도 못했을 텐데, 심지어 자신을 친 사람에게 복을 구하는 장면은 매우 독특합니다. 도대체 야곱은 무엇을 느꼈기에 이렇게 반응한 것일까요?

이름의 고백과 변화: 야곱에서 이스라엘로

그런데 그 사람의 대답도 독특합니다.

> 그 사람이 그에게 이르되 네 이름이 무엇이냐. 그가 이르되
> 야곱이니이다(창 32:27).

그 사람은 무슨 이유에서인지 이름을 묻고, 야곱은 대답합니다. 이 질문과 대답은 곱씹어 볼 필요가 있습니다. '야곱'(יַעֲקֹב)이라는 이름은 '발뒤꿈치' 또는 '발뒤꿈치를 잡다'라는 뜻입니다. 하지만 '야곱'이라는 단어의 어근 '아카브'(עָקַב)는 '속이다'라는 뜻이지요. 따라서 야곱이 자신의 이름을 말한다는 것은 단순히 이름을 밝히는 것을 넘어 '속이는 자'라는 자신의 부끄러운 삶을 고백하는 행위인 것입니다.

이렇게 '어떤 사람'은 야곱에게 이름을 물음으로써, 그가 가진 부족한 모습을 고백하게 했습니다. 야곱에게는 자신을 '속이는 자'라고 고백하는 것이 상당히 부끄럽고 치욕스러웠

을지도 모르지만, 이 상황에서 야곱은 그렇게 해야만 했습니다. '어떤 사람'은 그렇게 자신의 부끄러운 삶을 고백한 야곱의 존재를 바꾸기 위해 밤새 씨름을 하고 이름을 물었던 것입니다.

자신의 부족함을 인정하는 야곱을 본 그 사람은 그의 허벅지 관절을 쳐서 평생 절름발이로 살아가게 만들었습니다. 언뜻 보기에는 그의 인생을 방해하는 것 같지만, 그로 인해 야곱의 삶이 새롭게 되었습니다. 그 사람은 야곱의 이름을 들은 후 다음과 같이 말합니다.

그가 이르되 네 이름을 다시는 야곱(יַעֲקֹב)이라 부를 것이 아니요 이스라엘(יִשְׂרָאֵל)이라 부를 것이니 이는 네가 하나님과 및 사람들과 겨루어 이겼음이니라(창 32:28).

그렇게 야곱은 '이스라엘'(יִשְׂרָאֵל)이라는 새로운 이름을 받습니다.

이스라엘(יִשְׂרָאֵל): 하나님이 싸우신다

성경은 '이스라엘'이라는 이름을 "하나님과 및 사람들과 겨루어 이겼다"라는 의미로 설명합니다.[39] 그러나 '이스라엘'이라는 이름의 의미를 정확히 이해하려면 히브리어 어근을 살펴보는 것이 더 적절할 수 있습니다. 이를 위해 '이스라엘'이라는 단어를 분석해 보겠습니다.

이 단어는 'יִ / שְׂרָ / אֵל' 이렇게 세 부분으로 분류할 수 있습니다. '이'(יִ)에는 시제, 인칭, 성, 수의 개념이 들어 있습니다. 시제는 현재 또는 미완료로 해석할 수 있으며, 인칭, 성, 수는 3인칭 남성 단수입니다. 두 번째 부분인 '스라'(שְׂרָ)는 어근으로, 단어의 의미를 담고 있습니다. 많은 학자들은 이 단어의 어근을 '싸우다'라는 의미의 '사라'(שׂרה)로 보았습니다. 마지막 단어 '엘'(אל)은 이 단어의 주어로 '하나님'을 의미합니다. 이 문법적 특징대로 단어를 풀이하면 다음과 같습니다.

주어(אל/하나님) + 동사 원형의 어근 (שׂרה/싸우다) + 미완료(?/현재와 미래 시제)

즉, '이스라엘'은 본문에 나온 "하나님과 및 사람들과 겨루어 이겼다"라는 의미보다는, "하나님께서 싸우고 계시고(현재), 싸우실 것이다(미래)"라는 뜻에 더 가깝다고 볼 수 있습니다. 따라서 "전쟁은 하나님께 속한 것"(대하 20:15)이라는 구절도 이 해석과 자연스럽게 연결됩니다.

또 다른 관점에서 이스라엘의 어근을 '사라르'(שׂרר)로 볼 수도 있습니다. 이 단어는 '다스리다, 강하다'라는 뜻을 가지고 있습니다. 앞의 방법과 동일한 방식으로 풀이하면, '하나님께서 다스리고 계시다/다스리실 것이다'라는 해석이 가능합니다.

그렇다면 왜 성경은 '이스라엘'이라는 이름에 '그가 하나님과 겨루어 이겼다'라는 설명을 덧붙였을까요? 야곱은 씨름 중에 치명적인 상처를 입었는데도 말입니다. 아마도 야곱이 실제로는 씨름에서 졌을지 몰라도, 복을 구하는 그의 간절한 마음을 보신 하나님께서 져 주셨기 때문이라는 해석도 가능합니다.[40] 그 결과 야곱은 자신의 추한 과거를 고백하며 새로운 이름을 받았으며, 형과의 관계도 회복했습니다.

그의 새로운 이름 '이스라엘'은 단지 과거로부터의 변화만을 의미하지 않습니다. 오히려 하나님께서 우리의 삶에서 과거로부터 지금까지, 그리고 앞으로도 싸우시고 다스리실 것이라는 확신을 주는 이름입니다. 이것은 오늘날 그리스도인들에게도 동일한 위로와 도전을 줍니다.

더 생각해 보기

야곱은 절대적인 외로움 속에서 하나님께 매달렸습니다. 야곱이 매달려 복을 구하는 모습은 마치 오늘날의 기도와 같습니다. 그리고 그 밤, 하나님은 야곱의 외로움과 두려움 속에서 다스리고 싸우시는 분으로 나타나셨습니다. 그리스도인에게서 가장 망각된 신앙의 모습은 어쩌면 '기도'가 아닐까요? 하나님을 향한 야곱의 처절한 매달림은 자신의 힘으로 할 수 있는 것이 없다는 내면의 외침이었습니다. 어찌 보면 기도가 사라지는 것은 스스로 뭔가 이룰 수 있다고 생각하기 때문인 것 같습니다. 하지만 그리스도인에게 '기도'가 빠진 정체성이 가능할까요? 우리의 힘으로 할 수 있는 것이 없다는 고백, 한계가 많은 인간 존재에 대한 인식, 그렇기에 하나님께 매달리는 야곱의 모습은 오늘날 우리에게도 충분히 유의미합니다.

오늘날 우리도 외로움 속에 있을 수 있습니다. 신앙생활 중에도 혼자 버려진 듯한 느낌, 혹은 기도해도 응답받지 못하는 공허함에 빠질 수 있습니다. 그러나 하나님은 오늘도 우리의 씨름과 외로움을 지켜보고 계십니다. 그리고 우리가 끝까지 하나님을 붙들고 의지하는 믿음의 씨름을 할 때, 하나님은 '이스라엘'이라는 새로운 정체성을 우리에게 허락하십니다. 기도는 우리의 연약함을 인정하는 고백입니다. 그리고 기도를 통해 하나님은 우리의 외로움에 응답하시고, 우리 인생 속에서 다스리고 싸우시는 하나님으로 임하십니다. 오늘 여러분은 무엇과 씨름하고 있나요? 외로움, 두려움, 여러 문제 속에서 하나님과 씨름하는 기도의 밤을 가져 보십시오.

단어	발음(음역)	의미
עָקַב	아카브(ʿāqab)	속이다
יַעֲקֹב	야아콥(yaʿăqōḇ)	발뒤꿈치, 발뒤꿈치를 잡다
יִשְׂרָאֵל	이스라엘(yiśrāʾēl)	하나님께서 싸우고 계시고 / 싸우실 것이다 하나님께서 다스리고 계시고 / 다스리실 것이다
שָׂרָה	사라(śārah)	싸우다
שָׂרַר	사라르(śārar)	다스리다, 강하다

◆ 히브리어 동사의 Yiqtol(익톨)형태는 현재와 미래를 의
미합니다.

8

임(עִם), 에트(אֵת)

가장 큰 복

복을 받고 싶은 마음은 누구에게나 있습니다. 많은 이들이 '요셉처럼 총리가 되게 해달라', '요셉처럼 성공하게 해달라'는 기도를 드립니다. 그러나 우리는 종종 요셉의 최종적인 성공만 볼 뿐, 그가 거쳐야 했던 긴 여정과 역경은 간과하곤 합니다. 이처럼 우리는 자칫 '성공 중심의 복'에 대한 기대에 사로잡히기도 하지요. 그렇다면 아브라함과 이삭, 야곱처럼 총리가 되지 못한 족장들은 복을 받지 못한 이들이었을까요? 그렇지 않습니다. 오히려 성경은 우리가 흔히 생각하는 '복'의 정의를 새롭게 바라보도록 이끕니다.

요셉의 형통: 야웨께서 그와 함께하시므로

형 에서와 화해한 야곱에게는 열두 아들이 있었습니다.

그중 요셉은 아버지 야곱에게 특별한 사랑을 받았습니다. 그래서 형제들은 편애하는 아버지뿐만 아니라 요셉까지도 미워했지요. 더군다나 요셉은 형들의 곡식단이 자기 곡식단에 절을 하거나, 해와 달과 열한 개의 별이 자신에게 절을 하는 꿈 이야기를 했다가 형들의 시기를 더욱 샀습니다. 결국 형들은 요셉을 아버지 몰래 잡아 구덩이에 던졌고, 후에는 상인들에게 팔아넘겼습니다.

요셉은 오랜 세월 동안 수많은 우여곡절을 겪었지만 그때마다 성실하게 살았고, 결국 이집트의 총리가 되었습니다. 성경 독자들은 요셉이 어려움을 겪었다는 사실을 알지만, 흔히 총리 또는 이집트의 2인자가 되었다는 성공적인 결말에만 주목하여 요셉을 하나님께 큰 복을 받은 사람이라고 평가합니다. 물론 그것도 그의 삶을 평가할 수 있는 중요한 지표가 될 수 있겠지만, 성경이 전하려는 핵심은 단순히 요셉의 성공만은 아닙니다. 한번 살펴볼까요?

먼저 성경을 보면 요셉 이야기에는 반복되는 문장이 있습니다.

여호와께서 요셉과 함께 하시므로(וַיְהִי יְהוָה אֶת־יוֹסֵף) 그가 형통한 자가 되어 그의 주인 애굽 사람의 집에 있으니 그의 주인이 여호와께서 그와 함께하심을 보며 또 여호와께서 그의 범사에 형통하게 하심을 보았더라(창 39:2-3).

여호와께서 요셉과 함께하시고(וַיְהִי יְהוָה אֶת־יוֹסֵף) 그에게 인자를 더하사 간수장에게 은혜를 받게 하시매(창 39:21).

간수장은 그의 손에 맡긴 것을 무엇이든지 살펴보지 아니하였으니 이는 여호와께서 요셉과 함께하심이라(יְהוָה אִתּוֹ).

여호와께서 그를 범사에 형통하게 하셨더라(창 39:23).

성경은 계속해서 "여호와께서 함께하신다"라고 말합니다. 이것이야말로 요셉이 받은 가장 큰 은혜입니다. 각 본문을 히브리어로 살펴보면 창세기 39:2의 첫 번째 단어는 동사 '바이히'(יְהִי)입니다. 이 단어의 어근은 '하야'(הָיָה)입니다. 의미는 '~있었다', '~되었다' 입니다. 이 단어는 칼 동사/바브 미완료 연속법(Wayyiqtol)/3인칭 남성 단수입니다. 바브는 미완료이지만, 연속법이 적용되면 완료로 번역해야 합니다. 이 법칙을 따라 첫 단어를 해석하면 '그가 있었다', '그가 되었다'가 됩니다.

두 번째 단어는 흔히 '신성 사문자'로 부르는 하나님의 이름 '야웨'(יהוה)입니다. 히브리어 네 자음으로 이루어진 이 이름(YHWH, 히브리어 자음으로는 יהוה)은 하나님의 고유한 이름으로, 헬라어로 '테트라그라마톤'(tetragrammaton, '네 글자')이라 불립니다. 유대인들은 출 20:7의 "여호와의 이름을 망령되게 부르지 말라"는 계명을 엄격히 지켜 이 이름의 발음을 피하고, 성경을 읽을 때 '아도나이'(주)로 대체해 발음했습니다. 이러한 이유로 '야웨'는 '거룩한 네 글자'라는 뜻에서 '신성 사문자'로 불리며, 하나님의 존재를 나타내는 특별한 칭호로 존중받아 왔습니다. 이 문장에서 '야웨'는 바로 앞 동사의 주어가 됩니다.

세 번째 단어 '에트'(אֵת)는 두 가지 의미를 지닙니다. 하나는 '~을/를', 또 다른 하나는 '~와 함께'입니다. 히브리어 단어는 의미가 하나밖에 없는 경우는 많지 않기 때문에, 대부분 맥락에서 가장 적절한 의미를 선택해야 합니다. 본문에서는 문맥상 '~와 함께'가 더 어울립니다. 마지막 단어는 '요셉'(יוֹסֵף)입니다. 이 단어들을 조합하여 번역하면 '야웨는 요섭과 함께있었다'라는 의미입니다. 그리고 그것이 요셉이 형통한 자가 될 수 있었던 이유가 됩니다. 두 번째 구절 창세기 39:21 역시 이 문장과 동일한 절과 형태이기에 같은 의미로 해석할 수 있습니다.

형태가 다른 것은 세 번째 구절인 창세기 39:23절입니다. 첫 단어는 앞에서 본 신성 사문자 '야웨'입니다. 그리고 두 번째 단어 '잇토'(אִתּוֹ)는 '~함께'라는 의미의 전치사 '에트'(אֵת)와 3인칭 남성 단수 대명사 접미사 '오(וֹ)'가 합쳐진 단어입니다. 그래서 의미는 '그와 함께'가 됩니다. 그런데 조금 이상합니다. 이 구절을 번역하면 '야웨, 그와 함께'로 비문이기 때문입니다. 히브리어 문법에서는 이런 동사가 없는 문장을 '명사 문장'이라고 부릅니다. 그리고 명사 문장에는 '하야' 동사를 임의적으로 삽입하여 해석합니다. 물론 시제는 앞선 동사의 시제에 맞춰야 합니다. 즉, 이 문장은 '야웨께서 그와 함께 있었다'라는 의미가 됩니다.

성경은 요셉이 어려움을 겪는 순간마다 '야웨께서 함께하신다'는 사실을 반복해서 강조합니다. 이 표현은 요셉 자신의 입이 아니라 본문을 기록한 해설자(저자)를 통해서만 등장하는데, 이는 독자들에게 요셉이 결코 홀로 있지 않음을 분명히 전하려는 의도입니다.[41] 즉, 성경은 요셉의 형통함을 무엇보다도 하나님께서 항상 그와 함께하셨다는 사실에서 찾습니다.

엘로힘 임메카(אֱלֹהִים עִמְּךָ):
하나님이 너와 함께 계시도다

그런데 이러한 복이 요셉에게만 주어진 것은 아닙니다. 요셉의 선조인 아브라함과 이삭, 야곱도 같은 복을 경험했습니다. 먼저 아브라함의 이야기를 보겠습니다.

아브라함이 사라와 함께 그랄에서 머물 때, 그랄 왕 아비 멜렉은 사라가 아브라함의 아내인지 모르고 그녀를 데려갔습니다. 사실 아브라함이 자신의 목숨을 지키기 위해 사라를 누이라고 속였기 때문이지요. 그런데 그날 밤에 하나님께서 아비멜렉의 꿈에 나타나 사라를 지켜 주셨습니다. 이 일로 놀란 아비멜렉은 사라를 아브라함에게 돌려보냈고, 후에 자신이 깨달은 중요한 사실 하나를 말합니다.

그때에 아비멜렉과 그 군대 장관 비골이 아브라함에게 말하여 이르되 네가 무슨 일을 하든지 하나님이 너와 함께 계시도다(אֱלֹהִים עִמְּךָ)(창 21:22).

아비멜렉의 말을 히브리어로 살펴보겠습니다. 첫 단어는 '엘로힘'(אֱלֹהִים), 하나님입니다. 너무 잘 알려져 있는 단어입니다. 두 번째 단어는 '임메카'(עִמְּךָ)로, 두 개의 단어가 합쳐져 있습니다. 하나는 '~와 함께'라는 뜻의 '임'(עִם)이고, 다른 하나는 2인칭 남성 단수 대명사 접미사인 '카'(ךָ)입니다. 전치사 뒤에 대명사 접미사가 붙어 있기 때문에 '너와 함께'라고 번역합니다. 두 단어의 의미를 합치면 '하나님, 너와 함께'라는 명사 문장입니다. 앞서 본 것처럼 '하야' 동사를 삽입하여 '하나님은 너와 함께 있다'로 번역합니다. 앞의 요셉에 관해 말하는 문장과 전치사가 다르지만 의미는 같습니다. 하나님은 아브라함과도 함께하셨습니다.

아노키 잍테카 (אָנֹכִי אִתָּךְ): 내가 너와 함께 있다

이삭의 이야기에도 같은 내용이 등장합니다. 기근을 피해 그랄에 머물며 농사를 짓던 이삭은 하나님의 은혜로 큰 복을 받아 부유해졌습니다. 그러자 그랄 왕 아비멜렉은 그로 하여금 자기 땅에서 떠나도록 합니다. 이삭은 그랄 골짜기에 거류하며 우물을 팠지만, 그랄 목자들과 다툼이 생겨 우물을 포기합니다. 다른 곳에 또 우물을 팠지만 역시 다툼이 생겨 포기합니다. 세 번째 우물을 팠을 때는 다툼이 일어나지 않았고, 이삭은 이를 야웨 하나님의 은혜라고 고백합니다. 그 후에 브엘세바로 옮겨 간 이삭에게 하나님이 나타나셔서 다음과 같이 말씀하십니다.

> 그 밤에 여호와께서 그에게 나타나 이르시되 나는 네 아버지 아브라함의 하나님이니 두려워하지 말라. 내 종 아브라함을 위하여 내가 너와 함께 있어(אִתְּךָ אָנֹכִי) 네게 복을 주어 네 자손이 번성하게 하리라 하신지라(창 26:24; 또한 창 26:28).

이삭과 함께하실 것이라는 하나님의 약속을 히브리어로 살펴보겠습니다. 첫 단어 '잍테카'(אִתְּךָ)는 두 단어로 이루어져 있습니다. 하나는 '~와 함께'인 '에트'(אֵת), 다른 하나는 2인칭 남성 단수 대명사 접미사 '카'(ךָ)입니다. 그래서 '너와 함께'라는 뜻이 됩니다. 두 번째 단어인 '아노키'(אָנֹכִי)는 1인칭 단수형인 인칭대명사입니다. '나'를 뜻합니다. 두 단어의 의미를 합치면 '너와 함께, 내가/나는'이 됩니다. 이 문장도 명사 문장이기에 '하야'(הָיָה) 동사를 넣어 번역하면 '나는/내가 너와 함께 있을 것이다'가 됩니다. 즉, 하나님은 이삭 곁에 언제나 머물며 그를 보호해 주겠다고 약속하셨습니다.

아노키 임마크(אָנֹכִי עִמָּךְ): 내가 너와 함께 있다

마지막은 야곱입니다. 야곱은 형 에서와의 갈등을 피해 외삼촌 라반이 있는 밧단아람으로 향합니다. 도망치듯 가족과 고향을 떠나니 그에겐 얼마나 큰 두려움이 있었을까요? 그러다 잠시 지친 야곱은 돌을 베고 잠을 청합니다. 꿈에 하나님이 나타나셔서 야곱에게 말씀하십니다.

> 내가 너와 함께 있어(אָנֹכִי עִמָּךְ) 네가 어디로 가든지 너를 지키며 너를 이끌어 이 땅으로 돌아오게 할지라. 내가 네게 허락한 것을 다 이루기까지 너를 떠나지 아니하리라 하신지라(창 28:15; 또한 창 31:3, 42; 35:3).

이 말씀은 야곱의 할아버지와 아버지가 들었던 말과 똑같습니다. 두 단어로 이루어진 구절을 보면, 첫 단어는 '나'라는 뜻의 1인칭 단수 인칭대명사 '아노키'(אָנֹכִי)입니다. 두 번째 단어 '임마크'(עִמָּךְ)는 두 단어로 이루어져 있습니다. '~와 함께'라는 뜻의 '임'(עִם)과 2인칭 여성 단수 대명사 접미사 '크'(ךְ)입니다. 야곱은 남성인데 어떻게 2인칭 여성형이 사용되었을까요? 히브리어는 문법상 종종 반대되는 성을 사용하기도 합니다. 그래서 문맥에서 판단해야 합니다. 문맥에서는 야곱을 지칭하는 것이 명확하기 때문에 해석의 변화는 없습니다. 그렇다면 이 문장은 '나는/내가 너와 함께'라는 의미의 명사 문장이기 때문에, '하야'(הָיָה) 동사를 추가하여 '나는/내가 너와 함께 있을 것이다'로 번역이 가능합니다.

성경은 요셉처럼 누가 봐도 부러워할 만한 자리에 올라야 하나님의 복을 받았다고 평가하지 않습니다. 아브라함은 비록 속임수를 썼지만 그만큼 생명의 위협을 당하는 곳에서,

이삭은 억울하게도 우물을 계속 빼앗기다가 멈춘 자리에서, 야곱은 집과 고향과 가족을 떠나 극심한 두려움에 사로잡힌 상태에서, 요셉은 노예로 팔려 나가 지속적인 어려움을 겪고 있을 때 하나님께서 함께하심을 경험했습니다. 하나님은 가장 필요한 순간 가장 필요한 것으로 그들을 채우셨습니다. 하나님은 족장들의 평탄한 순간에만 동행하지 않으셨습니다. 실수와 고난, 외로움 속에서도 그들과 함께하셨습니다. 크리소스토무스도 이와 비슷하게 족장들의 삶을 해석합니다.

> 생각해 보면, 덕성스러운 사람들을 위험에서 벗어나게 해 주시거나 시련을 겪지 않게 해주시는 것은 결코 하나님의 방식이 아닙니다. 오히려 그분께서는 그런 시련 가운데에서 당신 특유의 은총의 증거를 보여주시어, 그 시련 자체가 그들에게 즐거운 축제의 기회가 되게 하십니다(Hom. Gen. 62. 15).[42]

우리가 생각하는 '복'은 종종 요셉이 이룬 눈부신 성공과 같은 결과로 한정됩니다. 그러나 성경이 보여주는 복의 핵심은 눈에 보이는 지위나 성취가 아니라, 하나님께서 우리와 함께하신다는 사실입니다. 아브라함, 이삭, 야곱 그리고 요셉 모두 평탄한 시기뿐 아니라 두려움, 실패, 억울함, 고난 속에서도 하나님의 동행을 경험했습니다. 하나님은 그들의 삶의 여정 한가운데서 필요한 때에 필요한 은혜를 주셨고, 그것이야말로 진정한 복이었습니다. 그러므로 복은 상황의 좋고 나쁨으로 측정되지 않습니다. 복은 곁에 계신 하나님을 아는 데서 시작됩니다.

오늘날 우리에게도 이 복은 여전히 유효합니다. 하나님께서 함께하신다는 복은 단지 성공과 안락함을 의미하지 않습니다. 아브라함처럼 실수로 위기를 맞을 수도 있고, 이삭처럼 억울한 일을 당할 수도 있으며, 요셉처럼 끝없는 어려움을 겪을 수도 있습니다. 그러나 직장에서 부당한 대우를 받을 때, 가정에서 갈등이 이어질 때, 경제적 압박이 몰려올 때조차 하나님은 우리 곁에 계십니다. 그러므로 우리는 일상 속에서 하나님의 동행을 의식적으로 붙잡아야 합니다. 출근 전, 회의 전, 자녀 문제 앞에서 짧게라도 하나님께 도움을 구하는 기도를 드려 보십시오. 문제의 해결 여부가 복의 기준이 아닙니다. 해결되지 않은 현실 한가운데서도 "하나님이 나와 함께하신다"는 고백을 잃지 않는 것, 그것이 족장들이 경험한 복이며 또한 오늘 우리가 누릴 수 있는 복입니다. 하나님은 지금도 우리와 함께하십니다. 그렇다면 우리는 그 동행하심을 믿는 사람답게 살아야 합니다. 이 믿음이야말로 세상이 빼앗을 수 없는 가장 큰 복입니다.

새로 배운 단어와 문법

단어	발음(음역)	의미
הָיָה	하야(hāya^h)	~있다, ~되다
יְהוָה	야웨 / 아도나이 (YHWH)	여호와
אֶת	에트(ʾet)	~와 함께
יוֹסֵף	요셒(yôsēp̄)	요셉
אֱלֹהִים	엘로힘(ʾĕlōhîm)	하나님
עִם	임(ʿim)	~와 함께

| אָנֹכִי | 아노키(ʾānōḵî) | 나 |

◆ 히브리어 동사에서 바브 연속법이 사용되면 시제를 반대로 적용합니다. 바브 미완료 연속법(Wayyiqtol)이라면 완료(Qatal)로 번역해야 한다는 것이죠. 반대로 바브 완료 연속법(Weqatal)이라면 미완료(Yiqtol)로 번역합니다.

◆ 문장에 동사가 없는 명사 문장일 때, 하야(היה) 동사를 임의로 추가하여 문장을 완성합니다. 시제는 앞선 문맥을 따라갑니다.

출애굽기

1

예레크(יֶרֶךְ)

기억하고 싶지 않은

상처

출애굽기는 히브리 성경에서 '붸엘레 쉐모트'(וְאֵלֶּה שְׁמוֹת)라고 불립니다. 첫 번째 단어인 '붸엘레'(וְאֵלֶּה)는 두 단어 접속사 '붸'(וְ)와 지시대명사 '엘레'(אֵלֶּה)로 이우어집니다. 히브리어 접속사는 '그리고, 그러나, 그래서' 등등 의미가 광범위하기 때문에 앞 문장과의 연결을 고려해 잘 번역해야 합니다. 그런데 히브리어 성경에서 출애굽기의 제목은 출애굽기의 가장 첫 단어이기 때문에, 앞 구절을 고려할 때는 창세기 마지막 구절을 생각해야 합니다. 창세기 마지막 구절은 요셉의 죽음을 이야기하고, 출애굽기는 이름으로 시작합니다. 그렇기에 내용이 이어지는 '그리고'라는 의미가 가장 적절해 보입니다. '엘레'는 '이것들, 저것들'이라는 의미로서 지시대명사의 복수형입니다. 두 번째 단어 '쉐모트'(שְׁמוֹת)는 '이름'이라는 뜻의 명사 '쉠'(שֵׁם)의 복수형(이름들)입니다. 두 단어를 종합하면 '그리고 이것은 이름들이다'라는 의미가 됩니다. 이것이 히브리 성경 출애굽기의 제목입니다. 앞서 언급한 것처럼 출애굽기는 접속사로 시작하여 창세기와 연결되는 책이라는 것을 강조하고 있음은 분명합니다.[43] 출애굽기의 주인공은 단연 모세입니다. 구약성경에서 '모세'는 770번 언급되는데, 출애굽기에만 261번으로 가장 많이 등장합니다. 출애굽기는 다양한 서사를 보여주는데, 크게 출애굽과 광야 이야기로 나눌 수 있습니다. 그리고 그 안에 출애굽 이전 이스라엘의 상황, 모세를 부르시는 하나님, 열 가지 재앙, 유월절 제정, 홍해 사건, 만나와 메추라기, 아말렉과의 전쟁, 시내산 계시, 성막 제조 등의 다양한 이야기가 있습니다.

이스라엘의 번성: 야곱의 허리(יֶרֶךְ)

출애굽기의 첫 이야기는 창세기에서 이어지는 내용이자 배경 설명입니다. 창세기의 마지막 이야기는 요셉의 장례입니다. 출애굽기는 요셉에 의해 이집트에 정착한 야곱의 자손들의 이름과 함께 그들의 수가 점점 더 많아졌다고 이야기합니다. 이집트에 거주하던 이스라엘 백성의 폭발적인 인구 증가는 단순한 현상이 아닙니다. 이것은 하나님께서 이전에 아브라함과 이삭과 야곱을 통해 약속하셨던 '자손의 약속'이 성취되는 것을 의미하기 때문입니다(창 12:2; 26:4; 28:14 등). 그 증거는 창세기 46:8a와 출애굽기 1:1a에서 발견할 수 있습니다. 여기서는 원문과 번역문을 분리해서 보겠습니다.

애굽으로 내려간 이스라엘 가족의 이름은 이러하니라(וְאֵלֶּה שְׁמוֹת בְּנֵי־יִשְׂרָאֵל הַבָּאִים מִצְרָיְמָה)(창 46:8).

애굽에 이른 이스라엘 아들들의 이름은 이러하니(וְאֵלֶּה
שְׁמוֹת בְּנֵי־יִשְׂרָאֵל הַבָּאִים מִצְרָיְמָה)(출 1:1).

이 두 구절을 비교하면 처음부터 끝까지 단어가 똑같습
니다. 이 문장의 발음은 '붸엘레 쉐모트 베네-이스라엘 합바
임 미쯔라이마'입니다.[44] 즉, 단어가 똑같은 두 구절은 하나님
의 약속이 창세기에서 출애굽기까지 이어지고 있다는 명확한
증거입니다. 출애굽기는 창세기의 히브리어 단어만 인용한
것이 아니라, 하나님의 약속의 연속성을 보여줍니다.[45] 이러
한 증거는 출애굽기 1:5에도 있습니다.

야곱의 허리(יָרֵךְ)로부터 나온 모든 생명은 70명이었다(출
1:5a).

이 단어를 기억하시나요? '예레크'(יָרֵךְ)는 '허벅다리', '넓
적다리', '환도뼈', '허벅지 관절', '볼기' 등 다양하게 번역되는
단어로, 야곱이 밤새 어떤 사람과 씨름하다가 다친 신체 부위
인 '허벅지 관절'(יָרֵךְ)과 같은 어근을 가지고 있습니다(창
32:26). 이로 인해 절뚝거리는 고통의 인생을 맞이했지만, 하
나님은 그 야곱에게서 생명의 번성을 이루어 내셨습니다. 야
곱이 '이스라엘'이라는 이름을 얻게 된 것도 바로 이 고난을
받아들였기 때문이며, 과거의 부끄러운 삶을 하나님께 고백
했기 때문입니다. 성경은 하나님께서 족장들에게서 이어진
자손의 약속을 고난의 자리에서 이루어 내셨음을 보여줍니
다. 출애굽기의 첫머리에서 하나님의 역사가 이어지고 있음
을 이 단어를 통해 표현한 것은, 하나님은 약속을 잊지 않으시
는 분이며, 그 약속을 이루기 위해 아픔도 소망으로 바꾸실 수
있다는 사실을 보여주기 위해서입니다. 사람에게는 불가능해

보이지만 하나님은 하실 수 있습니다. 사람에게는 아픔의 자리이지만, 하나님은 그곳을 희망과 소망의 자리로 바꾸실 수 있습니다. 사람에게는 조롱이나 악평을 받는 모습일 수 있으나, 하나님은 그 모습을 통해서도 역사를 만드십니다. 이처럼 하나님은 인간의 상상 너머에서 일하신다는 것을 분명하게 확인할 수 있습니다.

다섯 동사: 약속의 폭발적 성취

하나님의 약속의 진행이 어떤 결과로 나타났는지는 출애굽기 1:7에서 더 잘 드러납니다.

이스라엘 자손은 생육하고(פרה) 불어나(שׁרץ) 번성하고(רבה) 매우 강하여(עצם) 온 땅에 가득하게(מלא) 되었더라(출 1:7).

이 구절에서 눈여겨봐야 할 것은 다섯 개의 동사입니다. 첫 번째 동사는 '파라'(פרה)입니다. 이 단어는 '다산하다'라는 의미입니다. 두 번째 동사는 '불어났다'라는 뜻의 '샤라츠'(שׁרץ)입니다. 특히 이 단어는 일반적으로 개구리 등의 동물이 번식할 때 쓰는 단어입니다. 사람과 관련해서는 위 구절 외에 노아의 아들들의 축복 기사(창 9:7)에 사용되었습니다. 원인은 다르나 모두 폭발적인 증가를 의미하는 것은 확실합니다. 이러한 의미 때문에 이 단어에 붙은 접속사 '붸'(ו)를 결과적인 의미(그래서, 그러므로 등)로 번역하여 강조해야 합니다.[46] 히브리어 접속사 '붸'는 순접, 역접, 결과 등의 모든 의미를 갖는 독특한 특징이 있습니다. 그래서 어떤 의미로 번역해야 할지 문맥을 잘 살펴야 합니다. 뒤에 오는 나머지 동사들도 접속사가 붙어 있기 때문에 유념해야 합니다. 세 번째 동사는 '번성하다'라는 뜻의 '라바'(רבה)입니다. 네 번째 동사는 '강해지다'라는 뜻의 '아짬'(עצם)입니다. 마지막 동사는 '가득차다'라는 뜻의 '말레'(מלא)입니다. 접속사의 의미를 넣어서 번역해 본다면 "이스라엘 자손은 다산했다. 그래서 불어났다. 그리고 번성했다. 그리고 매우 강해졌다. 그리고 온 땅에 가득 찼다"가 됩니다. 출애굽기는 창세기에 이어서 하나님께서 족장들과 맺으셨던 약속이 유효하며 그 약속이 실행되고 있음을 보여줍니다. 그렇기에 이스라엘은 신실하신 하나님에 대한 믿음이 더욱 확고해졌을 것입니다.

출애굽기의 첫 문장은 단순한 서두가 아니라, 창세기와 이어지는 하나님의 약속의 연속성을 강하게 드러냅니다. 야곱의 고난과 상처, 그리고 족장들의 믿음의 여정을 배경으로, 하나님은 불가능해 보이는 자리에서 약속을 성취하셨습니다. 다섯 개의 동사가 보여주는 폭발적인 인구 성장은 단순한 역사적 현상이 아니라, 하나님의 계획이 실제로 이루어지고 있음을 입증하는 표지입니다. 이는 오늘날 우리에게도 동일한 메시지를 전합니다. 우리의 삶이 고난과 한계 속에 있을지라도 하나님의 약속은 여전히 유효하며, 그분은 인간의 계산을 뛰어넘어 일하십니다. 중요한 것은 상황이 아니라, 그 상황 속에서 여전히 일하시는 하나님을 바라보는 눈입니다.

더 생각해 보기

출애굽기의 서두는 하나님께서 과거에 주신 약속이 계속해서 이어지고 있음을 선명하게 보여줍니다. 창세기에서 출애굽기로 이어지는 동일한 말씀 구조는, 하나님의 역사가 한 시대에 끝나지 않고 다음 시대까지 계속된다는 증거입니다. 오늘날 교회가 붙잡아야 할 핵심은 바로 이것입니다.

하나님은 과거에만 일하신 분이 아니라, 지금도 우리 삶 속에서 일하시며 약속을 이루고 계신다는 사실입니다.

그러나 이 확신은 단순한 선언으로 끝나면 안 됩니다. 우리는 성경을 통해 하나님이 어떻게 약속을 이루어 오셨는지 반복해서 확인해야 하며, 동시에 오늘의 현실 속에서 하나님이 여전히 일하심을 의식적으로 바라보아야 합니다. 이 두 가지가 함께할 때, 우리의 신앙은 단절되지 않고 이어집니다. 내가 경험한 하나님의 일하심을 다음 세대와 나누고, 그들은 그 이야기를 자기 삶 속에서 다시 확인할 수 있어야 합니다.

결국 교회는 가장 기본적인 예배와 교육, 가정과 공동체에서 하나님의 일하심은 지금도 진행 중이며, 우리는 그것을 보고 전하는 사람들이라는 인식을 심어야 하고, 또한 그것을 경험할 수 있어야 합니다. 성경의 이야기를 성경의 시대에만 그치고 지금 나와는 아무 상관이 없는 이야기로 여긴다면, 하나님의 일하심은 실제적으로 지속되고 있지만 우리의 삶에서는 단절된 것처럼 보입니다. 그럼 지금 우리가 갖고 있는 신앙은 무슨 의미가 있을까요? 지금도 역사하고 계신 하나님을 우리는 의식할 수 있어야 합니다. 성경 속 역사와 오늘의 신앙 경험을 연결하고, 그것을 다음 세대에 전수하는 일에 힘쓸 때 건강한 공동체로 설 수 있을 것입니다.

새로 배운 단어와 문법

단어	발음(음역)	의미
וְ	붸(wə)	그리고, 그러나, 그러므로
אֵלֶּה	엘레(ʾelleʰ)	이것들
שֵׁמוֹת	쉐모트(šəmôṯ)	이름들

שֵׁם	쉠(šēm)	이름
יָרֵךְ	야레크(yārēk)	허벅지 관절, 허리, 볼기
פרה	파라(pāraʰ)	다산하다
שׁרץ	샤라츠(šāraṣ)	불어나다
רבה	라바(rābaʰ)	번성하다
עצם	아쫨(ʿāṣam)	강해지다
מלא	말레(mālēʾ)	가득차다

◆ 히브리어 접속사 '베'(ו)는 순접, 역접, 결과 등의 모든 의미를 갖는 독특한 특징이 있습니다. 그래서 어떤 의미로 번역해야 할지 문맥을 잘 살피며 고민해야 합니다.

2

야레(ירא)

두려움이 아닌
경외함

그리스도인은 하나님을 찬양하거나 기도할 때 '경외'한다는 고백을 자주 합니다. '경외'라고 할 때 어떤 의미가 떠오르시나요? 아마도 많은 분들이 가장 먼저 '두려움'을 떠올릴 것입니다. 그러나 두려움과 경외에는 분명 차이가 있습니다. 하나님을 경험한 자가 느끼는 것은 단순한 두려움의 감정과는 전혀 다릅니다. 저명한 루터교 신학자이자 종교학자 옷토(Rudolf Otto)의 표현을 빌리자면 그것은 '두려운 신비'입니다.[47] 이번 장에서는 경외의 의미를 학문적으로 규정하기보다, 하나님을 경외한 사람들은 어떤 모습으로 살았는지 주목하려 합니다. 출애굽기에는 바로 그런 사람들의 이야기가 기록되어 있습니다.

바로의 두려움: 인구 정책의 실패

창세기에서 하나님께서 족장들과 맺은 약속은 출애굽기에서도 여전히 진행 중임을 확인할 수 있습니다. 특히나 자손의 약속은 이스라엘뿐만 아니라 그들이 거했던 이집트인들이 보기에도 놀라울 만했습니다. 이집트 왕 바로도 이스라엘의 엄청난 인구 번성 때문에 두려움이 생겼습니다.

> 그가 그 백성에게 이르되 이 백성 이스라엘 자손이 우리보다 많고 강하도다. 자, 우리가 그들에게 대하여 지혜롭게 하자. 두렵건대 그들이 더 많게 되면 전쟁이 일어날 때에 우리 대적과 합하여 우리와 싸우고 이 땅에서 나갈까 하노라 하고(출 1:9-10).

이집트의 입장에서 히브리인의 인구가 어느 정도 불어나는 것은 환영할 일이었을 것입니다. 그만큼 부릴 수 있는 노예가 많아지기 때문입니다. 하지만 그 정도가 지나치니 두려워합니다. 만일 그 엄청난 인구가 밀어닥친다면 그 땅에서 이집트인들을 몰아낼 위험성이 있기 때문입니다. 바로는 결국 더 가혹한 노동을 시켜 인구가 늘지 못하도록 하는 특단의 대책을 세웠습니다.

> 감독들을 그들 위에 세우고 그들에게 무거운 짐을 지워 괴롭게 하여 그들에게 바로를 위하여 국고성 비돔과 라암셋을 건축하게 하니라(출 1:11).

하지만 이것으로 막을 수 없다는 사실을 깨달은 바로는 노동의 강도를 더 높여 히브리인들을 괴롭게 했지만, 이 조치 또한 실패하고 맙니다. 이에 바로는 더 폭력적인 대책을 마련합니다.

> 애굽 왕이 히브리 산파 십브라라 하는 사람과 부아라 하는 사람에게 말하여 이르되 너희는 히브리 여인을 위하여 해산을 도울 때에 그 자리를 살펴서 아들이거든 그를 죽이고 딸이거든 살려두라(출 1:15-16).

바로가 택한 마지막 방법은 '살인'이었습니다. 그런데 이 대목에서 의문점이 듭니다. 바로는 인구 억제를 위해 이스라엘을 추방하거나 남녀를 분리하는 대신, 산파들을 통한 영아 살해라는 극단적인 방법을 택했습니다. 이는 노예 노동력이라는 경제적 이득을 포기하기 어려웠던 바로의 계산 때문이었을까요? 아니면 이미 이스라엘의 영향력을 깊이 두려워했기 때문일까요? 그 의도는 명확하지 않지만, 노예 노동력이라는 경제적 이득을 놓칠 수 없다는 계산과 동시에, 이스라엘의 세력이 커져 이집트를 위협할 수 있다는 두려움이 함께 작용했을 가능성이 큽니다. 그러나 바로의 최후 일격과 같은 이 결정은 결국 실패로 돌아갑니다. 산파들의 행동 때문입니다.

하엘로힘(הָאֱלֹהִים): 산파들이 두려워한 하나님

출애굽기는 바로의 이름은 언급하지 않지만, 산파들의 이름은 일일이 언급합니다. 그리고 그녀들이 그렇게 했던 이유는 단 하나라고 말합니다.

> 그러나 산파들이 하나님(הָאֱלֹהִים)을 두려워하여 애굽 왕의 명령을 어기고 남자 아기들을 살린지라(출 1:17).

이 구절에서 두 단어가 눈에 띕니다. 하나는 관사가 사용된 '엘로힘'(אֱלֹהִים)입니다. 아브라함의 시험 이야기에서도 본 것처럼 이 단어는 '하엘로힘'(הָאֱלֹהִים)입니다. 아브라함 이야기에서는 이 관사를 사용해 우리 모두가 알고 있는 그 하나님이라는 사실을 명확하게 보여준다고 설명했습니다. 하지만 히브리어 관사는 이런 역할뿐만 아니라, 호격으로 사용할 수도 있고 최상급의 의미를 표현할 수도 있습니다. 하지만 엘로힘과 함께 사용된 관사의 의미가 무엇인지는, 학자들 사이에서도 아직 명확한 결론이 나온 것은 아닙니다. 산파들이 하나님을 이렇게 표현한 것은, 하나님을 신들 가운데 가장 높은 신으로 인식했음을 보여준다고 추측할 수 있습니다.

다른 하나님: 바로와 요셉의 '엘로힘'(אֱלֹהִים) 인식

이러한 추측은 창세기에서 요셉이 바로가 꾼 꿈에 관해 바로와 대화하는 장면에서 실마리를 찾을 수 있습니다. 여기서도 마찬가지로 '엘로힘' 칭호를 사용하는데, 차이가 돋보입니다. 일단 바로는 우리가 익히 알고 있는 '엘로힘' 칭호만 사용합니다.

바로가 그의 신하들에게 이르되 이와 같이 하나님(אֱלֹהִים)의 영에 감동된 사람을 우리가 어찌 찾을 수 있으리요 하고 요셉에게 이르되 하나님(אֱלֹהִים)이 이 모든 것을 네게 보이셨으니 너와 같이 명철하고 지혜 있는 자가 없도다(창 41:38-39).

엘로힘은 고대 근동 세계에 있는 어떤 신에게든 사용할 수 있는 칭호였습니다. 고유명사로 우리가 믿는 '하나님'을 가리킬 수도 있지만, 일반 명사로 사용할 수도 있고, 단수 명사 '엘'(אֵל)의 복수형으로 '신들'이라고 번역할 수도 있습니다. 하지만 요셉이 사용하는 하나님 칭호를 유념해 볼 필요가 있습니다.[48] 그가 사용하는 엘로힘 칭호에는 관사인 '하'(הָ)가 포함되어 있습니다.

> 요셉이 바로에게 아뢰되 바로의 꿈은 하나라. 하나님(הָאֱלֹהִים)이 그가 하실 일을 바로에게 보이심이니이다(창 41:25).

> 내가 바로에게 이르기를 하나님(הָאֱלֹהִים)이 그가 하실 일을 바로에게 보이신다 함이 이것이라(창 41:28).

> 바로께서 꿈을 두 번 겹쳐 꾸신 것은 하나님(הָאֱלֹהִים)이 이 일을 정하셨음이라 하나님(הָאֱלֹהִים)이 속히 행하시리니(창 41:32).

'엘로힘'에 관사가 사용된 것은 고대 근동 세계에서 일반적으로 적용할 수 있는 존재와는 다르다는 것을 의미하는 것 같습니다. '엘로힘'에 사용된 관사가 어떤 의미인지 정확하게 알 수는 없을지라도 둘의 대화를 통해 각자가 인식하고 있는 하나님에 대해선 차이가 있는 것으로 생각해 볼 수 있습니다. 그렇다면 산파들이 두려워한 하나님은 바로가 아닌 요셉이 알고 있던 바로 그 하나님과 같은 분이었다고 말할 수 있습니다. 그들에게는 일반적인 신이 아닌, 분명하게 알고 인식하고 있는 하나님이 계셨습니다.

참된 경외: 산파들의 경외(יָרֵא)

그 하나님을 알고 있는 산파들은 히브리 남자 아기들을

살렸는데, 그 이유가 하나님을 '두려워했기' 때문입니다.

> 그러나 산파들이 하나님을 두려워하여(אירי) 애굽 왕의 명령
> 을 어기고 남자 아기들을 살린지라(출 1:17).

'두려워하다'라는 뜻의 히브리어 '야레'(אירי)는 구약성경에서 상당히 중요한 단어입니다. 이 단어는 공포나 두려움을 의미할 수도 있지만, '경외'라는 의미로도 사용할 수 있습니다. 일단 경외라는 단어는 두려움과 존경심을 포함하고 있다고 생각하면 좋습니다.

산파들은 하나님을 향한 경외심 때문에 바로의 명령을 거부했습니다. 바로가 내린 명령은 상당히 공포스러운 폭력이었고, 그것을 거부한다는 것은 단순한 결단이 아닙니다. 발각되면 목숨을 잃을 수 있다는 것을 알면서도 그들은 하나님을 경외함으로 결단합니다. 이는 당시 신의 대리자로 여겨지던 왕의 절대 권력에 맞서 저항한 혁명인 것입니다. 결국 그들의 결단을 통해 이스라엘은 살아남았고, 하나님의 역사는 이어졌습니다. 그 힘은 '하나님을 경외함'으로부터 나왔습니다. 이렇듯 하나님을 두려워하는 자들은 생명을 살리는 결단을 할 수 있습니다. 하지만 바로처럼 하나님을 경외하지 않는 자들은 생명을 가볍게 여길 뿐더러 타인의 생명을 자신이 좌지우지하려는 욕망을 품습니다.[49]

이 출애굽기 이야기는 우리에게 두 가지 중요한 질문을 던집니다. 첫째, 우리가 믿고 고백하는 하나님은 어떤 분인가? 단순히 우리의 필요를 채워 주고 복을 주며, 어려움을 면하게 해주는 '엘로힘'의 하나님으로만 인식하고 있지는 않은지 돌아봐야 합니다. 요셉이 관사를 붙여 '하엘로힘'이라 고백하며 유일하고 참되신 하나님을 드러냈듯, 우리 또한 세상의

수많은 '신'들과 구별되는 살아 계신 유일한 하나님을 온전히 경외하고 있습니까? 둘째, 우리는 과연 하나님을 '경외'하며 살아가고 있습니까? 바로가 자신의 두려움과 욕심 때문에 생명을 경시하고 폭력을 행사했듯이, 하나님을 경외하지 않는 삶은 결국 자기중심적인 폭력과 공포를 낳습니다. 그러나 산파들이 죽음의 위협 속에서도 생명을 살리는 혁명과 같은 저항을 할 수 있었던 것은 오직 하나님을 경외했기 때문입니다. 하나님을 경외함에 대한 히에로니무스(Jerome)의 이야기를 우리는 기억할 필요가 있습니다.

> … 죄인이여, 들으십시오. 우리는 죄를 피하기 위해 참으로 하나님을 경외해야 합니다(Comm. Ps. 2. 72).[50]

오늘날 우리는 무수한 바로의 명령 앞에 서 있습니다. 남을 짓밟아야 내가 성공한다는 세상의 논리, 돈이면 무엇이든 다 된다고 말하는 물질주의, 경쟁 속에서 타인을 경시하고, 특히 우리 주변의 약자들을 외면하는 것을 넘어 배재와 혐오하는 '바로의 정책'에 순응하고 있지는 않습니까? 혹은 눈에 보이는 권력과 두려움에 굴복하여, 마땅히 지켜야 할 정의와 생명의 가치를 외면하고 있지는 않습니까? 히에로니무스의 말처럼 우리가 죄를 피하고 참된 의의 길을 걷기 위해서는 '참으로 하나님을 경외해야' 합니다. 하나님을 경외하는 것은 단순히 두려워하는 것을 넘어, 그분의 주권과 생명, 정의를 삶의 최우선 가치로 두는 것입니다. 용기 있던 산파들처럼 우리가 하나님을 경외할 때 세상의 불의한 명령에 단호히 '아니오'라고 말하고, 생명을 살리며, 약자들을 품고 정의를 바로 세우는 그리스도인으로 살아갈 수 있을 것입니다.

더 생각해 보기

오늘의 교회가 돌아봐야 할 첫 번째 문제는 권력과 물질 앞에서의 침묵입니다. 산파들은 생명을 살리기 위해 바로의 명령을 거부했지만, 우리는 종종 권력자나 크게 헌금하는 성도의 눈치를 보느라 불의한 일에도 목소리를 내지 않습니다. 교회가 정치적, 경제적 이해관계에 얽혀 정의와 생명의 문제에서 침묵하는 것은, 사실상 '바로의 명령'에 순응하는 것과 다르지 않습니다.

둘째, 약자 보호에 대한 무관심입니다. 산파들의 경외는 약자를 살리는 행동으로 드러났습니다. 그러나 교회 안팎에서는 이주민, 장애인, 빈곤층, 고립된 노인, 청소년 등이 외면받고 있습니다. 교회가 모든 계층의 사람들을 돌볼 수 없다 하더라도, 이웃 사랑의 핵심 가치를 잊어서는 안 됩니다.

셋째, 다음 세대에 전해줄 신앙의 본입니다. 말로만 "하나님을 경외하라"고 가르치는 것이 아니라, 불의한 상황 앞에서 '아니오'라고 말하는 모습을 보여주어야 합니다. 교회 지도자와 성도 모두가 일터, 사회, 가정에서 신앙과 양심을 지키는 선택을 할 때, 그것이 다음 세대의 교과서가 됩니다.

하나님을 경외한다는 것은 단순히 경건한 태도를 보이는 것이 아니라, 불의에 맞서 생명을 지키는 선택을 하는 것입니다. 오늘의 교회가 이 기준으로 자신을 돌아본다면, 우리는 다시 산파들처럼 세상을 살리는 공동체가 될 수 있습니다.

단어	발음(음역)	의미
אֱלֹהִים	엘로힘(ʾĕlōhîm)	하나님, 신들
ירא	야레(yārēʾ)	두려워하다, 경외하다
הַ (원형: הַ)	하(hā)	그

◆ 히브리어 관사 '하'(הַ)는 기본적으로 정관사의 의미지만, 호격으로 사용할 수도 있고, 최상급의 의미를 표현할 수도 있습니다.

3

샤마(שׁמע)

깊은 탄식을
듣는 하나님

신앙인으로 세상을 살다 보면 하나님의 응답이 절실한 순간들이 많습니다. 그리고 하나님께서 직접 개입해 주시기를 간절히 바랄 때도 많습니다. 그런데 하나님께서 언제 개입하실지, 어떤 방법으로 역사하실지는 알 수 없습니다. 우리는 성경에서 하나님의 직접 개입을 볼 때가 있는데, 그것은 독자의 관점에서 명확하게 아는 것이지, 당시 사람들은 깨닫기 쉽지 않았을 것입니다. 그러나 하나님을 경외하는 산파들에 의해서 바로의 계획은 좌절되었고, 이제 하나님의 개입이 시작됩니다.

이스라엘의 탄식과 하나님의 들으심

산파들의 사건 이후, 하나님께서 어떤 방법으로 이스라

엘의 구원을 이루실 것을 결단하십니다. 출애굽기는 그 방법을 여러 개의 동사를 통해 단계적으로 표현합니다.

> 여러 해 후에 애굽 왕은 죽었고 이스라엘 자손은 고된 노동으로 말미암아 탄식하며(אנח) 부르짖으니(זעק) 그 고된 노동으로 말미암아 부르짖는 소리가 하나님께 상달된지라(עלה). 하나님이 그들의 고통 소리를 들으시고(שמע) 하나님이 아브라함과 이삭과 야곱에게 세운 그의 언약을 기억하사(זכר). 하나님이 이스라엘 자손을 돌보셨고(ראה) 하나님이 그들을 기억하셨더라(ידע)(출 2:23-25).

먼저 이스라엘은 그들의 고통으로 인해 탄식했습니다. '탄식하다'라는 의미의 동사 '아나흐'(אנח)는 괴로움의 상황에서 한숨짓고 탄식하는 행위를 말합니다. 그다음 그들은 부르짖습니다. '부르짖다'라는 의미의 동사 '자아크'(זעק)를 자세히 살펴봐야 합니다. 당연히 이 동사에는 고통과 불평이 포함됩니다. 그런데 중요한 것은 그 부르짖음의 대상이 하나님이 아닐 수도 있다는 것입니다. 이 단어의 번역이 '부르짖다'이기 때문에 우리는 '통성기도' 또는 '부르짖는 기도'로 생각할 수도 있지만, 아닐 가능성도 있습니다. 우리가 생각하는 기도가 아닐 수 있다는 말입니다. 그들은 기도를 한 것이 아니라, 단지 불평하고 탄식했을 뿐입니다. 이 단어는 어떤 신학적이거나 영적인 요소 없이 대상도 정하지 않은 채 도움을 구하는 외침으로 자주 나타납니다.[51] 어찌할 수 없고, 아무것도 할 수 없는 상태에서 괴로워하며 누구라도 와서 도와 달라고 호소하는 외침입니다.[52] 그 대상이 하나님일 수 있으나 반드시 하나님만을 향한 것이라고 말하지는 않습니다.

그런데 그들의 외침, 호소가 하나님께 상달됩니다. '상달

되다'에 해당하는 히브리어 동사는 '알라'(עלה)로, 기본적으로 '올라가다'라는 의미입니다. 이들의 소리가 하나님께 올라간 것입니다. 참고로 '올라가다'는 나중에 살펴볼 '번제'의 어근이기도 합니다. 외침이 올라갔고 하나님은 그 소리를 들으셨습니다.

'듣다'는 히브리어로 '샤마'(שמע)입니다. 신명기 6장의 '쉐마 이스라엘'에 나오는 유명한 단어입니다. '쉐마'가 '샤마' 동사의 명령형이기 때문입니다. 이스라엘의 외침을 들으신 하나님은 족장들(아브라함, 이삭, 야곱)과 세우신 언약을 기억하셨습니다. '기억하다'라는 의미의 히브리어 '자카르'(זכר)는 하나님께서 족장들과 맺으신 언약을 언급할 때 자주 등장하는 단어입니다. 출애굽기에서도 같은 맥락에서 등장합니다. 그리고 하나님은 이스라엘 자손을 돌보셨습니다. '돌보다'는 히브리어로 '라아'(ראה)입니다. '여호와 이레'에 등장했던 그 단어로 기본적으로 '보다'라는 뜻입니다.

그런데 여기서 한 가지 의문이 생길 수 있습니다. 하나님은 언제나 우리의 기도를 들으시고, 족장들과 맺으신 언약을 기억하시며, 늘 우리를 지켜보시는 분이 아닌가요? 그렇다면 왜 이 구절에서는 이스라엘 백성이 탄식하며 부르짖은 뒤에야 '들으시고, 기억하시고, 보셨다'라는 동사가 등장하는 것일까요? 이는 하나님을 사람의 관점에서 이해할 때 생길 수 있는 의문입니다. 마치 하나님께도 감정의 변화가 있는 것처럼 보이기 때문입니다. 그러나 이 표현은 하나님이 전능하지 않다는 뜻이 아니라, 이제 구원의 역사를 시작하시겠다는 강한 의지를 드러내는 문학적 방식입니다. '들으시고, 기억하시고, 보셨다'는 바로 이스라엘 백성을 향한 하나님의 깊은 관심을 나타내며, 이어지는 다음 동사에서 그 관심은 절정에 이르게 됩니다.

하나님은 그들을 기억하셨습니다. '기억하다'라는 의미의 동사 '자카르'(זכר)가 앞에 나왔기 때문에 혹시 같은 동사가 아닐까 생각하는 분들도 있을 것 같습니다. 하지만 여기서 사용된 동사는 '야다'(ידע)입니다. 이 단어는 일반적으로는 '알다'라는 의미로 많이 사용되는데, 이는 지식적인 앎이 아닌 경험을 수반한 앎을 표현합니다. 특별히 본문에서는 목적어가 없이 사용되었습니다. 그럴 때 이 단어는 '서로 경험을 나누어 가진다'는 의미를 가집니다. 그렇다면 하나님께서 그들을 아신다는 것은, 하나님은 이스라엘 백성의 고통을 단순히 지식적으로 아는 것이 아니라 그들과 더불어 고통을 받으실 것을 각오하셨다는 말입니다. 자기에게 상처를 줄 수 있는 그 일을 하나님 자신이 결정하셨습니다.[53]

야라드(ירד): 하나님의 적극적 결심 "내가 내려가겠다"

하나님의 이러한 결심은 출애굽기 3장에도 나타납니다.

여호와께서 이르시되 내가 애굽에 있는 내 백성의 고통을 분명히 보고(ראה ראיתי) 그들이 그들의 감독자로 말미암아 부르짖음을 듣고(שמע) 그 근심을 알고(ידע) 내가 내려가서(ירד) 그들을 애굽인의 손에서 건져내고(נצל) 그들을 그 땅에서 인도하여 아름답고 광대한 땅, 젖과 꿀이 흐르는 땅 곧 가나안 족속, 헷 족속, 아모리 족속, 브리스 족속, 히위 족속, 여부스 족속의 지방에 데려가려 하노라(출 3:7-8).

'분명히 보다'는 어근이 같은 두 개의 단어로 이루어져 있습니다. 히브리어로 '라오 라이티'(ראה ראיתי)라고 읽습니다.

두 단어의 어근은 모두 '라아'(רָאָה), 곧 '보다'라는 뜻입니다. 이 문장과 같이 부정사가 먼저 나오고 동사가 이어서 나오는데, 두 단어가 같은 어근이라면 히브리어 문법에서는 '강조형'으로 사용합니다. 그래서 '분명히 보다'로 번역할 수 있습니다. 두 번째 동사는 '듣다'라는 의미의 '샤마'(שָׁמַע)입니다. 세 번째 동사는 '알다'라는 의미의 '야다'(יָדַע)입니다. 여기까지는 앞에 나왔던 동사의 반복입니다.

네 번째 동사는 '내려가다'라는 의미의 '야라드'(יָרַד)입니다. 그 다음 동사는 '구출하다, 해방하다'라는 뜻을 가진 '나짤'(נָצַל)입니다. 두 개의 새로운 동사를 통해 알 수 있는 것은, 이스라엘과 고통을 함께하기로 하신 하나님이 이집트의 손으로부터 그들을 구원하기 위해 친히 내려오기로 결단하셨다는 점입니다. 하나님의 사랑을 알고, 예수님을 아는 신앙인들에게는 이것이 당연한 것처럼 보이나, 고대 근동 사람들에게는 이해할 수 없는 것이었습니다. 왜냐하면 일반적으로 신은 인간의 삶에 관심 없는 존재이기 때문입니다. 고대 근동 사람들에게 이러한 신 인식이 훨씬 더 자연스럽고 익숙한 것이었습니다. 그러나 성경의 하나님은 인간에게 관심이 많고, 인간의 역사 안으로 직접 뛰어드십니다. 누구도 요구하지 않은 '하나님의 자유'로 말입니다.[54]

모세를 통한 구원: 하나님이 이끌어 내신다

이스라엘의 구원을 향한 하나님의 결단은 3장에서 한 번 더 나타납니다. 이 본문에서는 하나의 명사와 네 개의 동사를 주목해야 합니다.

이제 가라. 이스라엘 자손의 부르짖음(צַעֲקָה)이 내게 달하고 애굽 사람이 그들을 괴롭히는 학대도 내가 보았으니 (רָאָה) 이제 내가 너를 바로에게 보내어(שָׁלַח) 너에게 내 백성 이스라엘 자손을 애굽에서 인도하여 내게(יָצָא) 하리라(출 3:9-10).

'부르짖음'이라고 번역한 명사는 '쩨아카'(צְעָקָה)입니다. 다음 단어인 '보다'는 앞서 두 번이나 나왔던 '라아'(רָאָה)입니다. 그리고 두 개의 새로운 동사가 있습니다. 하나는 '보내다'라는 뜻의 '샬라흐'(שָׁלַח)입니다. 하나님의 구원 역사는 지금 그분의 말씀을 듣고 있는 모세를 통해 일어날 것이라는 의미입니다. 또 하나의 동사는 '나가다'라는 의미의 '야짜'(יָצָא)입니다. 특히, 이 마지막 단어는 출애굽을 연상케 하는 동사로 구약성경에서 자주 등장합니다. 그런데 출애굽과 관련하여 표현될 때는 히브리어 동사의 기본형인 칼(Qal)형으로 사용되지 않고 히필(Hiphil)형으로 사용됩니다. 히필형은 보통 '사역형'이라고도 부르고, '~하게 하다'로 번역합니다. 그럼 '야짜'의 히필형은 '나가게 하다'라는 뜻입니다. 모세를 통해 출애굽이 일어나도 결국 하나님에 의해서 일어날 일이기 때문입니다. 모세는 그저 하나님께 쓰임받은 종에 불과하다는 것을 강조하는 것입니다.

또한 이 본문의 특별함은 주어가 이스라엘이 아니라는 점입니다. 즉, 이스라엘이 먼저 무언가를 했기 때문에 하나님이 일하신 것이라고 보지 않습니다. 그들은 외치기만 했을 뿐이고, 그때 하나님이 주어가 되어 하나님의 의지에 의해 구원이 시작되고 있음을 말해 줍니다.[55] 이와 관련하여 오리게네스(Origen)는 다음과 같이 설명했습니다.

… 우리도 애굽에 있을 때, 곧 이 세상의 오류와 무지의 어

둠 속에서 육신의 욕망과 쾌락에 빠져 악마의 일들을 하였
을 때, 주님께서는 우리의 고통을 불쌍히 여기셔서 '말씀',
곧 그의 독생자를 보내셨습니다. 그는 무지한 잘못에서 우
리를 구원하시고 거룩한 율법의 빛으로 인도하셨습니다
(Hom. Num. 27.2.4.).[56]

그렇다면 우리는 이 본문을 통해 어떤 생각을 해 볼 수 있
을까요? 먼저는 우리의 신음 소리를 듣고 응답하시는 하나님
입니다. 이집트에서 고통당하고 있던 이스라엘의 기도는 하
나님을 향한 기도가 아니었습니다. 대상이 누구든 고난 속에
서 탄식하고 외치며 누구든 도와주기를 바랐을 것입니다. 그
런데 하나님은 그 소리를 들으셨습니다. 그리고 하나님은 이
스라엘을 구원하기로 결정하십니다. 하나님의 역사가 일어날
때를 결정하는 것은 우리가 할 수 없지만, 우리의 어려움을 하
나님께 토로할 수는 있습니다. 바로 그것이 필요합니다. 기도
의 모습을 갖추고, 반드시 교회에 가고, 두 손을 모으고, 무릎
을 꿇는 등의 모습은 굳이 우리에게 필요하지 않을 수도 있습
니다. 그냥 나의 힘듦을, 한숨을 내뱉는 것이 필요합니다.
하나님은 일찍이 인간을 구원하기로 작정하셨을 때, 하
나님 자신도 인간이 느끼는 괴로움을 함께하기로 마음먹으셨
습니다. 하나님이 무엇이 아쉬워서 그리하셔야 했을까요? 이
마음을 완벽히 보여준 사건이 바로 예수님입니다. 인간에게
그리하지 않으셔도 되는 것을 행하신 하나님의 결단을 우리
는 어떻게 바라봐야 할까요? 이 본문이 우리에게 주는 과제입
니다.

더 생각해 보기

오늘날 한국 교회의 가장 큰 빈틈 중 하나는, 신자들이 하나님 앞에서 마음을 있는 그대로 쏟아 놓을 수 있는 공간이 사라졌다는 점입니다. 예배와 기도는 여전히 있지만, 그 자리는 종종 정해 놓은 '올바른 신앙인의 모습'을 재현하는 무대가 되어 버렸습니다. 그 결과 많은 신자들은 하나님께 드리는 기도마저도 다듬고 포장해야 한다는 부담을 느낍니다. 그러나 출애굽기의 이스라엘은 그렇게 하지 않았습니다. 그들의 외침은 정제된 기도가 아니었습니다. 대상조차 분명하지 않은 한숨과 울부짖음이었지만, 하나님은 그 소리를 들으셨습니다 그리고 그 고통을 함께하기로 결심하셨습니다. 하나님은 '올바른 형식'이 아니라 '진짜 소리'를 들으시는 분입니다.

한국 교회가 회복해야 할 것은 바로 이 지점입니다. 신자들이 자신의 실패와 부끄러움, 억울함, 상실을 숨기지 않고 털어놓을 수 있는 예배와 공동체의 분위기가 필요합니다. 이를 위해서는 교회가 '강한 모습'만을 요구하는 문화에서 벗어나야 합니다. 목회자도 때로는 강단에서 자신의 연약함을 먼저 고백하고, 하나님의 은혜가 필요한 사람임을 인정해야 합니다. 하나님은 우리의 탄식과 한숨 속에서도 역사하십니다. 교회가 그 하나님을 닮아 신자들의 거칠고 가공되지 않은 목소리를 기꺼이 들어줄 때, 그 자리에서부터 새로운 구원의 이야기가 시작될 것입니다.

새로 배운 단어와 문법

단어	발음(음역)	의미
אנח	아나흐('ānaḥ)	탄식하다
זעק	자아크(zā'aq)	부르짖다

עלה	알라(ʿāla^h)	올라가다
שׁמע	샤마(šāmaʿ)	듣다
זכר	자카르(zākar)	기억하다
ראה	라아(rāʾâ)	보다
ידע	야다(yāḏaʿ)	알다
ירד	야라드(yārad)	내려가다
נצל	나짤(nāṣal)	구출하다, 해방하다
צְעָקָה	쩨아카(ṣəʿāqā^h)	부르짖음
שׁלח	샬라흐(šālaḥ)	보내다
יצא	야짜(yāṣāʾ)	나가다

♦ 히브리어 동사형 중에 히필(Hiphil)형은 사역형이라고
도 부르며, 일반적으로 '~하게 하다'라고 번역합니다.
하지만 모든 의미가 그런 것은 아님을 유념해야 합니다.

4

에흐예 아쉐르 에흐예(אֶהְיֶה אֲשֶׁר אֶהְיֶה)

하나님의

이름

여러분은 기도하실 때 하나님을 어떤 이름으로 부르시나요? 아마 가장 많이 사용되는 이름은 '하나님'일 것입니다. 하지만 이 이름 외에 '주님' 또는 아버지' 등도 있습니다. 하나님께 목 놓아 외치며 기도할 때는 큰 소리로 '주여!'를 부르기도 합니다. 때로는 앞에 '전능하신 하나님, 사랑의 하나님, 은혜의 하나님' 등 수식어를 붙여 부를 때도 있습니다. 각자가 경험한 하나님이 달라서 그럴 수도 있고, 기도의 내용에 따라 칭호를 달리 부르기도 하는 것 같습니다. 그렇다면 우리는 어떻게 하나님을 부르는 칭호를 알게 되었을까요? 가장 큰 것은 앞선 신앙의 선배들로부터 배운 것입니다. 그럼 그분들은 누구에게 들었을까요? 그렇게 계속 거슬러 올라가면, 맨 처음 하나님을 부른 사람들은 어떻게 그 이름을 알았을까요? 자신들이 생각하는 대로 그냥 칭호를 정한 것일까요? 구약 시대의 이스라엘 사람들은 하나님의 이름을 어떻게 불렀을까요? 그들이 부른 하나님의 이름은 무엇일까요? 하나님인가요? 여호와 또는 야웨일까요? 전부 다 맞는 것 같기도 하고, 아닌 것 같기도 합니다. 곰곰이 생각해 보면 어려운 문제입니다. 우리는 하나님의 이름을 정확히 알고 있을까요? 이는 우리만의 고민은 아니었습니다.

모세의 물음: 왜 하나님의 이름이 필요한가?

앞선 장에서 우리는 이스라엘의 구원을 결심하신 하나님의 마음을 살펴보았습니다. 그리고 하나님은 그 일을 행하기 위해 모세를 부르셨습니다. 모세는 불이 붙었는데도 타지 않는 떨기나무라는 아주 독특한 사건 속에서 하나님을 만납니다. 아무런 준비가 되어 있지 않았던 모세이기에 당황한 모습을 보입니다. 그러면서 그가 가진 고민들을 하나님께 이야기하는데, 그 중에 하나가 '이름'이었습니다. 모세는 하나님의 이름을 상당히 궁금해합니다. 왜냐하면 자기뿐만 아니라 이집트에서 고통당하고 있는 이들도 분명 자신들을 해방시키려는 신이 누구인지 궁금할 것이기 때문이죠. 그들은 오랫동안 하나님을 잊고 있었기 때문에 하나님의 존재를 인식하는 것조차 어려웠을 것입니다. 그렇기에 이름이라도 알아야 그들에게 하나님을 설명하는 데 도움이 되리라고 생각했을 것입니다.

구약성경에 의하면 모세 전까지 하나님을 부르는 칭호는 '전능의 하나님'이었습니다. 히브리어로는 '엘 샷다이'(אֵל שַׁדַּי) 입니다. '엘'(אֵל)은 '하나님'이라는 뜻이고, '샷다이'(שַׁדַּי)는 '전능자'라는 뜻입니다. 두 단어를 일반적으로 '전능의 하나님'으로 번역합니다. 이 이름은 족장들에 의해서 불리던 칭호였지

(창 17:1; 28:3; 35:11; 48:3-4; 49:25; 출 6:3), 하나님이 직접 알려 주신 이름은 아니었습니다. 이 칭호는 특별히 땅과 자손을 주시겠다는 약속과 관련하여 불립니다.

만약 이런 칭호가 있었다면 모세도 하나님을 '엘 샤다이'라고 부르면 될 텐데 왜 하나님께 이름을 물어보았을까요? 당연하게도 이것은 하나님의 이름이 아니었기 때문입니다. 고대 근동에서 이름을 알리는 것은 친밀감을 형성함과 동시에 자신의 존재를 알리는 것이었습니다. 존재가 실재한다면 반드시 이름을 가지고 있어야 하는 것이 고대 근동 사람들의 이해였습니다. 그렇기에 어떻게 보면 모세가 하나님께 이름을 요구한 것은 하나님의 실재를 요구한 것이고, 이는 그들의 사고에서 당연한 것이었습니다. 그리고 무엇보다 모세는 이름을 통해 이스라엘에게 '하나님'을 소개해야 했기 때문에 '이름'이 반드시 필요했습니다. '이름'이 없다면 존재하는 신으로 받아들일 수 없다는 것이 당연한 이해였기 때문입니다. 하나님은 모세에게 응답해 주십니다.

에흐예 아쉐르 에흐예(אֶהְיֶה אֲשֶׁר אֶהְיֶה): "나는 스스로 있는 자"

모세의 질문에 하나님은 자신의 이름을 이렇게 소개합니다.

하나님이 모세에게 이르시되 나는 스스로 있는 자이니라 (אֶהְיֶה אֲשֶׁר אֶהְיֶה). 또 이르시되 너는 이스라엘 자손에게 이같이 이르기를 스스로 있는 자가 나를 너희에게 보내셨다 하라(출 3:14).

전통적으로 "나는 스스로 있는 자다"라고 번역하던 문장을 히브리어로 읽으면 '에흐예 아쉐르 에흐예'(אֶהְיֶה אֲשֶׁר אֶהְיֶה)입니다. 그런데 히브리어 원문으로도 같은 의미인지 한번 분석해 보겠습니다. 첫 번째와 세 번째 단어를 자세히 살펴보면 형태가 똑같습니다. 이 단어는 '하야'(היה)를 어근으로 하는 동사입니다. 하야 동사는 참 독특한 히브리어입니다. 일단 불규칙으로 변하는데, 불규칙 동사들이 가지고 있는 일정한 형식과는 또 다르기 때문입니다.

'에흐예'(אֶהְיֶה)는 미완료형(Yiqtol) 1인칭 단수입니다. '하야' 동사의 기본 의미가 '~이다, ~되다'이기 때문에 '에흐예'는 '나는 ~이다'로 번역할 수 있습니다. 이때 '하야' 동사는 be 동사와 유사합니다. 그리고 남은 것이 '아쉐르'(אֲשֶׁר)인데 이 단어는 일반적으로 '관계대명사'로 사용합니다. 앞선 어떤 단어를 수식하여 '아쉐르' 뒤의 문장이 보충 설명을 합니다. 그런데 앞 단어가 '에흐예'밖에 없기 때문에 그 단어를 수식하는데, 보충 설명하는 단어가 또 '에흐예'입니다. 그렇기에 이 문장을 직역하기 어렵지만 그나마 가장 가까운 번역이 "나는 나다"(I'm who I'm 또는 I'm that I'm)입니다. 이처럼 '에흐예 아쉐르 에흐예'는 단순한 이름이 아니라, 모세의 질문에 담긴 깊은 의미를 넘어서는 하나님의 자기 계시입니다. 그렇다면 하나님은 왜 이름을 묻는 질문에 이렇게 대답하신 것일까요?

신명 계시의 의미: 역동성, 임재, 초월

몇 가지로 이 대답의 의미를 생각해 볼 수 있습니다. 첫 번째, 이 문장은 하나님의 존재 자체가 역동적임을 나타냅니다. 만약 하나님의 역동성을 따라 번역하면 '나는 내가 되고자 하는 대로 될 존재다'(I will be who I will be 또는 I will cause to be what I will cause to be) 정도의 번역이 가능합니다. 역동적이고 능동적인 존재인 하나님은 '지금' 그리고 '여기에서'의 존재입니다.[57] 이 대답의 의미를 어떻게 보든, 하나님의 총체적 '권능'을 가리키는 데는 이견이 없을 것입니다. 민족을 말살할 정책을 펼 만큼 막강한 권력을 휘두르는 이집트의 바로로부터 이스라엘을 해방시키는 능력의 장본인을 가리키는 데는 아주 정확할 것입니다.[58] 그래서 하나님은 자신의 이름을 알려 주시기보다 자신이 어떤 존재인지를 모세에게 알려 주신 것입니다.

두 번째, 이 이름은 하나님의 실제적인 임재를 상징합니다. 하나님의 임재는 존재 자체만을 의미하는 것이 아니라, 사람들 각자에게 나타나시는, 그리고 인간과 삶을 함께하시는 관계 개념입니다.[59] 그러므로 관계를 빼놓고는 임재를 생각할 수 없습니다. 하나님의 존재와 하나님의 임재 두 가지 의미를 모두 담은 하나님의 자기 계시는 모세와의 대화 속에 반복해서 등장합니다. 이 내용은 좀 더 뒤에서 다루고자 합니다.

세 번째, 하나님은 이름이 없다는 것을 의미합니다. 하나님께서 만약 특정 이름을 가지고 계시다면 피조물처럼 이름에 갇히는 존재가 됩니다. 이름을 알게 되었기 때문에 사람들은 하나님이 존재하신다고 여겼을지 모르지만, 결국 이름에 갇히는 피조물과 다를 바 없다고 생각했을 것입니다. 하나님은 자신이 이름으로 제한할 수 있는 존재가 아님을 알려 주기 위해 이렇게 대답하셨습니다. 그분은 이름으로 제한할 수 없는 피조 세계 그 너머에 계신 분입니다.[60]

하나님이 모세에게 주신 대답, '에흐예 아쉐르 에흐예'는 단순한 칭호가 아니라 하나님의 존재와 성품을 드러내는 자기 계시입니다. 그분은 스스로 존재하시며, 시간과 상황 속에서 능동적으로 일하시는 분입니다. 또한 우리의 삶 한가운데 임재하시며, 관계 속에서 자신을 드러내십니다. 그리고 그 어떤 이름이나 개념에도 갇히지 않는, 피조 세계를 초월하시는 분입니다. 결국 하나님의 이름을 안다는 것은 단어 하나를 암기하는 것이 아니라, 그분의 살아 계신 역사와 임재를 경험하며 살아가는 것입니다. 하나님을 '부르는 것'보다 중요한 것은 그분을 '아는 것'이며, 그 앎은 지금도 우리를 변화시키는 능력이 됩니다.

더 생각해 보기

그렇다면 우리는 하나님을 어떻게 불러야 할까요? '하나님', '야웨', '전능의 하나님', '엘 샷다이' 모두 가능합니다. 중요한 것은 우리가 부르는 이름이 단순한 칭호를 넘어, 믿음과 경험, 그리고 관계의 고백이 되어야 한다는 점입니다. 우리나라 신앙의 선조들은 하나님을 주로 '아버지'라고 불렀습니다. 이 칭호 속에는 하나님을 향한 사랑과 경외, 전적인 의탁이 함께 담겨 있었습니다. 그들에게 '아버지'는 단순히 친근한 부름이 아니라, 그분이 어떤 분인지에 대한 삶 전체의 고백이었습니다.

그러나 우리는 두 가지를 반드시 기억해야 합니다. 첫째, 하나님의 이름을 함부로, 가볍게 부르지 말아야 합니다. 십계명이 경고하듯, 하나님의 이름은 우리의 감정 배출구나 습관적인 말버릇이 될 수 없습니다. 우리가 그 이름을 부를 때마다, 그분의 거룩하심 앞에 서 있음을 잊지 말아야 합니다.

둘째, 하나님은 이름에 갇히는 분이 아닙니다. 우리는 종종 하나님을 내가 이해한 범위와 언어 속에 가두려 합니다. 그러나 하나님은 우리의 언어와 개념을 초월하여 역사하시는 분입니다. 어떤 이름을 사용하든, 그 이름이 하나님을 제한하지 않도록 해야 합니다.

그러므로 하나님을 부를 때마다, 우리는 그분의 살아 있는 임재와 지금도 계속되는 역사, 그리고 모든 피조 세계를 초월하시는 주권을 함께 기억해야 합니다. 그렇게 부를 때 하나님의 이름은 단순한 소리가 아니라, 우리의 믿음을 새롭게 하고 삶을 변화시키는 신앙의 고백이 될 것입니다.

새로 배운 단어와 문법

단어	발음(음역)	의미
אֵל	엘(ʾēl)	하나님
שַׁדַּי	샷다이(šadday)	전능자
אֶהְיֶה	에흐예(ʾehyeh)	나는 ~이다
אֲשֶׁר	아쉐르(ʾăšer)	관계대명사

에흐예(אֶהְיֶה)

일상으로 부르시는
하나님

여러분은 하나님께 부름을 받는다면 어떤 기분일 것 같나요? 행복하고 감격에 겨워 잠을 이루지 못할까요? 아니면 감당할 수 없는 일이라며 어떻게든 피할 방법을 고민할까요? 감당할 수 있는 능력은 없지만 마음은 감당하고 싶기 때문에 주께서 능력 주시기를 기도할까요? 아마도 다양한 반응이 있겠지요. 구약 시대를 살아가던 사람들은 어땠을까요? 그들은 직접 하나님의 음성을 듣고 부름을 받기도 했습니다. 우리가 잘 아는 성경의 인물들은 부르심에 순순히 따랐지만, 모두가 그랬던 것은 아닙니다. 모세도 마찬가지였습니다.

첫 번째 거절: "내가 누구이기에?"

하나님은 모세에게 자신이 결코 이름에 갇힌 존재가 아

님을 일러 주셨습니다. 이스라엘을 출애굽시킬 능력을 가지신 분, 그들 가운데 임재하시는 전능한 하나님임을 계시하셨습니다. 그 정도의 계시를 받으면 당연히 하나님의 부르심에 순종할 것만 같은데, 모세는 그렇지 않았습니다. 그는 하나님의 부르심에 반기를 든 것은 아니었지만, 다양한 평계를 대며 어떻게든 벗어나 보려고 했습니다. 사실상 하나님의 부르심에 응답하지 않으려는 마음이 있었던 것이죠. 그러한 모세에게 하나님은 어떻게 반응하셨을까요? 하나님은 모세의 거절의 말에도 친절하게 대답해 주셨습니다. 때론 그 말이 강하게 들리기도 했겠지만, 하나님은 모세와의 대화를 포기하지 않으셨습니다. 모세의 질문에 대한 하나님의 대답에는 상당히 주목할 만한 용어가 등장합니다. 첫 번째 대화를 보겠습니다.

모세가 하나님께 아뢰되 내가 누구이기에 바로에게 가며 이스라엘 자손을 애굽에서 인도하여 내리이까(출 3:11).

하나님이 이르시되 내가 반드시 너와 함께 있으리라(כִּי אֶהְיֶה עִמָּךְ). 네가 그 백성을 애굽에서 인도하여 낸 후에 너희가 이 산에서 하나님을 섬기리니 이것이 내가 너를 보낸 증거니라(출 3:12).

모세는 자신이 출애굽을 이끌 만한 능력이 없는 사람임을 고백합니다. 겸손한 표현 같으면서도 그것으로 거절을 합리화하는 느낌이 있습니다. 그때 하나님은 "내가 반드시 너와 함께 있으리라"고 대답하십니다. 이 문장을 히브리어로 읽으면 "키-에흐예 임마크"(כִּי־אֶהְיֶה עִמָּךְ)입니다. 히브리어 전치사 '키'(כִּי)는 다양한 의미가 있습니다. 관계대명사로도 사용이 가능하며, '왜냐하면, 확실히' 등의 의미도 있습니다. 문맥상 모세에게 확신을 주시는 하나님의 대답에 놓여 있기 때문에 '확실히'라는 번역이 좋을 것 같습니다. 두 번째 단어는 앞 장에서 살펴본 '에흐예'(אֶהְיֶה)로, 의미는 '내가 있을 것이다'입니다. 세 번째 단어는 두 단어가 결합되어 있습니다. 먼저는 '~와 함께'라는 의미의 전치사 '임'(עִם)입니다. 전치사는 대명사 접미사가 붙을 수 있습니다. 본문에서 사용한 단어는 전치사 '임'에 2인칭 여성 단수가 접미사로 붙어 있습니다. 앞서 설명했듯이 히브리어 문법에선 가끔 이렇게 성이 달라지는 경우가 있습니다. 그럴 때는 문맥에서는 성을 연결해 찾아가야 합니다. 그래서 이 단어는 '너와 함께'라고 번역할 수 있습니다. 문맥상 '모세와 함께'를 의미합니다. 종합하면 '확실히 내가 너와 함께 있을 것이다'로 번역할 수 있습니다.

두 번째 거절: "그의 이름이 무엇이냐?"

두 번째 대화를 보겠습니다.

모세가 하나님께 아뢰되 내가 이스라엘 자손에게 가서 이르기를 너희의 조상의 하나님이 나를 너희에게 보내셨다 하면 그들이 내게 묻기를 그의 이름이 무엇이냐 하리니 내가 무엇이라고 그들에게 말하리이까(출 3:13).

하나님이 모세에게 이르시되 나는 스스로 있는 자이니라(אֶהְיֶה אֲשֶׁר אֶהְיֶה). 또 이르시되 너는 이스라엘 자손에게 이같이 이르기를 스스로 있는 자가 나를 너희에게 보내셨다 하라(출 3:14).

이 두 번째 대화는 앞에서 잠깐 다루었듯, 모세가 하나님의 이름을 물었을 때 하나님께서 "나는 스스로 있는 자니라"고 대답하신 신명 계시(출 3:14)에 관한 것입니다. 이는 하나님께서 이름으로 제한되지 않는 역동적인 존재이시며, 그분의 백성 가운데 임재하시는 분임을 드러내는 핵심적인 계시입니다.

세 번째 거절:
"나는 입이 뻣뻣하고 혀가 둔한 자니이다"

세 번째 대화를 보겠습니다.

모세가 여호와께 아뢰되 오 주여 나는 본래 말을 잘 하지 못하는 자니이다. 주께서 주의 종에게 명령하신 후에도 역시 그러하니 나는 입이 뻣뻣하고 혀가 둔한 자니이다(출 4:10).

이제 가라. 내가 네 입과 함께 있어서(אָנֹכִי אֶהְיֶה עִם־פִּיךָ) 할 말을 가르치리라(출 4:12).

하나님은 자신이 어떤 존재인지 분명하게 드러내셨습니다. 그런데 모세는 이번에는 '둔한 입'을 핑계로 부르심을 거절하려고 합니다. 그때 모세의 핑계를 한 번에 잠재울 수 있는 대답을 하나님께서 하십니다. "내가 네 입과 함께 있을 것이다." 히브리어로는 '아노키 에흐예 임-피카'(אָנֹכִי אֶהְיֶה עִם־פִּיךָ)입니다. 한 단어씩 살펴보겠습니다. 첫 번째 단어 '아노키'(אָנֹכִי)는 인칭대명사입니다. 1인칭 단수형인 아노키'(אָנֹכִי)는 '나는'으로 번역합니다. 두 번째 단어는 반복해서 나오는 '에흐예'(אֶהְיֶה)로 '내가 있을 것이다'라는 뜻입니다. 세 번째 단어

'임'(עִם)은 앞에서 설명한 전치사로 '~와 함께'라는 뜻입니다. 네 번째 단어는 두 단어의 합성어입니다. '입'이라는 뜻을 가진 명사 '페'(פֶּה)에 2인칭 남성 단수형의 접미사가 붙은 형태가 본문에 있는 '피카'(פִּיךָ)입니다. 그렇다면 의미는 '너의 입'입니다. 종합하면 '나는 너의 입과 함께 있을 것이다'라고 번역이 가능합니다. 그리고 앞에서 언급했지만 히브리어 동사에는 이미 주어가 있습니다. 그런데 인칭대명사를 통해 주어가 다시 한번 나타나는 위의 본문 같은 경우, 주어가 강조되는 효과가 있습니다. 즉, 모세의 입과 함께 있으리라고 말씀하시는 하나님 자신을 강조하고 있는 것이지요. 이쯤 되면 모세도 순종할 만하지 않습니까? 그런데 모세는 아직인가 봅니다.

네 번째 거절: "보낼 만한 자를 보내소서"

네 번째 대화를 보겠습니다.

모세가 이르되 오 주여 보낼 만한 자를 보내소서(출 4:13).

너는 그에게 말하고 그의 입에 할 말을 주라. 내가 네 입과 그의 입에 함께 있어서(אָנֹכִי אֶהְיֶה עִם־פִּיךָ וְעִם־פִּיהוּ) 너희들이 행할 일을 가르치리라(출 4:15).

하나님은 조력자로서 그의 형 아론을 언급하십니다. 그리고 모세에게 말씀하신 것에 한마디를 덧붙이십니다. "내가 네 입과 그의 입에 함께 있을 것이다." 히브리어로는 '아노키 에흐예 임-피카 붸임-피후'(אָנֹכִי אֶהְיֶה עִם־פִּיךָ וְעִם־פִּיהוּ)입니다. 한 단어만 제외하면 세 번째 대화의 단어들이 똑같이 등장합니다. 여기서는 새롭게 추가된 마지막 단어만 보겠습니다. 마지막 단어는 '피후'(פִּיהוּ)로, '입'을 뜻하는 명사 '페'(פֶּה)와 3인 칭 남성 단수의 대명사 접미사가 붙어있습니다. 그렇다면 하나님은 이미 세 번째 대화에서 모세의 입과 함께하시겠다고 강조해서 말씀하셨는데, 이번에는 거기에 더해 아론의 입과도 함께하실 것이라고 말씀하십니다. 혼자가 아니고 동역자까지 붙여 주셨으니 이제 '네'라는 대답이 나올 수밖에 없을 것 같습니다. 하나님께서 모세의 입과 아울러 아론의 입에도 함께하시겠다고 약속하셨으니 모세가 더 이상 거절할 수 없을 것 같았지만, 그는 여전히 자신의 부족함을 느끼며 마지막으로 하나님께 아뢰었습니다.

다섯 번째 거절: "나는 입이 둔한 자니이다"

모세가 여호와 앞에 아뢰어 이르되 이스라엘 자손도 내 말을 듣지 아니하였거든 바로가 어찌 들으리이까. 나는 입이 둔한 자니이다(출 6:12).

여호와께서 모세에게 말씀하여 이르시되 나는 여호와라 (אֲנִי יְהוָה). 내가 네게 이르는 바를 너는 애굽 왕 바로에게 다 말하라(출 6:29).

모세의 마지막 거절에 하나님의 마지막 대답은 "나는 여호와다!"입니다. 히브리어로는 '아니 야웨(또는 아도나이)'(אֲנִי יְהוָה)입니다. '아니'(אֲנִי)는 인칭대명사로서 1인칭 단수입니다. 그리고 '야웨/아도나이'(יְהוָה)는 앞서 언급했듯이 신성 사문자로서 하나님의 이름으로 여기기 때문에 거룩한 단어입니다. 하나님의 이름을 함부로 부를 수 없기에, 유대인들은 이 단어를 '나의 주님'이라는 의미인 '아도나이'라고 읽습니다.

이 칭호를 연구한 학자들은 이것이 히브리어 어근 '하야'(היה) 에서 온 것이라고 추측합니다. 이는 우리에게 중요한 관점을 제시합니다. 모세의 거절에 하나님께서 대답하신 모든 말씀 에는 이 '하야' 동사가 들어갔습니다.

> 내가 반드시 너와 함께 있으리라(כִּי־אֶהְיֶה עִמָּךְ).
> 나는 스스로 있는 자이니라(אֶהְיֶה אֲשֶׁר אֶהְיֶה).
> 내가 네 입과 함께 있어서(אָנֹכִי אֶהְיֶה עִם־פִּיךָ).
> 내가 네 입과 그의 입에 함께 있어서(אָנֹכִי אֶהְיֶה עִם־פִּיךָ וְעִם־
> פִּיהוּ).
> 나는 여호와라(אֲנִי יְהוָה).

네 번째 구절까지는 모두 어근이 '하야'인 동사 '에흐예' (אֶהְיֶה)가 사용되었고, 마지막 구절의 '야웨/아도나이'가 많은 학자들의 추측처럼 '하야' 동사와 관련이 있다면 하나님의 모 든 대답에 '하야' 동사가 사용된 것입니다. 이 동사는 하나님 이 어떤 '존재'이신지 드러내는 아주 중요한 용어입니다. 하나 님의 '임재'는 이 구절들로 설명이 가능합니다. 하나님의 이름 을 묻는 모세에게, 그리고 하나님의 부르심을 거절하는 모세 에게 하나님의 대답은 곧 그분의 '존재'였습니다. 하나님의 존 재하심 자체가 이 모든 것을 해결하는 답이었습니다. 그리고 모세가 가지고 있던 여러 불안 요소들은 하나님의 존재로 해 결될 문제였습니다.

그런 의미에서 생각해 보면 하나님께서 우리에게 주신 가장 큰 은혜는 '함께하심'이지 않을까요? 구약성경 곳곳에서 우리는 하나님께서 족장들과 함께하셨음을 보게 됩니다. 또 한 예수님이 "내가 너희에게 분부한 모든 것을 가르쳐 지키게 하라. 볼지어다. 내가 세상 끝날까지 너희와 항상 함께 있으리라"(마 28:20)고 약속하신 것도 우리에게 가장 중요한 것이 무엇인지를 알려 주시는 말씀이 아니었을까 생각해 봅니다. 모세는 자신이 사명을 감당할 수 없다고 했지만, 하나님은 단순하고도 분명한 약속을 통해 모세가 사명을 감당할 수 있도록 하셨습니다.[61]

더 생각해 보기

많은 사람들이 '하나님의 부르심'이라고 하면 선교사, 목회자, 혹은 수많은 회중 앞에서 사역하는 거창한 장면을 먼저 떠올립니다. 하지만 하나님의 부르심은 반드시 큰 무대나 특별한 사람에게만 주어지는 것이 아닙니다. 오히려 우리의 평범한 일상 속, 우리가 예상치 못한 아주 작은 순간에도 찾아옵니다.

문제는 우리가 그 부르심을 몰라서가 아니라, 사실은 알면서도 의도적으로 외면할 때가 많다는 것입니다. 바쁘다는 이유로, 준비가 안 됐다는 핑계로, '다른 사람이 하겠지'라는 마음으로 하나님의 초대에 등을 돌립니다. 그렇게 우리는 스스로를 '부르심의 대상'에서 제외시키고, 하나님이 나를 사용하실 기회를 스스로 줄여 버립니다. 그러나 하나님은 능력이나 조건보다, '함께하심을 신뢰하는 마음'을 보십니다. 모세처럼 서툴고 부족해도, 하나님이 함께하신다면 그 순간이 바로 사명의 시작이 됩니다.

하나님의 부르심은 거창한 사건이 아니라, 지금 내 앞에 있는 사람과 상황 속에서 시작됩니다. 가족과의 대화 중에 필요한 말을 건네는 것, 직장에서 어려움을 겪는 동료를 챙기는 것, 교회에서 아무도 알아 주지 않는 일을 묵묵히 감당하는 것, 마음속으로 떠오르는 한 사람을 위해 기도하는 것 등이 하나님의 부르심일 수 있습니다.

오늘 하루를 시작하며 이렇게 기도해 보십시오. '주님,

제가 외면하지 않겠습니다. 작은 부르심에도 예라고 대답
하겠습니다.' 그 고백이 쌓이면, 우리는 더 이상 '언젠가'라
는 말 뒤에 숨지 않고, 지금 이 자리에서 하나님의 부르심
에 응답하는 사람이 될 것입니다. 그리고 그 한 걸음이 우
리의 신앙을 깊게 하고, 삶을 하나님과 함께 걷는 여정으로
바꾸어 갈 것입니다.

새로 배운 단어와 문법

단어	발음(음역)	의미
אֶהְיֶה	에흐예(ʾehyeʰ)	나는 ~이다
כִּי	키(kî)	왜냐하면, 확실히
עִם	임(ʿim)	~와 함께
אָנֹכִי	아노키(ʾānōḵî)	나
פֶּה	페(peʰ)	입
אֲנִי	아니(ʾănî)	나

6

아니 야웨(אֲנִי יְהֹוָה)

어떤 하나님을
믿고 있습니까?

여러가지 핑계를 대며 하나님의 부르심을 거절했던 모세는 하나님의 존재 앞에 순종합니다. 그리고 그는 이전에 도망쳐 나온 이집트로 돌아가 바로 앞에 섭니다. 그리고 하나님께서 이스라엘의 해방을 명령하셨다는 사실을 그에게 전합니다. 바로 입장에서 순순히 허락할 리 없습니다. 그는 노예들을 잃고 싶지 않았고, 신의 아들인 자신이 겨우 노예들의 신의 명령을 들을 필요도 없었습니다. 그러나 바로의 거절이 이어질 때마다 이집트에는 재앙이 내립니다. 재앙을 통해 하나님은 그의 교만을 꾸짖으셨습니다. 이에 대해 아우구스티누스(Augustine of Hippo)는 다음과 같이 말합니다.

하나님께서는 파라오의 교만한 백성을 곰이나 사자 또는 뱀으로 길들일 수도 있었습니다. 그러나 그분께서는 그들에게 파리와 개구리를 보내시어, 그들의 교만이 가장 보잘 것없는 것들에 의해 길들여지게 하셨습니다(Tract. Ev. Jo. 1.15).[62]

하나님은 이집트에 열 가지 재앙을 내리셨습니다. 바로는 재앙을 버틸 수 있다고 생각했지만, 맏아들이 죽는 마지막 재앙 앞에서 무너지고 맙니다. 결국 바로는 이스라엘을 보냅니다. 하지만 이스라엘을 순순히 보낼 수 없었던 바로는 군사들과 함께 출애굽 여정을 시작한 이스라엘의 뒤를 쫓습니다. 그러나 홍해에서 이집트는 완전히 패배했고, 이스라엘은 진정한 자유를 얻었습니다. 이스라엘이 이집트에서 해방되는 과정에서 모세는 무엇을 배웠을까요? 이스라엘은 무엇을 배웠을까요? 이집트인들은 무엇을 배웠을까요? 그리고 이 이야기를 읽는 오늘날 우리 그리스도인들은 무엇을 배워야 할까요?

첫 번째 선포: 재앙의 원인

하나님께서 재앙을 예고하며 하신 말씀 중에 세 가지 핵심 말씀이 있습니다. 첫 번째 말씀은 출애굽기 7장에 나옵니다.

여호와가 이같이 이르노니 네가 이로 말미암아 나를 여호와인 줄 알리라(בְּזֹאת תֵּדַע כִּי אֲנִי יְהוָה). 볼지어다. 내가 내 손의 지팡이로 나일강을 치면 그것이 피로 변하고(출 7:17).

"네가 이로 말미암아 나를 여호와인 줄 알리라"는 히브리어로 '베조트 테다 키 아니 야웨/아도나이'입니다. 먼저 '베조트'(בְּזֹאת)는 '~안에'라는 의미의 전치사 '베'(בְּ)와 여성 지시대명사로서 '이것, 저것'이라는 의미인 '조트'(זאת)가 결합된 단어입니다. 각각의 의미를 생각하면 '이것 안에서'라고 번역하겠지만, 이와 같은 형태의 단어는 '그러고 나서', '그(러한 일) 후에'라고 번역합니다. 두 번째 단어 '테다'(תדע)는 동사입니다. 어근은 '야다'(ידע)이며, 칼 동사 미완료(Yiqtol) 2인칭 남성 단수입니다. 의미는 '네가 안다', '내가 알 것이다'입니다. 세 번째 단어 '키'(כי)는 의미가 여럿이라 맥락에 맞게 번역해야 합니다. 이곳에서는 관계대명사로 사용되어 무엇을 알게 될지 설명합니다. 네 번째 단어 '아니'(אני)는 1인칭 대명사입니다. 마지막 단어는 하나님의 칭호인 '야웨'(יהוה)입니다. 종합하여 번역하면 '그 후에 너는 내가 야웨인 것을 알 것이다'가 됩니다. 하나님께서 예고하신 재앙을 경험하고 나면 모세가 그분이 야웨이신 것을 알게 된다는 의미인데, 아마도 이 맥락에서는 재앙의 원인이 '야웨'라는 것을 알게 된다는 의미인 것 같습니다.

이 선포는 1-3재앙과 관련 있습니다. 먼저 첫 번째 재앙은 나일강을 피로 변하게 만드는 것이었습니다.

> 여호와께서 또 모세에게 이르시되 아론에게 명령하기를 네 지팡이를 잡고 네 팔을 애굽의 물들과 강들과 운하와 못과 모든 호수 위에 내밀라 하라. 그것들이 피가 되리니 애굽 온 땅과 나무 그릇과 돌 그릇 안에 모두 피가 있으리라. 모세와 아론이 여호와께서 명령하신 대로 행하여 바로와 그의 신하의 목전에서 지팡이를 들어 나일 강을 치니 그 물이 다 피로 변하고 나일 강의 고기가 죽고 그 물에서는 악취가 나니 애굽 사람들이 나일강 물을 마시지 못하며 애굽 온 땅에는 피가 있으나(출 7:19-21).

나일강과 관련해서는 두 종류의 신이 있습니다. 고대 이집트 사람들은 나일강의 수량을 관장하는 신으로 크눔을, 범람을 주관하는 신으로 하피를 숭배했습니다. 또한 나일강의 범람은 오시리스가 자신의 부활과 영광을 드러내는 상징적 사건으로 여겨졌습니다. 다른 한편으로, 나일강은 신의 아들이자 스스로 신이라 여긴 파라오가 관리해야 할 책임이 있었습니다. 나일강의 범람으로 삶의 터전에 심각한 피해를 입게 되면 왕위가 위태롭기까지 했습니다.[63] 그런데 하나님은 그들의 신과 함께 파라오를 무력화시켰습니다.

두 번째 재앙은 개구리와 관련 있습니다.

개구리가 나일강에서 무수히 생기고 올라와서 네 궁과 네 침실과 네 침상 위와 네 신하의 집과 네 백성과 네 화덕과 네 떡 반죽 그릇에 들어갈 것이며 개구리가 너와 네 백성과 네 모든 신하에게 기어오르리라 하셨다 하라(출 8:3-4).

고대 이집트에서 개구리 여신 헤케트는 다산과 출산, 풍요의 수호신으로 숭배되었습니다. 그런데 문제는 그 개구리 떼가 삶의 터전으로 올라와 사람들의 일상을 마비시켰다는 것입니다. 피해를 입은 바로는 모세에게 개구리들이 떠나가게 해달라고 말합니다.

바로가 모세와 아론을 불러 이르되 여호와께 구하여 나와 내 백성에게서 개구리를 떠나게 하라. 내가 이 백성을 보내리니 그들이 여호와께 제사를 드릴 것이니라(출 8:8).

개구리인데 왜 사람들 스스로 쫓아내거나 죽이지 못했을까요? 이것은 개구리를 신적인 존재로 여겨 두려워한 바로의 마음이 암시되어 있다고 봐야 합니다. 왜 죽음이 아니라 떠나가게 하는 것이었는지를 생각해 보면 그들의 내면을 알 수 있습니다. 그런데 모세의 기도를 통해 하나님은 개구리들을 모두 죽이셨습니다.

> 여호와께서 모세의 말대로 하시니 개구리가 집과 마당과 밭에서부터 나와서 죽은지라. 사람들이 모아 무더기로 쌓으니 땅에서 악취가 나더라(출 8:13-14).

이것은 분명 이집트인들이 섬기던 신의 모습이 아니었습니다. 하나님께서 그 신을 무력화시켰습니다.

세 번째 재앙은 하나님께서 이(모기)를 보내시는 것인데, 그 재료는 티끌이었습니다.

> 여호와께서 모세에게 이르시되 아론에게 명령하기를 네 지팡이를 들어 땅의 티끌을 치라 하라. 그것이 애굽 온 땅에서 이가 되리라(출 8:16).

하나님께서 '땅의 티끌'로부터 이가 생기게 하신 것은, 고대 이집트에서 땅과 흙을 주관한다고 여겨진 신 게브에 대한 심판으로 해석할 수 있습니다. 게브는 이집트 신화에서 대지와 토양, 광물을 다스리는 '땅의 신'으로 숭배되었습니다. 그런데 하나님은 그것을 재료로 재앙을 일으키셨습니다. 이집트의 신은 역시 아무것도 하지 못했습니다.

이로써 첫 번째 선포에서처럼 재앙의 원인이 하나님임을 선포했을 뿐만 아니라, 이집트의 모든 신을 무력화시켰습니다.

두 번째 선포: 이집트 땅의 중심에서

그다음 말씀은 고센 땅을 구별하신 4-6재앙과 관련 있습니다.

그날에 나는 내 백성이 거주하는 고센 땅을 구별하여 그 곳에는 파리가 없게 하리니 이로 말미암아 이 땅에서 내가 여호와인 줄을 네가 알게 될 것이라(לְמַעַן תֵּדַע כִּי אֲנִי יְהוָה בְּקֶרֶב הָאָרֶץ)(출 8:22).

"이로 말미암아 이 땅에서 내가 야웨인 줄을 네가 알게 될 것이라"는 히브리어 원문에서 '레마안 테다 키 아니 야웨/아도나이 베케레브 하아레쯔'(לְמַעַן תֵּדַע כִּי אֲנִי יְהוָה בְּקֶרֶב הָאָרֶץ)로 되어 있습니다. 첫 번째 단어 '레마안'(לְמַעַן)은 '~때문에, ~까닭으로'라는 뜻입니다. 두 번째 단어 '테다'(תֵּדַע)는 앞서 나왔던 본문에 있던 단어와 같이 '네가 알 것이다'라는 뜻입니다. 세 번째 단어 '키'(כִּי)도 앞서 나왔던 대로 관계대명사로 사용해야 합니다. 네 번째 단어 '아니'(אֲנִי)도 앞서 나왔고 1인칭 대명사입니다. 다섯 번째 단어는 '베케레브'(בְּקֶרֶב)입니다. '~안에'라는 뜻의 전치사 '베'(בְּ)와 '내장'을 가리키지만 '중심, 중앙'이라는 뜻도 있는 명사 '케레브'(קֶרֶב)가 결합된 단어입니다. 그래서 '베케레브'는 관용적으로 '가운데, 중심에'라는 의미로 사용합니다. 마지막 단어 '하아레쯔'(הָאָרֶץ)는 관사 '하'(ה)와 '땅'이라는 뜻의 명사 '에레쯔'(אֶרֶץ)가 결합된 단어입니다. 일반적인 관사의 형태는 '하'입니다. 하지만 이미 살펴봤던 본문에서도 그렇고, 이 본문에서도 모음의 변화가 있습니다. 그리고 명사 '에레쯔'는 관사를 만났을 때, 장모음을 가져 '아레쯔'의 형태가 되는 독특한 명사입니다. 그리고 다섯 번째 단어와 마지막 단어는 모두 명사입니다. 명사가 이어질 때는 '연계형-독립형'의 관계가 아닌지 살펴봐야 합니다. 연계형-독립형의 문법에서는 '~의'라는 단어를 삽입해서 번역해야 하며, 여기에 적용하면 '그 땅의 중심에서'라고 번역할 수 있습니다. 문장 전체를 번역하면 '그 까닭으로 그 땅의 중심에서 내가 야웨인 줄을 네가 알 것이다'입니다. 앞서 봤던 구절보다 야웨를 알게 된다는 것이 확장된 의미처럼 다가옵니다. 이는 이집트 땅에서 야웨의 존재를 알게 될 것임을 말씀하시는 것과 같습니다.

이집트에 내린 네 번째 재앙은 파리입니다.

네가 만일 내 백성을 보내지 아니하면 내가 너와 네 신하와 네 백성과 네 집들에 파리 떼를 보내리니 애굽 사람의 집집에 파리 떼가 가득할 것이며 그들이 사는 땅에도 그러하리라. 그 날에 나는 내 백성이 거주하는 고센 땅을 구별하여 그 곳에는 파리가 없게 하리니 이로 말미암아 이 땅에서 내가 여호와인 줄을 네가 알게 될 것이라. 내가 내 백성과 네 백성 사이를 구별하리니 내일 이 표징이 있으리라 하셨다 하라 하시고(출 8:21-23).

파리 재앙은 곤충의 신 케프리를 무력화시키는 하나님의 역사로 볼 수 있습니다. 케프리는 스카라베 딱정벌레를 형상으로 하며, 태양신의 여러 국면 중 아침 태양을 상징합니다. 고대 이집트 종교에서는 아침에는 케프리, 낮에는 라, 저녁에는 아툼으로 태양신을 구분했습니다. 이러한 재앙의 묘사는 하나님께서 이집트 신들을 자유롭게 다스리심과, 이집트 신들의 무력함을 부각시키려는 의도로 해석될 수 있습니다.

다섯 번째 재앙을 가축들에게 내린 것은 하나님의 의도

가 있습니다. 왜냐하면 이집트 신들 중에는 황소 머리, 암소 머리, 숫양 머리를 한 신들이 있기 때문입니다.

> 여호와의 손이 들에 있는 네 가축 곧 말과 나귀와 낙타와 소와 양에게 더하리니 심한 돌림병이 있을 것이며
> 여호와가 이스라엘의 가축과 애굽의 가축을 구별하리니 이스라엘 자손에게 속한 것은 하나도 죽지 아니하리라 하셨다 하라 하시고(출 9:3-4).

고대 이집트에서 황소는 생식력과 힘을 상징하며 아피스로 숭배되었고, 암소는 양육과 다산을 상징하며 하토르라는 여신으로 숭배되었습니다. 가축 재앙은 말, 나귀, 낙타, 소, 양 등에게 심한 돌림병이 내린 사건이었습니다. 이는 이집트인들이 신성시하던 동물을 침으로써, 이집트 신들의 권위와 힘이 무력화되었음을 강조한 것으로 볼 수 있습니다.

여섯 번째 재앙인 악성 종기는 이집트의 마술사들조차 고통을 겪어야 했습니다.

> 그들이 화덕의 재를 가지고 바로 앞에 서서 모세가 하늘을 향하여 날리니 사람과 짐승에게 붙어 악성 종기가 생기고 요술사들도 악성 종기로 말미암아 모세 앞에 서지 못하니 악성 종기가 요술사들로부터 애굽 모든 사람에게 생겼음이라(출 9:10-11).

고대 이집트에서 세크메트는 전염병과 전쟁을 일으키는 힘을 가진 여신이자, 질병을 치유하는 여신으로 숭배되었습니다. 임호텝은 뛰어난 의사이자 건축가로, 후대에는 의술과 치유의 신으로 신격화되었습니다. 그러나 이 재앙에서 사람

과 가축에게 퍼진 악성 종기는 이러한 신들의 권능을 무력하게 만들었습니다. 특히 마술사들조차 종기로 인해 모세 앞에 서지 못하는 장면은, 이집트 종교 권위자들의 완전한 패배를 보여줍니다.

세 번째 선포: 온 천하에 나와 같은 자가 없음을

마지막 세 번째 말씀은 7-9재앙과 관련 있습니다.

> 내가 이번에는 모든 재앙을 너와 네 신하와 네 백성에게 내려 온 천하에 나와 같은 자가 없음을 네가 알게 하리라 (בַּעֲבוּר תֵּדַע כִּי אֵין כָּמֹנִי בְּכָל־הָאָרֶץ)(출 9:14).

"온 천하에 나와 같은 자가 없음을 네가 알게 하리라"는 히브리어 원문에서 '바아부르 테다 키 엔 카모니 베콜-하아레쯔'(בַּעֲבוּר תֵּדַע כִּי אֵין כָּמֹנִי בְּכָל־הָאָרֶץ)로 되어 있습니다. 첫 번째 단어 '바아부르'(בַּעֲבוּר)는 전치사 '베'(בְּ)와 '~때문에, ~위하여'라는 의미의 '아부르'(עֲבוּר)가 결합된 단어입니다. 이 단어는 관용적으로 '그렇게 해서'라는 의미로 번역하기도 합니다. 두 번째 단어 '테다'(תֵּדַע)는 앞서 나왔던 것처럼 '네가 알 것이다'이고, 세 번째 단어 '키'(כִּי)는 관계대명사입니다. 네 번째 단어 '엔'(אֵין)의 원형은 '아인'(אַיִן)이고, '없음'을 뜻합니다. 그래서 뒤에 나오는 문장과 연결해서 번역해야 합니다. 다섯 번째 단어 '카모니'(כָּמֹנִי)는 원형 '케모'(כְּמוֹ)에 1인칭 단수 대명사 접미사가 붙은 형태입니다. 물론 모음 '바브 홀렘'에 차이가 있는 것처럼 보이지만, 히브리어에서는 '오'(וֹ) 발음이 나는 '바브 홀렘'과 '홀렘'을 병행해서 사용합니다. 그럼 번역은 '나와 같은, 나처럼'이 됩니다. 여섯 번째 단어 '베콜'(בְּכָל)은 전치사 '베'(בְּ)와 '모든'을 뜻하는 '콜'(כֹּל)이 결합된 단어입니다. 마지막 단어 '하아레쯔'(הָאָרֶץ)는 앞서 본 '그 땅'입니다. 종합하면 '그렇게 해서 그 모든 땅에서 나같은 자가 없음을 네가 알 것이다'가 됩니다. 눈치 채셨겠지만, 야웨의 존재에 대한 인식 범위가 훨씬 커졌음을 알 수 있습니다. 모세가 아는 것에서 이집트인들이 아는 것으로, 그리고 온 땅이 아는 것으로 확장됩니다. 결국 야웨와 같은 분이 없다는 것은 이집트인들이나 이스라엘인들 모두가 알게 될 것입니다.

이 선포와 관련 있는 일곱 번째 재앙은 우박 재앙으로 열 가지 재앙 중에 가장 길게 설명되어 있습니다.

내일 이맘때면 내가 무거운 우박을 내리리니 애굽 나라가 세워진 그날로부터 지금까지 그와 같은 일이 없었더라. 이제 사람을 보내어 네 가축과 네 들에 있는 것을 다 모으라. 사람이나 짐승이나 무릇 들에 있어서 집에 돌아오지 않는 것들에게는 우박이 그 위에 내리리니 그것들이 죽으리라 하셨다 하라 하시니라(출 9:18-19).

고대 이집트인들은 하늘의 여신 누트, 하늘과 땅을 분리시키는 공기의 신 슈, 그리고 습기와 비를 주관하는 여신 테프누트를 숭배했습니다. 우박 재앙은 들에 있는 사람과 가축을 위협했습니다. 이는 하늘이나 기상 현상과 관련된 이 신들의 권위가 무력화되는 사건으로 해석될 수 있습니다.

여덟 번째 재앙으로 인해 이집트 땅에는 메뚜기 재앙이 내리기 시작했습니다.

모세가 애굽 땅 위에 그 지팡이를 들매 여호와께서 동풍을 일으켜 온 낮과 온 밤에 불게 하시니 아침이 되매 동풍이 메뚜기를 불어 들인지라. 메뚜기가 애굽 온 땅에 이르러 그 사방에 내리매 그 피해가 심하니 이런 메뚜기는 전에도 없었고 후에도 없을 것이라. 메뚜기가 온 땅을 덮어 땅이 어둡게 되었으며 메뚜기가 우박에 상하지 아니한 밭의 채소와 나무 열매를 다 먹었으므로 애굽 온 땅에서 나무나 밭의 채소나 푸른 것은 남지 아니하였더라(출 10:13-15).

고대 근동에서 메뚜기 떼는 식량과 작물을 모조리 파괴하는 재앙으로 두려움의 대상이었습니다. 메뚜기들은 땅을 덮어 어둡게 하고, 우박에서 살아남은 모든 작물을 먹어 치웠습니다. 일부 전승에 따르면 이집트인들은 해충을 방어하는 신을 숭배했다고 알려집니다. 하지만 이 재앙 앞에서 그 신앙은 아무런 힘을 발휘하지 못했습니다.

아홉 번째 재앙은 흑암입니다.

여호와께서 모세에게 이르시되 하늘을 향하여 네 손을 내밀어 애굽 땅 위에 흑암이 있게 하라 곧 더듬을 만한 흑암이리라. 모세가 하늘을 향하여 손을 내밀매 캄캄한 흑암이 삼 일 동안 애굽 온 땅에 있어서 그 동안은 사람들이 서로 볼 수 없으며 자기 처소에서 일어나는 자가 없으되 온 이스라엘 자손들이 거주하는 곳에는 빛이 있었더라(출 10:21-23).

고대 이집트 창세 신화에는 어둠을 의인화한 남신 쿠크와 여신 카우케트가 등장합니다. 이들은 태초의 혼돈 속 어둠을 상징하는 존재였지만, 흑암 재앙 앞에서는 아무런 힘을 발휘하지 못했습니다. 또한 태양신 레는 매일 밤 혼돈의 뱀 아포피스를 물리치고 새벽을 가져온다고 여겨졌으나, 그도 이번 재앙에서 그 역할을 전혀 수행하지 못한 셈입니다.

사람들이 하나님이 야웨인 줄 알게 된다는 것은 어떤 의미일까요? "이로 말미암아 내가 야웨인 줄을 네가 알게 될 것이다"(출 7:5, 17; 8:10, 22; 9:14, 29; 11:7; 14:4, 18 등)라는 말씀을 통해 하나님은 자신이 창조주이심을 강조했다는 것을 기억해야 합니다. 이집트의 술사들은 마법으로 재앙을 따라 해 보려고 했습니다. 하나님이 만드신 피조물을 자신들이 원하는 대로 조정해 보려고 했습니다. 그러나 하나님은 이집트의 술사들이 따라 할 수 없는 재앙을 내리실 뿐만 아니라, 이집트인들이 신으로 섬기던 존재들은 하나님이 마음대로 하실 수 있는 피조물에 불과하다는 사실을 알게 하셨습니다. 결국 야웨는 창조주이심을 알게 하신 것입니다. 이런 사건은 열 개의 재앙을 넘어 홍해에서도 분명히 드러납니다.

더 생각해 보기

고대 이집트인들이 수많은 신들을 섬긴 이유는 단순했습니다. 삶의 영역인 나일강의 물, 농작물 수확, 출산, 날씨, 전쟁 등을 각각 책임지는 신이 있다고 믿었기 때문입니다. 그들에게 신은 '삶을 지탱해 주는 존재'였습니다. 그러나 열 재앙은 그 모든 신이 아무 힘이 없다는 것을 드러냈고, 오직 하나님만이 창조주이심을 선포했습니다.

오늘 우리는 눈에 보이는 신상 앞에 절하지는 않지만, 여전히 각 영역마다 '따로 의지하는 신'을 세우고 살 때가 많습니다. 돈이 필요한 순간에는 재정과 사람의 힘을, 건강이 위태로울 때는 의학과 자기 관리를, 미래가 불안할 때는 학력과 경력을 붙잡습니다. 이런 것들이 나쁘다는 말이 아닙니다. 그러나 그것이 하나님보다 먼저 마음을 붙드는 순간, 우리는 이미 현대판 다신 신앙 속에 들어가 있는 것입니다.

신앙의 중심은 분명해야 합니다. 우리의 생명과 시간, 필요와 안전, 기쁨과 소망이 모두 한분이신 창조주 하나님께 달려 있음을 믿는 것입니다. 그분만이 모든 영역을 주관하시고, 그분 외에 다른 의지처는 없습니다. 열 재앙이 이집트의 모든 신을 무너뜨렸듯, 우리의 신앙도 하나님 외의 '모든 신'을 내려놓을 때 비로소 견고해집니다.

새로 배운 단어와 문법

단어	발음(음역)	의미
בְּ	베(bə)	~안에
זֹאת	조트(zōʾṯ)	이것, 저것
יָדַע	야다(yāḏaʿ)	알다
אֲנִי	아니(ʾănî)	나
יְהוָה	야웨 / 아도나이 (YHWH)	야웨
לְמַעַן	레마안(ləmaʿan)	~때문에, 까닭으로
כִּי	키(kî)	관계대명사
קֶרֶב	케레브(qereḇ)	가운데, 중심에
אֶרֶץ	에레쯔(ʾereṣ)	땅
עֲבוּר	아부르(ʿăḇûr)	~때문에, ~위하여
בַּעֲבוּר	바아부르(baʿăḇûr)	그렇게 해서
אַיִן	아인(ʾayin)	없음
כְּמוֹ	케모(kəmô)	~처럼
כָּל	콜(kol)	모든

◆ 명사와 명사가 이어서 나올 때는 연계형-독립형 관계일 수 있습니다. 이런 경우 '~의'라는 단어를 삽입해서 번역해야 합니다.

아노키 야웨 엘로헤이카(אָנֹכִי יְהוָה אֱלֹהֶיךָ)

나는 네 하나님
여호와라

우리는 수많은 규칙과 법의 테두리 안에서 살아갑니다. 학교, 직장, 사회 속에서 끊임없이 지켜야 할 것들이 존재하지요. 이 것들은 때론 답답하게 느껴지고, 왜 따라야 하는지 의문이 들 기도 합니다. 특히 신앙생활에서 접하는 '계명'은 더더욱 그렇 습니다. 계명을 읽으며 하나님을 엄격하고 까다로운 분으로 오해하거나, 계명이 단순히 우리를 억압하기 위해 주어진 것 으로 여기곤 하지요. 그러나 계명 안에는 우리가 알지 못하는 깊은 은혜가 숨겨져 있습니다.

이번 장에서는 하나님께서 직접 주신 계명의 서두를 통 해 그 은혜를 찾아보고자 합니다.

약속의 산, 시내: 임재와 정결

모세와 이스라엘은 열 재앙과 홍해의 기적을 통해 말로 설명할 수 없는 하나님의 기적을 경험했고, 그분의 존재에 대해서 배웠습니다. 앞으로도 그런 기적이 계속될 것만 같은 기대를 가득 안은 채 이스라엘은 광야로 들어섭니다. 그리고 하나님께서 모세를 부르셨던 그곳, 하나님의 약속의 증거가 될 것이라는 바로 그곳으로 다시 돌아옵니다.

하나님이 이르시되 내가 반드시 너와 함께 있으리라 네가 그 백성을 애굽에서 인도하여 낸 후에 너희가 이 산(הַהָר הַזֶּה)에서 하나님을 섬기리니 이것이 내가 너를 보낸 증거니라 (출 3:12).

'이 산'이라고 번역한 문장은 '하하르 핫제'(הַהָר הַזֶּה)라고 읽습니다. '하하르'(הַהָר)는 관사 '하'(הַ)와 '산'이라는 뜻의 명사 '하르'(הַר)가 결합된 단어입니다. 눈치 빠르신 분들은 아시겠지만 원래 관사의 원형은 '하'입니다. 이어나오는 후음 때문에 모음이 변화된 것이지요. 이 단어를 번역하면 '그 산'입니다. 두 번째 단어 '핫제'(הַזֶּה)는 관사 '하'와 지시대명사 '제'(זֶה)가 결합된 단어입니다. 지시대명사의 뜻이 '이것, 저것'인데 관사까지 합쳐 번역하면 '그 이것, 그 저것'이 됩니다. 그러나 여기서 앞에 나온 지시대명사는 서로 연결될 수 있다는 것을 표현하기 위해 관사를 사용했을 뿐입니다. 지시대명사는 주어처럼 특정 기능을 하지 않는다면 명사를 강조하는 의미로 자주 사용됩니다. 그래서 이 단어는 '이 산'이라고 번역된 것이죠. 그러므로 이 문장은 '산'이라는 단어를 강조하고 있습니다. 당연히 그럴 것이 하나님의 말씀대로라면 이스라엘을 출애굽 시킨 다음 모세는 다시 이 산으로 돌아올 것이기 때문입니다. 그리고 하나님의 말씀처럼 모세는 이 산에 다시 왔습니다!

여호와께서 시내 산 곧 그 산 꼭대기에 강림하시고 모세를 그리로 부르시니 모세가 올라가매(출 19:20).

그런데 이 산에 오르기 전 이스라엘은 '정결'해야 했습니다. 하나님의 영광 앞에 죄가 있는 자들은 살아남을 수 없기 때문입니다. 크신 위엄으로 나타나신 하나님은 시내산 꼭대기에서 모세를 통해 이스라엘에게 중요한 계명을 명령하십니다. 그 계명은 두 돌판에 새겨졌고, 우리는 흔히 그 계명을 '십계명'이라고 부릅니다.

아노키 야웨 엘로이카(אָנֹכִי יְהוָה אֱלֹהֶיךָ): "나는 네 하나님 여호와니라"

십계명은 출애굽기와 신명기 두 곳에 기록되어 있습니다 (출 20:1-17; 신 5:6-21). 이 외에 출애굽기 34:10-16과 레위기 19:3-4에도 유사한 내용이 있습니다. 십계명에서 놓치지 말아야 할 부분은 서두의 말씀입니다.

십계명의 서두는 하나님의 자기소개로 시작합니다.

나는 너를 애굽 땅, 종 되었던 집에서 인도하여 낸 네 하나님 여호와니라(אָנֹכִי יְהוָה אֱלֹהֶיךָ)(출 20:2).

구약성경에서 '자기소개'는 모르는 사람에게 스스로를 설명하는 역할이 아닙니다. 오히려 이미 자신이 어떤 존재인지 아는 사람들에게 자기소개를 통해, 뒤따라오는 요구에 대한 효력을 갖게 해 줍니다.[64] 즉, 하나님의 자기소개 이후 뒤따라 나오는 십계명에 순종해야 한다는 요구가 효력을 갖게 되는 것이죠. 그런 이유로 하나님은 이스라엘에게 자신을 소개하십니다. "나는 네 하나님 여호와니라." 히브리어로는 "아노키 야웨(또는 아도나이) 엘로헤(이)카"(אָנֹכִי יְהוָה אֱלֹהֶיךָ)입니다. '아노키'(אָנֹכִי)는 이제 익숙한 1인칭 대명사이고, 뜻은 '나'입니다. 두 번째 단어 '야웨'(יְהוָה)는 하나님의 호칭 중 하나입니다. '엘로헤(이)카'(אֱלֹהֶיךָ)는 '엘로힘'(אֱלֹהִים)에 2인칭 남성 단수 대명사 접미사가 붙어 있습니다. 그리고 문장에선 이 단어 '너의 하나님'과 '야웨'가 동격입니다. 하나님께서 계명을 주시기에 앞서 모세의 자신을 야웨라고 소개하신 것은 중요합니다. 이것이 왜 중요한지를 알기 위해선 앞서 등장했던 재앙의 맥락으로 돌아가야 합니다.

그렇게 하나님은 이스라엘 백성에게 그들이 경험한 그 야웨가 곧 자신임을 다시 한번 주지시킵니다. 출애굽을 통해 이미 하나님은 야웨라는 사실을 이집트인들뿐만 아니라, 이스라엘 백성들도 알았습니다. 그리고 그 야웨는 앞으로 이스라엘이 받을 법을 제정하기 마땅한 분이라는 소개입니다.[65] 따라서 이스라엘은 그 계명을 받아들여야 합니다.

십계명은 서두에서 하나님이 어떤 분인지 명확히 말합니다. 그리고 그 하나님은 계명을 주실 수 있는 분이고, 그 명령을 듣는 이들은 거부할 이유가 없다는 것도 분명히 말합니다.

십계명은 그 이름대로 열 개로 구성되어 있습니다. 1-4계명은 계명을 지켜야 하는 분명한 이유를 다룹니다. 이는 하나님을 섬기는 이스라엘 백성을 다른 신을 섬기는 이방 백성들과 차이를 두기 위함입니다. 이스라엘이 믿고, 섬기는 하나님은 고대 근동의 다른 신들과는 다른 점이 너무나 많았습니다. 예를 들어 신이 인간의 삶에 관심을 갖는 것도 큰 차이 중 하나입니다. 그런 독특함과 구별됨이 1-4계명에 잘 드러나 있습니다. 그러나 5-10계명에는 어떤 특정한 이유나 근거가 없습니다. 이 계명을 주신 이유는 윤리적인 계명을 지키지 않으면 공동체가 무너져 사람이 살 수 없는 세상이 되기 때문입니다. 마땅한 삶을 위한 계명이기에 특별한 이유나 근거가 없이 주어집니다.[66]

십계명은 직접적인 형벌 규정보다는 마땅히 지켜야 할 삶의 원리를 제시합니다. 그래서 법적 효력보다는 공동체의 질서와 개인의 윤리적 삶에 더 깊이 관계된 것으로 보아야 합니다.[67] 이 계명들은 그저 '지켜야만 하는 법'이 아니라, 우리가 인간으로서, 그리고 공동체의 일원으로서 '마땅히 살아가야 할 삶의 원리'이기 때문입니다. 이것이 무너지면 세상은 혼돈에 빠지고, 평화롭게 살아갈 수 없게 됩니다.

십계명은 우리가 '하나님의 백성'으로서 마땅히 지켜야 할 최소한의 윤리이자, 동시에 하나님과의 관계 안에서 누리는 자유와 평화를 위한 것입니다. 우리가 그저 '도덕적인 사람'으로만 인정받으려는 노력을 넘어, "나는 너를 이집트 땅, 종 되었던 집에서 인도하여 낸 네 하나님 여호와니라!"고 선언하신 그 창조주이자 구원자의 이름을 기억하고 그분의 계명을 삶의 기준으로 삼을 때, 비로소 세상의 혼란 속에서도 길을 잃지 않는 견고한 삶을 살게 될 것입니다. 즉, 이 계명들은 우리를 억압하는 낡은 율법이 아니라, 하나님과의 깊은 관계 속에서뿐 아니라 이웃과의 관계에서도 진정한 평안과 기쁨을 누리게 하는 살아 있는 말씀입니다.

더 생각해 보기

오늘날 교회는 '말씀의 기준'을 말하면서도 실제 삶에서는 종종 세상의 기준을 따라갑니다. 아마도 말씀의 기준이 무엇일지 공동체가 함께 고민하지 않은 결과라고 생각합니다. 이제부터라도 십계명이 단순 암송이나 교리 시험 준비로만 가르치는 방식을 벗어나, 십계명이 제시하는 하나님의 기준이 실제 우리의 삶에서 어떻게 적용될 수 있을지에 대해 지속적인 고민을 해야합니다. 예를 들어 "살인하지 말라"는 단순히 물리적 살인만이 아니라 혐오 발언, 악성 댓글, 직장 내 왕따와 같은 '언어와 관계 속의 살인'까지 포함된다고 해석하고 적용할 수 있습니다. 그래서 교회 구성원 모두가 십계명의 적용 방법을 함께 고민하고 삶의 점검표로 삼아 정기적으로 신앙을 돌아봐야 합니다. 할 수 있다면 십계명을 기준으로 삶을 점검하고, 나누고, 서로 격려하는 시간을 갖는다면, 말씀이 실제 삶으로 이어질 것입니다.

십계명을 제대로 이해하려면 반드시 십계명의 서두에 있는 '하나님의 자기소개'를 기억해야 합니다. "나는 너의 하나님 여호와니라"는 선언은 억압이 아닌 해방의 전제 위에 놓여 있습니다. 이 계명들은 우리의 자유를 제한하는 족쇄가 아니라, 혼란 속에서 방향을 잃지 않게 하는 나침반입니다. 따라서 우리가 이 말씀을 붙잡는 것은, 과거의 율법을 답습하기 위해서가 아니라, 창조주이자 구원자이신 하나님을 삶의 기준점으로 삼기 위함입니다. 그렇게 할 때, 우리는 자기중심적인 선택의 불안에서 벗어나, 하나님과 이웃 모두와의 관계에서 평안과 기쁨을 누리는 삶을 살게 될 것입니다.

이처럼 십계명은 '과거 율법'이 아니라, 오늘 우리의 일상과 사회를 변화시킬 수 있는 살아있는 기준입니다. 이 기준이 교회의 예배와 교육, 그리고 성도의 삶에 다시 자리잡을 때, 교회는 세상 속에서 신뢰받는 공동체로 회복될 것입니다.

새로 배운 단어와 문법

단어	발음(음역)	의미
הַר	하르(har)	산
זֶה	제(ze^h^)	이것, 저것
הָהָר הַזֶּה	하하르 핫제 (hāhār hazze^h^)	이 산
אָנֹכִי	아노키(ʾānōḵî)	나
יְהוָה	야웨 / 아도나이 (YHWH)	야웨
אֱלֹהִים	엘로힘(ʾĕlōhîm)	하나님

◆ 지시대명사는 주어와 같이 특정 기능을 하지 않는다면
　명사를 강조하는 의미로 자주 사용됩니다.

1

바이다베르 야웨(וַיְדַבֵּר יְהוָה)

말씀은
모두에게 향한다

레위기의 영어 이름 '레비티쿠스'(Leviticus)의 의미는 '제사 장들과 관련된 것'입니다. 그러나 히브리 성경의 이름은 '바이 크라'(וַיִּקְרָא)이며, 뜻은 '그리고 그가 불렀다'입니다. 레위기는 총 27장 859절로 이루어져 오경에서 가장 분량이 적은 책입 니다. 그러나 레위기는 단순히 제사장만이 아니라 이스라엘 백성들 각자가 어떻게 살아야 하는지, 그리고 거룩한 백성이 되기 위한 법과 의식들을 다루는 중요한 책입니다.[68]

물론 레위기는 그 이름 때문에 레위인과 같은 제사장 계 급에 국한되거나, 전문적인 제의 문헌으로서 일반적인 대중 을 대상으로 하는 신명기와 차이가 있다는 의견도 있습니다.[69] 그러나 정작 레위인에 대한 언급은 25:32-34절에서만 언급 되고, 오히려 가장 비중 있게 다루는 내용은 제의 및 예배입니 다. 그리고 레위기 1:2의 시작과 27:34의 마지막 절이 보여주듯, 레위기의 내용, 곧 예배 규례는 레위 지파의 성직 계층만을 위한 것이 아니라 모든 이스라엘 백성과 깊이 관련되어 있습니다.[70]

또한 레위기는 민수기와 더불어 '야웨께서 말씀하셨다'(וַיְדַבֵּר יְהוָה)라는 표현이 성경의 어떤 책보다도 많이 등장합니다(35회). 이와 더불어 레위기에서 가장 많이 등장하는 용어는 '거룩하다'(קדש)입니다. 이 단어는 총 94번 언급되는데, 구약성경 중 레위기에서 가장 많이 나옵니다. 종합해 보면, 레위기의 핵심 주제는 하나님께서 모든 이스라엘 백성에게 '거룩한 삶'을 요구하신다는 것으로 볼 수 있습니다.

바이크라(וַיִּקְרָא) 레위기의 시작: 회막에서의 부르심

레위기의 시작은 하나님께서 모세를 부르시고, 말씀하시는 것에서 시작합니다.

여호와께서 회막(אֹהֶל מוֹעֵד)에서 모세를 부르시고(וַיִּקְרָא) 그에게 말씀하여 이르시되(וַיְדַבֵּר) 이스라엘 자손에게 말하여 이르라. 너희 중에 누구든지 여호와께 예물을 드리려거든 가축 중에서 소나 양으로 예물을 드릴지니라(레 1:1-2).

하나님께서 모세를 부르셨다는 말은 히브리 성경에서 레위기의 이름인 '바이크라'(וַיִּקְרָא), 직역하면 '그리고 그가 불렀다'입니다. 이 단어의 문법을 살펴보면, 칼 동사 바브 미완료 연속법(Wayyiqtol) 3인칭 남성 단수입니다. 단어의 어근은 '카라'(קרא) 동사로서 '부르다'라는 뜻입니다. 하나님께서 모세를 부르신 곳은 출애굽기에서 제작을 명령하신 '회막'입니다. 회막은 히브리어로 '오헬 모에드'(אֹהֶל מוֹעֵד)라고 부릅니다. '오헬'(אֹהֶל)은 '장막'을, '모에드'(מוֹעֵד)는 '협정, 만남, 모임, 기한' 등 다양한 의미를 가집니다. 정리하면, 회막은 '만남의 장막' 이라고 번역할 수 있겠습니다. 회막은 진 밖에 위치했으며, 하나님을 만나는 장소로 알려져 있습니다(출 33:7-11; 민 11:14-17, 24-30; 12:5-7; 신 31:14-15).

모세가 항상 장막을 취하여 진 밖에 쳐서 진과 멀리 떠나게 하고 회막(אֹהֶל מוֹעֵד)이라 이름하니 여호와를 앙모하는 자는 다 진 바깥 회막(אֹהֶל מוֹעֵד)으로 나아가며 모세가 회막(אֹהֶל)으로 나아갈 때에는 백성이 다 일어나 자기 장막(אֹהֶל) 문에 서서 모세가 회막(אֹהֶל)에 들어가기까지 바라보며 모세가 회막(אֹהֶל)에 들어갈 때에 구름 기둥이 내려 회막(אֹהֶל) 문에 서며 여호와께서 모세와 말씀하시니 모든 백성이 회막(אֹהֶל) 문에 구름 기둥이 서 있는 것을 보고 다 일어나 각기 장막(אֹהֶל) 문에 서서 예배하며 사람이 자기의 친구와 이야기함 같이 여호와께서는 모세와 대면하여 말씀하시며 모세는 진으로 돌아오나 눈의 아들 젊은 수종자 여호수아는 회막(אֹהֶל)을 떠나지 아니하니라(출 33:7-11).

회막은 성막과 달리 제의적인 기능이 없으며, 모세가 성막이 있기 전부터 하나님의 뜻을 물을 때 출입하던 장소입니다(출 18:12; 민 11:16-17, 24-30; 12:5-10; 신 31:14-15; 삼상 2:22). 초기에는 회막이 성막과 다른 독특한 의미를 가졌지만, 이후에는 종종 동의어로 사용되거나(출 29:10-12; 35:20-21; 38:30-31; 40:9; 레 1:3; 4:16-18; 10:8-10), 함께 언급되기도 합니다(출 39:32, 40; 40:2, 6; 민 3:38).

바이다베르 야웨(וַיְדַבֵּר יְהוָה): 야웨께서 말씀하셨다. 모든 이스라엘을 위한 계시

하나님께서는 모세와 회막에서 자주 대화하셨고, 레위기 서두에서 그 장면을 다시 한번 보여 주는 것도 매우 중요합니다. 그러나 여기서 핵심 구절은 하나님께서 모세에게 '말씀하셨다'는 문장입니다. 앞서 언급했듯이 레위기는 민수기와 더불어 "여호와께서 말씀하셨다"(וַיְדַבֵּר יְהוָה)가 많이 등장하는 성경입니다. 첫 단어 '바이다베르'(וַיְדַבֵּר)는 동사입니다. 어근은 '다바르'(דבר)이며, 문법적으로 피엘 바브 미완료 연속법(Wayyiqtol) 3인칭 남성 단수입니다. 의미는 '그리고 그가 말씀하셨다'입니다. 두 번째 단어는 '야웨/아도나이'(יְהוָה)입니다. 이렇게 동사에 이어 바로 고유명사, 일반명사 등이 나온다면 그것은 보통 동사의 주어가 됩니다. 여기에서도 마찬가지로, '야웨께서 말씀하셨다'라고 해석할 수 있습니다. 이 표현은, 레위기의 많은 내용이 하나님의 계시에 의해 제사 제도가 세워졌음을 강조합니다.[71] 레위기 1장부터 하나님은 제사에 대해 직접 말씀하시는데, 이 명령은 특정 집단이 아닌 온 이스라엘에게 주어진 것임을 분명히 합니다. 레위기 마지막 구절을 살펴보겠습니다.

이것은 여호와께서 시내 산에서 이스라엘 자손을 위하여(אֶל־בְּנֵי יִשְׂרָאֵל) 모세에게 명령하신 계명이니라(레 27:34).

'이스라엘 자손을 위하여'라는 문장은 히브리어로 '엘-베네 이스라엘'(אֶל־בְּנֵי יִשְׂרָאֵל)이라고 읽습니다. 첫 번째 단어 '엘'(אֶל)은 전치사로서, 일반적으로 '~에게, ~향하여'라는 뜻이지만 이 문맥에서는 '~위하여'로 번역할 수 있습니다. 두 번째 단어는 ‘베네’(בְּנֵי)입니다. 이 단어의 원형은 ‘아들, 자손’이라는 뜻의 ‘벤’(בֵּן)입니다. 형태가 좀 독특하지요? 이 단어는 복수 연계형이기 때문에 그렇습니다. 복수 연계형인 ‘베네’(בְּנֵי)는 다음 명사인 ‘이스라엘’(יִשְׂרָאֵל)과 연결되어 ‘이스라엘의 자손들’이라고 번역합니다. 거기에 전치사의 의미를 더해 ‘이스라엘의 자손들을 위하여’가 됩니다.

레위기의 시작과 끝에서 강조하듯이, 이 책은 레위 지파에게만 주어진 명령이 아닙니다. 하나님께서 모든 이스라엘 자손에게 레위기 명령을 주신 것은 단순히 율법을 부여하는 행위를 넘어, 거룩하신 하나님과의 친밀한 교제를 가능하게 하는 깊은 의미를 담고 있습니다. 이 명령을 통해 이스라엘 백성은 하나님께 나아가는 길을 배우고, 그분과의 관계 속에서 참된 평안과 안식을 누리게 되었습니다. 이처럼 하나님과의 깊은 교제는 우리에게 삶의 지혜와 용기를 주며, 모든 두려움을 극복할 수 있는 근원적인 힘이 됩니다. 아를의 카이사리우스도 말합니다.

> … 여러분이 의롭다면, 아무도 여러분을 두렵게 할 수 없습니다. 여러분이 하나님을 경외한다면, 아무것도 두려워하지 않게 될 것입니다(Caes. Arl., Serm. 105.6.)[72]

레위기는 ‘제사장 규정집’이라는 협소한 범주에 갇히기보다, 모든 이스라엘 백성이 거룩한 삶으로 부름받았음을 드러내는 책입니다. 하나님의 부르심과 말씀은 모세나 레위인만이 아니라 전 공동체를 향해 주어졌습니다. 이는 단순한 규칙 전달이 아니라, 하나님과의 교제를 지속하기 위한 삶의 방식에 대한 초대였습니다. 거룩함은 특정한 직분자만의 목표가 아니라, 하나님 백성 전체의 삶 속에서 구현되어야 하는 본질입니다. 오늘을 사는 우리도 이 부르심 속에서, 신앙의 이름으로만이 아니라 삶의 모든 영역에서 거룩을 살아 내는 공동체가 되어야 할 것입니다.

더 생각해 보기

레위기의 명령은 이스라엘 전체를 향한 하나님의 말씀입니다. 거룩한 삶과 예배는 소수의 종교 지도자만 감당하는 것이 아니라, 모든 백성이 함께 나눠 져야 하는 명령입니다. 그러나 오늘날 한국 교회는 여전히 '대리 신앙'에 안주하는 성도가 많습니다. 말씀 묵상은 목회자에게, 기도는 중보팀에게, 사역은 소수 헌신자에게 맡겨 두고, 자신은 예배실 의자에 앉아 있는 것으로 신앙생활을 다했다고 착각하는 경우가 허다합니다. 이런 신앙은 레위기가 말하는 신앙인의 모습과 조금도 닮지 않습니다.

우리는 각자가 모두 하나님 앞에 '직접' 서야 합니다. 우리도 말씀 묵상과 연구를 해야 하고, 삶 속에서 그 말씀을 어떻게 실천할지 고민하여 실천의 자리로 가야 합니다. 기도 제목을 남에게 맡기지만 말고, 스스로 하나님께 매달릴 수 있어야 합니다. 또한 내가 돕고 헌신할 수 있는 사역의 자리가 어디인지도 적극적으로 찾아야 합니다. 거룩은 대표자가 대신해 줄 수 있는 게 아닙니다.

하나님의 부르심은 '모두'에게 주어졌습니다. 이 부르심 앞에서 여전히 방관자로 남는다면, 우리는 하나님의 백성이라 부르기 부끄러운 공동체가 될 것입니다. 이제 앉아만 있던 자리에서 일어나 직접 하나님과 만나고, 그분의 명령을 내 삶에서 증명해야 할 때입니다.

새로 배운 단어와 문법

단어	발음(음역)	의미
קרא	카라(qārāʰ)	부르다
אֹהֶל	오헬(ʾōhel)	장막
מוֹעֵד	모에드(môʿēḏ)	협정, 만남, 모임, 기한
דבר	다바르(dābar)	말하다
אֹהֶל מוֹעֵד	오헬 모에드 (ʾōhel môʿēḏ)	회막
אֶל	엘(ʾel)	~에게, ~향하여, ~위하여
בֵּן	벤(bēn)	아들, 자손
יִשְׂרָאֵל	이스라엘(yiśrāʾēl)	이스라엘

2

구약의 제사가
오늘 우리에게도 필요할까?

성경을 통독하는 그리스도인들에게 가장 큰 장벽은 레위기입니다. 굳게 먹은 마음으로 창세기와 출애굽기를 재미있게 읽고 레위기에 들어서면, 열에 아홉은 좌절하게 됩니다. 가장 큰 이유는 아마도 '제사 규정' 때문이 아닐까 싶습니다. 제사에 관한 본문은 쉽게 이해하기도, 오늘날 적용하기도 어렵습니다. 아울러 현재 이스라엘에서도 이 제사를 행하지 않기 때문에 본문이 더욱 와닿지 않습니다. 하지만 레위기는 다른 성경과 마찬가지로 우리에게 주어진 하나님의 말씀이기에 건너뛸 수는 없습니다. 그렇다면 어떻게 이 본문을 이해할 수 있을까요? 이번 장에서는 레위기를 보다 깊이 이해할 수 있도록 대표적인 5대 제사의 의미를 다뤄 보려고 합니다. 먼저 각 제사의 내용을 간략히 정리하고, 당시 그것이 어떤 신앙적 의미를 지녔는지 함께 살펴보겠습니다.

번제: 올라(עֹלָה)

첫번째 제사는 번제입니다(레 1:1-17; 6:8-13). 번제라고 불리는 이유는, 이 제사만이 제단 위에 제물을 전부 다 태워서 하나님께 드리는 희생 제사이기 때문입니다(창 8:20; 삿 6:26; 13:15이하; 왕상 18:23, 32-33; 레 1장; 6:9-13).

> 그 내장과 정강이를 물로 씻을 것이요 제사장은 그 전부를 제단 위에서 불살라 번제(עֹלָה)를 드릴지니 이는 화제라 여호와께 향기로운 냄새니라(레 1:9).

번제의 이름은 '올라'(עֹלָה)인데 이는 어근 '알라'(עָלָה)에서 비롯된 말로, 연기가 "올라가는 것"과 관련이 있습니다. 외우기 쉽지요? 연기가 '올라'가는 번제의 히브리어는 '올라'입니다.

번제의 핵심은 동물을 잡아 제단 위에서 완전히 불살라 드리는 것입니다. 제물은 수컷만 가능했고, 흠이 없고 집에서 기른 것만 가능합니다. 따라서 야생 동물이나 흠이 있는 것은 바칠 수 없었습니다. 제물의 종류로는 소, 양, 염소, 산비둘기, 집비둘기 새끼로 다양했는데, 이는 사람의 형편에 따른 구별일 뿐 차별은 아닙니다. 어느 제물을 드리든 하나님께서는 공평하게 받으셨습니다.[73] 이 제사를 드릴 때는 제물을 바치는 자가 동물의 머리 위에 안수(또는 누르는)를 합니다. 이 제사는 하나님께서 기쁘게 받으시도록 드려야 하며(레 1:3), 하나님은 제사를 기쁘게 받으시고, 제물을 바친 자는 속죄가 됩니다.

> 그는 번제물의 머리에 안수할지니 그를 위하여 기쁘게 받으심이 되어 그를 위하여 속죄가 될(לְכַפֵּר) 것이라(레 1:4).

'속죄받다'는 히브리어로 '레카페르'(לְכַפֵּר)입니다. 이 단어는 전치사 '레'(לְ)와 동사 '키페르'(כִּפֵּר)의 피엘 부정사 연계형입니다. '키페르'는 '속죄하다'라는 의미를 지니고 있기 때문에 당연히 죄를 용서받는 의미로 생각할 수 있습니다. 그러나 '속죄'가 반드시 죄 용서를 의미한다고 보기는 어렵습니다. 더군다나 번제는 죄 용서와 관련한 제사가 아닙니다.

유대 성경학자 밀그롬(Jacob Milgrom)이 지적하듯, '키페르'는 속죄와 무관한 여러 맥락에서 나타납니다.[74] 구약성경의 용례를 보면, 죄를 '속량한다'기보다는 '대신/대체하다'의 의미에 더 가깝습니다.[75] 물론 '키페르'가 죄와 연관이 있는 맥락에서는 '속죄하다'의 의미로 사용됩니다. 그러나 번제를 원죄와 연결시키려는 시도는 현대적 개념을 고대 본문에 적용한 결과로, 일반적으로 지지받는 해석은 아닙니다.

번제는 제물을 드리는 자가 이 희생 제사를 통해 제물뿐만 아니라 자기 자신을 하나님께 바치는 의미를 담고 있습니다. 자기 자신을 하나님께 바치는 이유가 무엇일까요? 초기 교회 신학자 파테리우스(Paterius)의 말이 답이 될 수도 있습니다.

그 불은 제단 위에서 절대 꺼지지 않는 영원한 불입니다. 하나님의 제단은 우리의 마음입니다. 자애의 불이 하나님을 위해 제단 위해서 항상 타올라야 하는 것처럼, 우리 마음 안에서도 언제나 불이 타올라야 합니다(Expositio Veteris et Novi Testamenti (on Leviticus) 5).[76]

번제는 하나님의 진노를 누그러뜨리기 위함이 아니라, 자신을 드리는 제사이기 때문에 하나님께 향기로운 냄새가 됩니다.[77] 그리고 하나님께서 생명, 건강, 평화를 주신 것에 대한 보답으로서 찬양의 의미도 담겨 있습니다.[78] 번제를 드린 목적 중에 하나는 하나님의 관심과 반응을 일으키기 위한 것입니다. 갈멜산의 엘리야가 그 좋은 예입니다.[79]

소제: 민하(מִנְחָה)

두 번째 제사는 '소제'입니다(레 2:1-16; 6:14-23).

누구든지 소제(מִנְחָה)의 예물을 여호와께 드리려거든 고운 가루로 예물을 삼아 그 위에 기름을 붓고 또 그 위에 유향을 놓아 아론의 자손 제사장들에게로 가져갈 것이요 제사장은 그 고운 가루 한 움큼과 기름과 그 모든 유향을 가져다가 기념물로 제단 위에서 불사를지니 이는 화제라 여호와께 향기로운 냄새니라(레 2:1-2).

소제의 히브리어 단어 '민하'(מִנְחָה)는 기본적으로 '드려진 것, 선물'이라는 의미를 지닙니다.[80] 랍비들의 전통에서 소제는 가난한 사람들이 번제 대신 바치는 제사입니다.[81] 초기에는 제물의 차이가 크게 없었으나(창 4:3이하; 삿 6:18; 삼상 2:17, 29), 이후 곡물 제사의 의미를 가지게 되었습니다(레 2장; 15:11 이하; 23:16 이하; 왕상 18:29, 36; 왕하 3:20; 16:15 등).[82] 어떻게 곡물 제사만을 의미하게 된 것인지 명확한 이유는 분명하지 않지만,[83] 소제는 예배자의 경외심과 감사, 그리고 개인적 경건을 상징하는 제사였습니다.[84]

소제는 고운 가루로 드리는 것(1-3절)과 익힌 것으로 드리는 것(4-10절), 첫 이삭으로 드리는 것(14-16절)으로 구분됩니다. 소제물에는 누룩과 꿀은 금지되고, 소금은 반드시 넣어야 합니다. 김근주에 의하면 제물에 소금을 뿌려 불에 태우는 것은 제물의 변치 않음, 제물을 바치는 이의 변치 않음, 그

들을 향한 하나님의 변치 않음을 상징합니다.[85]

번제와는 달리 일부만 불에 태워 드리고, 나머지는 제사장에게 가져다주었습니다.[86] 그러나 후대에 이르러 이 제사의 지위는 사라지고 번제의 일부로 여겨지게 되었습니다.

화목제: 제바흐 쉘라밈(זֶבַח שְׁלָמִים)

세 번째 제사는 화목제입니다(레 3:1-17; 7:11-34).

사람이 만일 화목제(זֶבַח שְׁלָמִים)의 제물을 예물로 드리되 소로 드리려면 수컷이나 암컷이나 흠 없는 것으로 여호와 앞에 드릴지니 그 예물의 머리에 안수하고 회막 문에서 잡을 것이요 아론의 자손 제사장들은 그 피를 제단 사방에 뿌릴 것이며 그는 또 그 화목제의 제물 중에서 여호와께 화제를 드릴지니 곧 내장에 덮인 기름과 내장에 붙은 모든 기름과 두 콩팥과 그 위의 기름 곧 허리 쪽에 있는 것과 간에 덮인 꺼풀을 콩팥과 함께 떼어낼 것이요 아론의 자손은 그것을 제단 위의 불 위에 있는 나무 위의 번제물 위에서 사를지니 이는 화제라 여호와께 향기로운 냄새니라(레 3:1-5).

화목제는 히브리어로 '제바흐 쉘라밈'(זֶבַח שְׁלָמִים)입니다. 다른 제사와는 달리 이 제사는 어떤 이름을 사용할지에 관한 상당한 논쟁이 있었습니다. 밀그롬이 정리한 의견들은 다음과 같습니다.[87]

1. 화목제(peace-offering)
2. 평안제(well-being offering)
3. 친교제(communion offering)

4. 보상제(recompense offering)

5. 언약제(covenantal offering)

6. 인사의 예물(gift of greeting)

7. 구원제(offering of salvation)

칠십인역에 의하면 또 다른 이름도 등장합니다.

1. 평화의 제사(θυσία εἰρηνική, 삼상 11:15; 삼하 6:17; 왕상 3:15; 잠 7:14)

2. 구원의 제사(θυσία σωτηρίου, 출 20:24; 32:6; 레 3:1; 민 6:17; 신 27:7)

3. 온전한 제사(τέλειος, 삿 20:26)

4. 구원의 온전한 제사(τῆς τελειώσεως τοῦ σωτηρίου, 대하 29:35)

화목제는 드리는 목적에 따라 세 가지로 나뉩니다. 첫째는 자원하여 드리는 '자원제'이며, 둘째는 서원을 이룬 후에 드리는 '서원제', 마지막으로 감사할 일이 있을 때 드리는 '감사제'입니다. 감사제는 드린 당일에만 고기를 먹을 수 있고 이튿날에는 태워야 합니다. 반면 자원제와 서원제의 경우 이튿날까지 고기를 먹을 수 있다는 차이가 있습니다. 이처럼 화목제는 번제와 구별되는 독특한 방식으로 드리는 동물 제사입니다.

밀러는 화목제를 다음과 같은 개인적인 희생 제사들과 연관시켜 설명합니다.[88]

1. 하나님의 구원에 감사하면서 주어진 감사 제물(레 7:12-15)

2. 하나님의 도움을 얻기 위해 하나님께 서원한 것을 갚으

면서 드리는 서원 예물(레 7:13; 잠 7:14)

3. 자원 제물, "원인이 무엇이든 간에 누군가의 행복으로 인한 자발적인 부산물"(레 7:13)

화목제에는 흠 없는 소, 양, 염소를 암수 구분 없이 제물로 드릴 수 있었습니다.[89] 이 제사는 병이 들거나 간절한 소원이 있을 때 드리는 '서원'과 관련이 있습니다. 서원은 벧엘에서의 야곱처럼 하나님의 응답을 바라는 마음에서 비롯될 수도 있지만, 일반적으로는 사무엘의 어머니 한나의 경우처럼 응답에 대한 깊은 확신과 믿음에서 나오는 행동이었습니다.[90] 따라서 화목제의 주 목적은 죄를 씻는 속죄가 아니라, 응답과 축복에 대한 축하에 있습니다. 화목제는 아주 즐거운 일에 대해서 바친 제사입니다. 더불어 이 제사의 제물은 하나님, 제사장, 제사를 드리는 사람, 참석한 다른 사람들(신 27:7; 렘 7:21)이 함께 나누어 먹었기 때문에 하나님과 이웃과 함께 교제하는 친목의 의미도 담겨 있습니다.[91] 바로 이런 연유로 화목제의 어원을 평화와 안녕을 뜻하는 '샬롬'(שׁלוֹם)과 연결시켜 정의하기도 합니다.[92]

속죄제: 핫타트(חטָּאת)

레위기 4장부터 등장하는 속죄제(레 4:1-5:13; 6:24-30; 민 15:22-24; 겔 45:17-20)와 속건제는 앞의 제사들처럼 자원하는 형태가 아니라, 죄와 관련이 있는 의무적인 제사입니다.[93]

그 숫염소의 머리에 안수하고 여호와 앞 번제물을 잡는 곳에서 잡을지니 이는 속죄제라(חטָּאת)(레 4:24).

속죄제는 히브리어로 '핱타트'(חַטָּאת)입니다. 이는 하나님의 명령인지 모르고 금지된 행위를 했을 때 행하는 제사입니다. 즉, 하나님의 명령임을 인지하지 못하고 행한 일에 대해서만 속죄를 받을 수 있는 제사입니다(레 4:2; 5:1-3; 민 15:22, 30-31; 겔 45:20).[94] 인지하지 못하고 지은 죄에 대해서도 속죄가 필요했던 이유는, 죄는 성소만이 아니라 공동체를 오염시킬 수도 있기 때문입니다. 어떤 죄라도 사소하게 볼 수 없으며, 반드시 해결해야 합니다.[95] 그 외에 출산한 여인(레 12장), 성기에서 고름이 나는 자(레 15장), 서원을 이행한 나실인(민 6장)도 있었습니다.[96]

속죄제는 레위기에서 가장 상세히 기술됩니다. 제사를 드리는 자는 야웨 앞에서 제물에 안수한 후에 죽입니다. 다른 제사와 달리 속죄제는 제사장이 그 피를 받침대에 붓고, 번제단의 귀퉁이(레 4:25, 30)와 향단에 피를 바르고(레 4:7, 18), 성소의 장막에 일곱 번 피를 뿌렸습니다(레 4:6, 17). 이를 통해 죄를 사하고,[97] 죄로 더러워진 제단이나 언약궤를 깨끗하게 합니다. 이것은 죄가 인간뿐만 아니라 하나님의 성소까지도 더럽힐 수 있다는 중요성을 알게 해줍니다.[98]

또한 속죄제는 죄의 고백과 탄원 그리고 헌신에 주된 목적이 있습니다.[99] 부정과 관련된 문제에서는 속건제와 비슷하지만, 이것은 하나님에 대한 죄에 조금 더 집중합니다.[100] 속제죄의 목표는 결과는 하나님과의 관계가 회복되고,[101] 하나님으로부터 죄 사함을 받는 것입니다(레 4:20, 26, 35; 5:6, 13).

그 송아지를 속죄제의 수송아지에게 한 것 같이 할지며 제사장이 그것으로 회중을 위하여 속죄한즉 그들이 사함을 받으리라(סָלַח)(레 4:20).

'사함을 받는다'는 의미의 히브리어 '살라흐'(סלח)의 의미를 단순히 지금까지 지었던 죄를 하나님께서 다 잊으시고 용서해 주신다는 의미로 받아들여서는 안 됩니다. 민수기의 본문이 좋은 예라고 할 수 있습니다.

구하옵나니 주의 인자의 광대하심을 따라 이 백성의 죄악을 사하시되(סלח־נא) 애굽에서부터 지금까지 이 백성을 사하신 것 같이 사하시옵소서. 여호와께서 이르시되 내가 네 말대로 사하노라(סלח). 그러나 진실로 내가 살아 있는 것과 여호와의 영광이 온 세계에 충만할 것을 두고 맹세하노니 내 영광과 애굽과 광야에서 행한 내 이적을 보고서도 이같이 열 번이나 나를 시험하고 내 목소리를 청종하지 아니한 그 사람들은 내가 그들의 조상들에게 맹세한 땅을 결단코 보지 못할 것이요 또 나를 멸시하는 사람은 한 사람도 그것을 보지 못하리라(민 14:19-23).

하나님은 죄를 용서하시면서도, 그 죄에 대한 책임을 반드시 물으십니다. 즉, 하나님의 용서는 죄를 아예 없던 것으로 만드는 것이 아닙니다. 하나님은 희생 제물을 받으시고, 용서의 결과로 그들과의 관계를 회복하시기도 합니다. 밀그롬은 이처럼 성경에서 '사함을 받는'다는 것, 곧 '샬라흐'가 사용될 때는 그 다원적 의미를 잘 이해해야 한다고 설명합니다.[102]

속죄제의 화해는 바울이 고린도후서에서 언급한 내용으로 이어집니다(고후 5:20-21). 또한 속죄제에서 희생물을 진영 밖으로 가져간 것은 성문 밖에서 죽으신 예수를 예표합니다(히 13:11-12).

속건제: 아샴(אשם)

속건제(레 5:14-6:7; 7:1-5; 19:20-22; 겔 40:39)는 비교적 기록이 짧습니다.

누구든지 여호와의 성물에 대하여 부지중에 범죄하였으면 여호와께 속건제(אשם)를 드리되 네가 지정한 가치를 따라 성소의 세겔로 몇 세겔 은에 상당한 흠 없는 숫양을 양 떼 중에서 끌어다가 속건제로 드려서 성물에 대한 잘못을 보상하되 그것에 오분의 일을 더하여 제사장에게 줄 것이요 제사장은 그 속건제의 숫양으로 그를 위하여 속죄한즉 그가 사함을 받으리라(레 5:15-16).

속건제는 히브리어로 '아샴'(אשם)입니다. 속건제에 관한 기록이 짧은 이유는 아마도 이 제사를 드릴 일이 적었기 때문으로 추측됩니다. 다른 제사와는 달리 오직 한 종류의 동물, 곧 숫양만 제물로 드릴 수 있었으며, 고의는 아니지만 신성함을 더럽힌 일이나 서원을 이행하지 못한 죄 또는 거짓 서약의 죄에 대해 하나님께 배상하는 의미로 드렸습니다. 즉, 이 제사는 하나님과 사람 사이의 신뢰를 다시 회복하는 제사였습니다.[103] 그래서 제사의 방식도 다른 제사와 달랐습니다. 레위기 5:14-16과 6:1-7에 따르면, 속건제에는 제물에 안수하는 절차가 없었고, 대신 성물에 피해를 입힌 사람은 원금에 5분의 1을 더해 배상해야 했습니다. 이는 죄의 전가보다는 손해의 회복과 관계 회복을 강조하는 규정이었습니다.

'아샴'은 기본적으로 '죄를 범하게 되다', '죄를 짓다'라는 의미를 갖기에, 죄를 보상해 주는 것과 관련됩니다. 예를 들어, 사무엘상 6장에서 블레셋 사람들이 법궤를 가져간 것에

대해 야웨가 진노하신 것을 가라앉히기 위해 드린 제사가 있습니다.[104]

의식적으로 행한 부정과 공동체 안에서 규칙을 위반한 것과 관련된 이 제사는 한센병 환자를 정결하게 하는 의식이나(레 14:1 이하), 해산한 여인을 정결하게 하는 의식과도 관련이 있습니다(레 12:1 이하).[105]

속건제는 야웨의 성물에 대한 범죄가 있을 때도 드립니다(레 5:14-16). 야웨의 성물을 취한 아간의 죄를 예로 들 수 있습니다. 그리고 야웨의 계명을 알지 못하고 범한 경우에도 드립니다(5:17-19). 속죄제는 처음에는 몰랐으나, 나중에 알게 되었을 때 드리는 제사인 반면 속건제는 끝까지 자신의 죄를 전혀 알지 못하다가 죄의 결과가 나타나거나 양심과 심리적으로 죄의식을 느껴 깨닫게 되었을 때 드리는 제사인 것이지요. 또한 속건제는 이웃에게 신실하지 못했을 때도 드립니다(레 6:1-7). 이웃이 맡긴 물건을 취하거나, 이웃을 속여 거래하거나, 동업자의 소유를 부당하게 취하거나, 공개적으로 훔친 경우, 이웃을 착취한 경우 혹은 이웃이 잃어버린 물건을 줍고도 거짓 맹세하는 경우가 이에 해당합니다. 이웃이 모를 것이라고 생각하며 취한 행동도 있겠지만, 유일한 증인인 야웨를 어떻게 속일 수 있을까요?[106]

속건제는 인간의 죄가 하나님의 명예를 실추시키고, 성막 안에 죄의 찌꺼기를 남겨 성막을 더럽힌다는 것을 전제합니다.[107] 그렇기에 속죄의 피로 성막을 정결케 해야 합니다. 또한 이웃에게 입힌 피해도 배상해야 합니다. 그렇다면 배상은 이웃에게 지은 죄를 용서받고, 제사는 하나님께 지은 죄를 용서받는 것일까요? 반은 맞고 반은 틀립니다. 두 개를 모두 행하지 않는다면 어느 한쪽도 용서받을 수 없습니다. 구약학자 배선복은 이를 '책임과 회복의 윤리'라고 언급합니다.[108]

레위기의 5대 제사는 단순한 종교 의식이 아니라, 하나님과의 관계를 바로 세우고 회복하며, 공동체 안에서 바른 관계를 유지하기 위한 신앙의 행위입니다. 번제는 '나 자신'을 하나님께 올려 드리는 헌신을, 소제는 감사와 경건의 일상화를, 화목제는 하나님과 이웃과의 기쁨의 교제를, 속죄제와 속건제는 죄를 대면하고 관계를 회복하는 책임을 보여줍니다. 비록 오늘날 우리는 동일한 방식으로 제사를 드리진 않지만, 제사가 담지하는 원리는 여전히 유효합니다. 그것은 하나님 앞에 성실히 서고, 그분의 은혜를 기억하며, 사람과의 관계에서 신실함을 지키는 삶입니다. 즉, 레위기의 제사 규례는 과거의 의무가 아니라, 지금도 우리 신앙의 방향을 잡아 주는 나침반이 될 수 있습니다.

더 생각해 보기

레위기의 5대 제사는 모두 다른 형태이지만, 공통적으로 한 가지를 말합니다. 바로 하나님과의 관계뿐 아니라, 사람과의 관계까지 바로 세워야 한다는 것입니다. 번제는 '전부를 드림'으로 삶 전체를 하나님께 맡기는 헌신을 요구하고, 소제는 일상의 감사와 경건을 꾸준히 이어 가는 성실함을 요구합니다. 화목제는 하나님과 이웃이 함께 나누는 기쁨의 교제를, 속죄제와 속건제는 죄를 대면하고 관계를 회복하는 책임을 강조합니다.

하지만 오늘날 교회는 이 균형을 잃어버린 경우가 많습니다. 하나님께 드리는 헌신은 강조하면서도 이웃과의 화해에는 소극적입니다. 예배의 감격은 추구하지만, 일상의 경건에는 무심합니다. 은혜의 기쁨은 나누지만, 죄로 인해 깨어진 관계를 회복하는 일에는 머뭇거립니다. 특히 레위기의 속죄제와 속건제는 단순히 '죄 용서'를 받는 절차가 아니라, 피해를 바로잡고 관계를 회복하는 것을 전제로 합니다. 하나님과의 화해는 사람과의 화해 없이는 성립되지 않는다는 강력한 메시지입니다.

하지만 교회 안팎에서 상대방에게 상처를 입히고도, "하나님께 회개했으니 됐다"는 식으로 관계 회복을 외면하는 태도나 생각을 마주할 때가 있습니다. 레위기는 분명히 말합니다. 피해를 바로잡지 않는 회개는 가짜이며, 회복 없는 예배는 거짓입니다. 지금 우리가 회복해야 할 것은 더 많은 예배나 더 화려한 행사보다, 잃어버린 책임감과 신뢰입니다. 우리가 서로에게 진 빚을 갚고, 깨어진 관계를 복원하며, 하나님 앞에서나 사람 앞에서나 동일하게 깨끗한 양심을 지킬 때, 비로소 예배는 하나님께 향기로운 제사가 될 것입니다.

새로 배운 단어와 문법

단어	발음(음역)	의미
עֹלָה	올라(ʿālāʰ)	번제
עלה	알라(ʿālāʰ)	올라가다
לְ	레(lü)	~위하여
כפר	키페르(kiper)	속죄하다
מִנְחָה	민하(minḥāʰ)	소제, 드려진 것, 선물
זֶבַח שְׁלָמִים	제바흐 쉘라밈 (zeḇaḥ šəlāmîm)	화목제
חַטָּאת	핱타트(ḥaṭṭāʾṯ)	속죄제
סלח	살라흐(sālaḥ)	사함을 받다
אָשֵׁם	아샴(ʾāšam)	속건제

3

타호르(טָהוֹר)와 타메(טָמֵא)

음식법이
필요했던 이유

레위기를 읽을 때 제사법이라는 거대한 산을 넘고 나면, 모세가 아론과 그의 아들들에게 제사장직을 위임하는 장면이 나옵니다. 여기서 독자는 창세기, 출애굽기처럼 이야기가 펼쳐지리라 기대하지만, 이내 또 다른 큰 산과 마주하게 됩니다. 바로 레위기 11장의 음식법에 관한 규정입니다. 음식법도 제사만큼이나 낯설고 어려운 본문입니다. 물론 이스라엘 사람들은 여전히 이 음식법을 지키고 있기 때문에 의미 있는 본문처럼 읽힐 수 있겠지만, 그들을 제외한 대부분의 그리스도인들은 음식법을 지키지 않습니다. 왜냐하면 신약성경에서 음식법이 폐기되었기 때문이지요. 그렇다면 우린 음식법에 관한 이 본문들을 어떻게 받아들여야 할까요? 여기서도 제사법과 유사하게 이 법에 담겨 있는 정신을 기억할 필요가 있다고 말씀드리고 싶습니다. 그럼 지금부터 레위기의 음식법은 구체적으로 어떤 내용이었는지 살펴보겠습니다.

육지 동물: 되새김과 갈라진 굽

레위기 11장에 있는 음식법은 서론(1절)을 시작으로, 육지 동물(2-8절)을 설명합니다.

이스라엘 자손에게 말하여 이르라 육지의 모든 짐승(בְּהֵמָה) 중 너희가 먹을 만한 생물은 이러하니(레 11:2).

짐승은 히브리어로 '베헤마'(בְּהֵמָה)입니다. 말 그대로 동물, 짐승을 의미하지요. 육지 짐승은 먹을 수 있는 것과 부정한 것으로 구분됩니다. 먹을 수 있는 것은 되새김질하는 초식 동물 중에서 굽이 갈라진 것입니다. 그러나 낙타, 사반, 토끼와 같이 되새김질은 하지만 굽이 갈라지지 않은 동물과 돼지처럼 굽은 갈라져 있지만 되새김질을 못하는 동물은 부정한 것입니다. 육식동물은 피 흘린 고기를 먹으므로 피를 먹지 말라는 하나님의 명령과 충돌하기에 금지됩니다. 그 음식을 먹는 사람 역시 부정해질 수 있기 때문입니다.

물고기: 지느러미와 비늘

다음은 물고기(9-12절)가 등장합니다.

물에 있는 모든 것(כֹּל אֲשֶׁר בַּמַּיִם) 중에서 너희가 먹을 만한 것은 이것이니 강과 바다와 다른 물에 있는 모든 것 중에서 지느러미와 비늘 있는 것은 너희가 먹되(레 11:9).

본문은 '물고기'라는 명사를 사용하지 않고, '물에 있는 모든 것'을 주어로 사용합니다. 이는 히브리어로 '콜 아쉐르 바마임'(כל אֲשֶׁר בַּמַּיִם)입니다. '콜'(כֹּל)은 '모든'이라는 의미이고, '아쉐르'(אֲשֶׁר)는 관계대명사로서 앞의 '콜'을 수식합니다. '바마임'(בַּמַּיִם)은 세 단어가 결합된 형태입니다. 먼저는 '~에'라는 의미의 전치사 '베'(בְּ), 그리고 '그'를 의미하는 정관사 '하'(ה), 마지막으로 '물'이라는 뜻의 '마임'(מַיִם)입니다.

물에 있는 모든 것 역시 먹을 수 있는 것과 가증한 것으로 구분됩니다. 먹을 수 있는 것은 지느러미와 비늘이 있는 것이며, 그 외의 모든 것은 가증한 것으로 여겨 먹지 못하게 하셨습니다(레 11:10-12). 이러한 규정은 강이나 바다뿐 아니라 샘물이나 호수 등 모든 물속 생물에 동일하게 적용되었습니다. 따라서 물고기뿐 아니라 각종 수생 동물도 이 기준에 따라 구분되었으며, 지느러미와 비늘이 없는 것은 종류에 상관없이 먹지 못했습니다.

새와 곤충: 구별된 기준

다음에 등장하는 것은 새(13-19절)입니다.

새(עוֹף) 중에 너희가 가증히 여길 것은 이것이라. 이것들이 가증한즉 먹지 말지니 곧 독수리와 솔개와 물수리와(레 11:13).

새는 히브리어로 '오프'(עוֹף)입니다. 레위기는 새 중에서 가증한 것만 설명합니다. 아마도 그 외에는 먹을 수 있었던 것 같습니다. 가증한 것은 모두 맹금류입니다. 맹금류도 육식을 하기 때문에 피와 고기를 함께 먹어 가증하고, 그것을 먹는 사람은 부정해지기 때문입니다.

그다음은 곤충(20-23절)입니다.

날개가 있고 네 발로 기어 다니는 곤충(שֶׁרֶץ)은 너희가 혐오
할 것이로되(레 11:20).

곤충은 히브리어로 '쉐레쯔'(שֶׁרֶץ)입니다. 이 단어는 '기
어다니는 것'을 통칭한다고 봐야 합니다. 곤충은 물고기와 같
이 먹을 수 있는 것과 가증한 것으로 나뉩니다. 먹을 수 있는
것은 메뚜기, 베짱이, 귀뚜라미, 팥중이처럼 날개가 있어 날아
다니고, 뛰는 다리를 가진 네 발 달린 곤충입니다. 땅을 기는
길짐승 중에 두더지, 쥐, 큰 도마뱀, 도마뱀붙이, 육지 악어, 도
마뱀, 사막 도마뱀, 카멜레온 등은 부정합니다.

배로 기어다니는 것: 가혼(גָּחוֹן)의 의미

이어서 같은 부류에 들어 있지만, 배로 기어다니는 동물
을 언급하는 본문이 있습니다.

땅에 기어 다니는 모든 길짐승은 가증한즉 먹지 못할지니
곧 땅에 기어다니는 모든 기는 것 중에 배(גָּחוֹן)로 밀어 다니
는 것이나 네 발로 걷는 것이나 여러 발을 가진 것이라. 너
회가 먹지 말지니 이것들은 가증함이니라(레 11:41-42).

배로 밀어 다니는 것은 주목할 필요가 있는 동물입니다.
'배'는 히브리어로 '가혼'(גָּחוֹן)입니다. 배로 밀고 다닌다고 하
니 제일 먼저 무엇이 떠오르시나요? 네, 바로 '뱀'입니다. 창세
기의 창조 기사에 보면 배로 기어다니는 짐승도 하나님께서

창조하신 피조물입니다(창 1:24-25). 그러나 레위기 11장에서 배로 기어 다니는 짐승은 부정한 짐승으로 분류되어 먹지 못합니다. 그 이유가 무엇일까요? 학자들은 그 이유를 크게 두 가지로 설명합니다. 첫째, 배로 기어다니는 것은 약함을 상징하며, 이 약함은 사회적으로 변두리에 있는 사람들을 의미합니다. 그래서 하나님은 배로 기어다니는 것을 잡아먹지 못하게 하심으로써, 소외당하고 있는 주변의 이웃들을 살피도록 하는 데 그 목적이 있습니다.[109] 둘째, 배로 기어다니는 것은 인간의 타락으로 인해 뱀에게 내려진 저주입니다(창 3:14). 그러므로 이 음식이 부정함을 생각할 때마다 인간의 타락을 다시 한번 생각하게 한다는 해석이 있습니다.[110] 하나님은 배로 기어다니는 부정한 짐승을 볼 때마다, 인간이 창조 세계의 질서를 어떻게 잃어버렸는지를 기억하게 하셨습니다. 동시에 그 짐승은 인간이 사는 세상 속에 여전히 존재하는 약함과 소외를 외면하지 않도록 계속해서 상기시키십니다. 그러므로 부정한 짐승은 단순히 먹지 말아야 할 동물이 아니라, 인간이 반드시 되새겨야 할 영적 교훈을 담은 '살아 있는 표징'이었습니다.

정한 것과 부정한 것: 타호르(טָהוֹר)와 타메(טָמֵא)

이제 이 모든 음식법을 정리하면서 11장 마지막 절은 이렇게 마무리합니다.

부정하고(טָמֵא) 정한 것(טָהוֹר)과 먹을 생물과 먹지 못할 생물을 분별한 것이니라(레 11:47).

'부정하고'의 히브리어 '타메'(טָמֵא)는 '부정한'이라는 의미의 형용사입니다. 마찬가지로 '정한 것'도 '정한'이라는 의미의 형용사 '타호르'(טָהוֹר)입니다. 형용사는 일반적으로 명사를 수식하지만, 수식할 명사가 없을 때는 '독립형용사' 용법으로 사용되어 '~하는 것', '~하는 이'로 번역할 수 있습니다. 그래서 '부정한', '정한'이라는 형용사가 '부정한 것', '정한 것'이라는 의미로 쓰일 수 있습니다. 이렇게 레위기 11장은 부정한 것과 정한 것을 구분하여 먹을 수 있는 것과 먹을 수 없는 것을 구분했습니다. 하나님께서는 왜 이렇게 음식을 구분하셨을까요?

고대 해석가들은 욕심의 절제와 마음의 되새김을 위해서라고 설명했습니다. 대표적인 예로 알렉산드리아의 클레멘스(Clement of Alexandria)가 있습니다.

> … 의로운 사람은 말씀을 입에 담고 있기 때문에 영적 양식을 새김질합니다. 그리고 정의는 의심할 여지 없지 갈라진 굽과 같습니다. 이 삶에서 우리를 거룩하게 하고, 다가올 삶을 위해 우리를 준비시키기 때문입니다(Paed. 3.11.76).[111]

인간의 마음속에 있는 음식을 향한 탐욕을 절제시키는 것이 음식법의 목적이라는 것이죠. 마음의 되새김은 상징적인 해석이지만, 되새김질을 하는 동물을 먹을 땐 우리도 하나님의 말씀을 되새김할 수 있다는 생각을 가진 것 같습니다. 하지만 현대 신학자들은 굉장히 다양한 해석을 내놓습니다. 첫번째는 하나님의 주권적 행위라는 해석입니다. 하나님께서 행하신 이유는 하나님만이 아시고, 인간이 이해할 수 없으며 받아들여야 할 뿐이라는 해석입니다. 그래서 하퍼(G. Geoffrey Harper) 같은 학자는 이 본문을 창세기의 선악과 본문과 연결하여 순종을 요구하는 본문으로 봅니다.[112]

두 번째는 이방 제의에 대한 경계라는 해석입니다. 부정하고 가증한 짐승들은 이교 제의에 사용되거나 이방신들과 관련되기에, 이스라엘은 이 짐승들을 피해야만 한다는 것입니다.[113]

세 번째는 위생 때문이라는 해석입니다. 부정한, 가증한 동물들은 질병을 야기할 수 있는 원인이 된다는 것이지요.

네 번째는 문화 인류학적으로 접근하는 해석입니다. 당시 유목민의 문화 인류학적 기준을 따라 동물은 그 종속의 특징(예를 들어, 새는 날기 위해 날개가 있어야 함)을 가지고 있을 때 정한 것이 되며, 벗어나면 부정한 것이 된다는 것입니다.

다섯 번째는 식용 동물을 제외한 일부 동물의 생명을 보호의 측면에서 보는 해석입니다. 육식을 즐기는 것이 쉽지 않았던 유목민들의 삶에서 모든 야생 동물의 육식을 허용하면 식탐이 과하게 작용할 수 있었기에 음식법을 통해 식탐을 억제하고, 동물을 보존하는 생명 존중의 의미가 담겨 있을 수 있습니다.[114]

이외에도 다양한 해석들이 있으나, 여러 해석에도 불구하고 많은 학자들 사이에서 공통적으로 나오는 이야기는 이스라엘은 구별된 백성이기 때문에, 구별된 음식을 먹어야 한다는 의견입니다. 이스라엘은 먹을 수 있는 것으로 구분된 음식을 먹을 때마다 거룩함으로 구별되어야 하는 자신들의 정체성을 생각했을 것입니다.[115] 나아가 동물과 인간 사이의 밀접한 연관이 있다고 생각했던 학자들은 이 견해를 확장했습니다. 이 음식법은 이스라엘과 이방인을 구별하기 위해 세 가지로 분류한 체계와 맞아떨어진다고 설명했습니다. 그것은 동물을 제의, 정결, 부정으로 나누고, 그에 상응하는 인간 세계는 제사장, 이스라엘, 이방인으로 본 것입니다. 이것은 거룩함으로 나아가야 하는 단계를 보여줍니다. 제사장은 이스라엘보다 더 엄격한 기준을 따라 생활하듯이 이스라엘은 이방인보다 더 엄격한 기준을 따라 생활해야 했습니다. 그래서 부정한 음식을 피하는 것입니다.[116] 하지만 반드시 기억해야 할 것이 있습니다. 이방인과의 비교를 통해 자신의 정체성을 세우는 것이 핵심이 아니라, 하나님이 요구하시는 거룩함으로 나아가기 위한 실천을 했을 때, 자연스럽게 이방인과 달라진 것이 핵심입니다.

더 생각해 보기

레위기의 음식법을 오늘날 그대로 적용할 수는 없습니다. 물론 앞서 이야기했듯이 유대인들은 여전히 이 음식법을 지키지만요. 그렇다면 음식법을 통해 기억해야 할 것은 바로 레위기의 핵심 메시지이기도 한 '거룩'입니다. 하나님은 이스라엘에게 '거룩'을 요구하셨고, 그와 관련된 명령 중에 하나가 '음식법'이었습니다. 음식법에 대한 순종은 이스라엘이 거룩함으로 나아가는 방법이었습니다. 그리고 그것은 다른 민족과는 다른 정체성을 형성하여 하나님의 백성으로서의 정체성은 무엇인지를 생각하게 했습니다. 마찬가지로 우리는 음식은 아니지만 하나님의 말씀에 순종하는 것으로 그리스도인의 정체성을 세워 갑니다. 따라서 오늘날 우리들에게 주어진 과제는 어떻게 그리스도인으로서 거룩할 수 있느냐입니다. 다만, 반드시 기억해야 할 것은 나의 실천 방법이 경건의 절대적 척도는 아니라는 사실입니다. 나는 예배를 빠지지 않는데 누군가는 빠진다고 해서, 나는 거룩하고 누군가는 거룩하지 않은 것이 아닙니다. 거룩을 향한 실천은 개인의 결단의 몫입니다. 다른 이들과의 비교를 통해 나의 옳음과 의로움과 경건과 거룩을 드러낸다면, 우리는 또 다른 실수를 반복하는 것일지도 모릅니다. 오늘날 우리는 '거룩한 사람'을 보며 겉으로 드러

나는 어떤 특별한 경건 행위나 금욕적인 모습을 떠올리곤
합니다. 하지만 레위기가 말하는 거룩은 단순히 그런 외적
인 모습이나 종교적인 행위를 넘어, 하나님과의 친밀한 관
계 속에서 그분의 성품을 닮아 가는 내면의 변화이며, 그
변화가 이웃 사랑으로 자연스럽게 흘러나오는 삶의 태도
입니다. 다른 사람과 비교하며 스스로를 의롭다 여기는 교
만을 버리고, 오직 거룩하신 하나님과의 깊은 교제를 통해
우리 자신을 구별하고, 그분의 사랑으로 이웃을 섬기는 것
이야말로 오늘을 살아가는 우리가 실천해야 할 진정한 거
룩이 아닐까요?

새로 배운 단어와 문법

단어	발음(음역)	의미
בְּהֵמָה	베헤마(bŭhēmâ)	짐승
כֹּל	콜(kōl)	모든
אֲשֶׁר	아쉐르(ʾăšer)	관계대명사
בְּ	베(bə)	~안에
הַ	하(ha)	그
מַיִם	마임(mayim)	물
עוֹף	오프(ʿôp)	새
שֶׁרֶץ	쉐레쯔(šereṣ)	곤충
גָּחוֹן	가혼(gāḥôn)	배
טָמֵא	타메(ṭāmēʾ)	부정한
טָהוֹר	타호르(ṭāhôr)	정한

4

욤 키푸림(יוֹם כִּפֻּרִים)

대속죄일과
예배의 완성

음식법에 관한 설명 이후 레위기는 제의에 참여할 수 있는 다양한 조건들을 언급합니다. 그리고 드디어 레위기의 핵심 주제라 할 수 있는 대속죄일에 관한 내용이 16장에 등장합니다. 대속죄일은 매년 유대력 7월 10일(그레고리력으로는 9월초-10월 말)에 거행됩니다. 레위기 16장은 대속죄일 의식을 다루지만 그 장에 '속죄일'이라는 명칭이 등장하진 않습니다. 오히려 이 말은 레위기 23:27과 25:9에 '욤 하키푸림'(יוֹם הַכִּפֻּרִים)으로 레위기 23:28에서 '욤 키푸림'(יוֹם כִּפֻּרִים)으로 나타납니다. 현대에는 이를 '욤 키푸르'(יוֹם כִּפֻּר)라고 부릅니다. 이날은 매우 중요하기 때문에 유대 전통에서는 '그날'이라고 부릅니다.[117] 신약성경은 이날을 금식하는 절기로 불렀습니다(행 27:9)

대속죄일 의식: 죄를 씻는 절차

대속죄일에는 몇 가지 절차를 따라 의식이 진행되었습니다. 먼저 아론은 자신과 가족을 위해 속죄제의 수송아지와 번제의 숫양을 준비합니다. 회중은 속죄제를 위한 두 마리의 숫염소와 번제를 위한 한 마리의 숫양을 준비합니다. 아론은 제사를 집례하기 위해 먼저 수송아지를 속죄제물로 드렸습니다. 왜냐하면 그 자신도 하나님께 나아갈 때 부정하면 안 되기 때문입니다. 그는 지성소에서 피 뿌림을 통해 언약궤와 제단 앞에서 속죄의 제사를 드렸습니다. 이것은 제사장들이 해야 하는 일이었으며, 제사장들도 하나님 앞에 속죄하지 않으면 죽을 수도 있었습니다. 또한 그들은 정해진 옷을 입고 향로를 들고, 향기로운 향을 가득히 가지고 가야 죽지 않았습니다. 왜냐하면 하나님의 거룩하심 때문입니다. 이후, 백성의 속죄를 위해 '야웨를 위한' 숫염소를 속죄제물로 드리고 피를 궤와 제단에 뿌립니다. 그리고 '아사셀[118]을 위한' 숫염소를 살아 있는 채로 광야로 보냅니다. 마지막으로 아론과 백성이 준비했던 숫양을 번제물로 드립니다.

이 의식은 바빌론에서 니산월 닷샛날에 행해지던 의식과 유사한 점이 있습니다. 바빌론의 의식에서 주술사는 물, 기름, 향료로 그들의 신 벨과 나부의 성소를 정화합니다. 그리고 도살자는 양의 머리를 자르고, 그 주검으로 나부 신전을 문지르며 부정을 제거합니다. 이후, 주술사와 도살자는 양의 머리와 몸통을 유프라테스에 던지고 들판에서 먼 곳으로 갑니다. 그리고 니산월 열이튿날 축제가 끝날 때까지 성읍으로 돌아오지 못했습니다. 왜냐하면 이들은 부정을 뒤집어쓴 양 때문에 부정하게 되었기 때문입니다. 하지만 바빌론 의식의 관심은 성소 정화일 뿐 이스라엘처럼 백성의 죄를 담당하는 의미는 없었습니다.[119] 반면 이스라엘의 대속죄일 의식은 회중의 죄를 씻는 속죄 의식이었으며, 죄로부터 멀어지고자 했던 그들의 마음을 담고 있는 의식이었습니다. 레위기에는 염소 도살의 내용이 없지만, 후대 유대 전통에서는 염소를 절벽에서 밀어 죽게 했습니다(m. Yoma. 6:6).

아사셀: 죄를 제거하는 염소

그런데 앞선 레위기의 제의에 관한 설명 중 '아사셀을 위하여'라는 구절(레 16:8, 10)은 오랫동안 논쟁의 문구였습니다. 아사셀의 의미가 무엇이고, 왜 염소를 광야로 보내는지에 대해 많은 해석이 있었습니다. 먼저, 아사셀은 접근하기 어려운 땅,[120] 악마, 하나님의 강력한 진노,[121] '지고 가는' 또는 '보내진' 등 다양한 의미로 해석할 수 있습니다. 어떻게 해석하든 핵심은 염소는 제물이나 대용품이 아니라 단순히 이스라엘의 불결함과 죄를 광야로 보내는 수단일 뿐이라는 점입니다. 접근하기 어려운 곳으로 악을 추방하는 것은 고대 근동에서 널리 알려진 제거 의식의 형태입니다.[122] 죄를 원래의 자리로 돌려보냄으로 공동체에서 제거하는 것이 이 의식의 목적입니다.[123] 다른 설명도 있습니다. 제의에서 광야는 무질서와 혼돈의 영역을 상징합니다. 창조주 하나님께서 창조를 통해 빛과 어둠을 분리하여 성스러운 지경을 창조하신 것처럼, 이 제의 의식을 통해 하나님의 재창조를 나타내는 것입니다. 죄가 가득한 무질서와 혼돈을 염소가 지고 가게 함으로서 빛의 영역을 다시 만드는 것입니다. 그렇다고 혼돈이 사라지는 것은 아니지만, 혼돈은 하나님의 재창조를 통해 억눌립니다.[124] 루드만(D. Rudman)도 같은 의견을 제시합니다. 구약의 창조는 고대 근동과 마찬가지로 혼돈과의 대립이었습니다. 그리고 광야는 사

람과 동물이 살기 어려운 곳이며, 하나님의 창조가 일어나지
않는 곳입니다. 즉, 광야는 혼돈이 있는 곳으로서 하나님의 창
조와 떨어진 곳이고, 하나님의 창조에 반대하는 곳입니다. 그
렇기에 광야를 악마와 연관시키는 것은 자연스러운 일입니다.
하지만 악마가 어떤 힘을 가지고 있는지에 대한 이해는 레위
기 기자에게 없습니다. 따라서 아사셀 염소는 희생 제물로 죽
는 것이 아니라, 단지 죄를 옮기는 수단입니다. 왜냐하면 광야
에서 죽을 것이라고 언급되어 있지 않기 때문입니다. 즉, 이 의
식은 혼돈의 지역과 맞는 광야에 이스라엘의 죄를 옮겨 이스
라엘 공동체를 거룩하게 정화하는 것으로 이해할 수 있습니
다.[125]

스스로 괴롭게 하라: 금식과 영혼의 정화

속죄일의 의식은 여기에서 끝나지 않았습니다.

너희는 영원히 이 규례를 지킬지니라. 일곱째 달 곧 그 달
십일에 너희는 스스로 괴롭게 하고(אֶת-נַפְשֹׁתֵיכֶם תְּעַנּוּ) 아무
일도 하지 말되 본토인이든지 너희 중에 거류하는 거류민
이든지 그리하라(레 16:29).

이 구절에서 주목할 문장은 '너희는 스스로 괴롭게 하라'입
니다. 히브리어로 '테안누 에트-나프쇼테켐'(אֶת-נַפְשֹׁתֵיכֶם תְּעַנּוּ)
입니다. 먼저 첫 단어 동사 '테안누'(תְּעַנּוּ)의 어근은 '아나'(עָנָה)
입니다. 문법적 번역으로는 피엘 미완료(Yiqtol) 2인칭 남성
복수입니다. 이 단어의 뜻은 '괴로워하다'입니다. 그렇다면 '너
희들은 괴로워할 것이다'라고 번역할 수 있습니다. 하지만 히
브리어 문법 중에 지시형 또는 단축 미완료형(Jussive)으로 부

르는 형태가 있습니다. 이 형태는 미완료 3인칭과 2인칭에서 나타납니다. 불규칙 동사는 형태로 구분 가능하나, 규칙 동사는 특별한 형태가 있지 않고, 미완료 형태를 그대로 사용합니다. 그래서 문맥에서 구분해야 합니다. 이 형태의 의미는 일반 명령형보다 부드러운 요구나 바람입니다. 그래서 번역은 "너희들은 괴롭게 하라"는 명령의 의미를 가지지만 조금 부드러운 명령이라고 생각해야 합니다. 다음 단어 '에트'(אֵת)는 명사의 목적어를 나타내는 전치사로 '을/를'의 뜻입니다. 그리고 마지막 단어 '나프쇼테켐'(נַפְשֹׁתֵיכֶם)은 숨, 영혼 등의 의미인 '네페쉬'(נֶפֶשׁ)에 명사의 소유격 어미로 사용할 수 있는 2인칭 남성 복수의 대명사 접미사가 붙어 있습니다. 네페쉬는 여성 명사입니다. 여성 명사에 대명사 접미사가 붙을 때는 대부분 접미사 앞에 '타브/타우'(ת)가 붙습니다. 이 문장을 직역하면 "너희들은 너희들의 영혼들을 괴롭게 하라!"입니다. '영혼을 괴롭게 한다'는 의미가 무엇일까요? 구약성경에서 '아나'(עָנָה) 동사와 '네페쉬'(נֶפֶשׁ) 명사가 함께 쓰였을 경우에는 보통 '금식'과 관련이 있습니다(시 35:13; 사 58:3, 5). 실제로 학자들은 이 구절을 '금식하라'로 이해합니다. 그래서 실제로 백성들은 속죄 의식을 마친 후, 아무것도 하지 않으며 금식했습니다. 교부인 아를의 카이사리우스(Caesarius of Arles) 역시 '괴롭게 하라'는 표현을 긍정적인 의미로 해석했습니다.

'너희는 스스로 괴롭게 하고.' 그분께서 왜 이렇게 말씀하셨을까요? 금식과 철야 기도와 거룩한 고행은 겸손해진 육체를 힘들게 하지만, 더럽혀진 마음을 정화하기 때문입니다. 그것들은 사지에서 힘을 빼앗지만, 양심에는 밝은 광채를 더해 줍니다. 무절제한 육체의 쾌락의 죄는 육체적 피로로 속죄되지만, 방탕의 육체적 쾌락은 무거운 십자가의 고통으로 벌을 받습니다. 이처럼 현재의 고행을 통해 미래의 사형 선고는 보류됩니다. 죄를 지은 사람이 겸손해지는 동안 그 잘못은 소멸되고, 자발적인 형벌의 고통이 몸에 가해지는 동안 무서운 심판자의 노여움은 달래집니다. 짧은 노동은 영원한 불이 어렵게 태워버릴 엄청난 죄들을 보상합니다. 우리 스스로 죄를 자제하고 회개를 통해 육신의 방탕을 정죄한다면, 우리는 하나님께서 즉시 우리에게 자비를 베푸시게 될 것입니다. 자신의 죄를 자백하면 하나님께서 용서해 주십니다. 그러나 사람이 스스로 인정하기를 거부하는 죄를 하나님께서 어떻게 용서하실 수 있겠습니까? (Caes. Arl., Serm. 197.1)[126]

정리하면 대속죄일에 아론과 백성들은 속죄를 위한 의식을 행했습니다. 대속죄일은 개개인과 민족의 죄를 속함과 동시에 민족 전체의 화해를 의미했으며, 모든 속죄의 개념을 완성하는 날이었습니다.[127] 하지만 성경은 이 의식만 행한다고 하나님의 용서가 무조건 주어지는 것은 아니라고 곳곳에서 증언합니다(사 58:3-7; 애 3:41-42). 그렇다면 아무 일을 하지 않고 금식할 때 어떤 마음을 가지고 지냈을까요? 아마 속죄를 위한 모든 준비를 마친 아론과 백성들은 이제 하나님의 응답을 기다리며 마음과 삶의 변화를 위한 시간을 가졌을 것입니다. 속죄 의식이 기계적으로 용서를 보장하는 것은 아니었기에, 그들은 이후의 시간 속에서 하나님을 기다렸을 것입니다.

대속죄일은 단순한 종교 행사가 아니라, 죄를 멀리 보내고 공동체의 삶을 새롭게 하는 날이었습니다. 그날의 금식과 쉼은 단순한 의무가 아니라, 자신을 낮추고 마음을 정화하는 과정이었지요. 의식이 끝난 후에도 백성들은 하나님의 응답을 기다리며, 삶과 마음을 새롭게 다잡았습니다. 오늘을 사는 우리에게도 대속죄일의 정신은 여전히 유효합니다. 바쁘고 복잡한 삶 속에서도 잠시 멈추어 자신의 내면을 들여다보고, 잘못된 길에서 돌아서며, 관계를 회복하는 시간이 필요합니다. 의식보다 더 중요한 것은 그 이후의 삶이며, 그 삶이 변화될 때 비로소 참된 속죄와 화해가 완성됩니다.

더 생각해 보기

구약의 제의 행위는 종종 현대의 예배와 연결하여 해석됩니다. 그러나 우리는 예배의 형식과 순서에 많은 에너지를 쏟으면서, 정작 하나님의 시간이 어디에 있는지는 깊이 생각하지 않을 때가 많습니다. 하나님께서 대속죄일을 통해 명하신 것은 제의의 절차만이 아니었습니다. 의식이 끝난 뒤에도 백성들이 금식하며 자신을 낮추고, 하나님의 응답을 기다리는 시간이 반드시 필요했습니다. 그 시간은 단순히 아무것도 하지 않는 공백이 아니라, 마음을 정화하고 삶의 방향을 새롭게 맞추는 거룩한 간극이었습니다.

우리의 예배도 마찬가지입니다. 찬양하고, 기도하고, 설교를 들었다고 해서 예배가 완성되는 것은 아닙니다. 예배 이후에 멈추어 서서, 하나님 앞에 자신을 성찰하고 마음을 낮추는 시간이 반드시 뒤따라야 합니다. 주일 하루만큼은 우리의 영혼을 괴롭게 하며, 곧장 일상으로 뛰어들기보다 하나님의 말씀을 곱씹고 그분의 응답을 기다리는 시간이 필요합니다. 의식은 시작일 뿐이며, 하나님의 시간은 그 이후에 이어집니다. 그리고 그 시간 속에서 우리의 예배는 단순한 종교 행위를 넘어, 삶을 변화시키는 거룩한 사건이 됩니다.

새로 배운 단어와 문법

단어	발음(음역)	의미
יוֹם כִּפֻּרִים	욤 키푸림 (yôm kippūrîm)	대 속죄일
עָנָה	아나(ʿānāʰ)	괴로워하다
אֶת	에트(ʾeṭ)	을/를
נֶפֶשׁ	네페쉬(nepeš)	숨, 영혼

◆ 히브리어 문법중에 지시형 또는 단축 미완료형(Jussive)으로 부르는 형태가 있습니다. 이 형태는 미완료(Yiqtol) 3인칭과 2인칭에서 나타납니다. 불규칙 동사는 형태로 구분 가능하나, 규칙 동사는 특별한 형태가 있지 않고, 미완료 형태를 그대로 사용합니다. 그래서 문맥에서 구분해야 합니다. 이 형태의 의미는 일반 명령형보다 부드러운 요구나 바람입니다.

5

카도쉬(קָדוֹשׁ)

거룩하라!

바쁜 일상을 살아가는 우리는 종종 신앙생활을 특정 시간이나 장소에 국한하곤 합니다. 주일에 교회에 가거나, 늦은 밤 기도하는 시간처럼 말이죠. 그러나 우리의 일상과 신앙은 분리될 수 없습니다. 그렇다면 어떻게 우리의 삶 전체가 하나님 앞에서 온전히 드리는 '거룩한 삶'이 될 수 있을까요? '거룩'이라는 단어는 우리에게 때로 부담스럽고 멀게 느껴지기도 합니다. 왠지 특별한 사람이나 성직자에게만 해당하는 개념 같고, 완벽한 금욕과 절제를 요구하는 것처럼 다가오기도 합니다. 하지만 성경은, 특히 레위기는 모든 그리스도인에게 '거룩'을 명령합니다.

너희는 거룩하라!(קְדֹשִׁים תִּהְיוּ)

레위기에서 어떤 본문이나 이야기를 접하든 하나의 단어로 요약하면 단연 '거룩'입니다. 레위기는 거룩을 떼어 놓고는 말할 수 없는 책입니다. 거룩은 하나님의 속성을 의미합니다. 하나님은 세상의 그 어떤 존재와 비교할 수 없는, 완전히 구별되는 분이시기에 '거룩하다'고 불립니다. 그분은 죄와 악으로부터 완전히 분리되셨을 뿐만 아니라, 모든 존재의 근원이시며 인간이 범접할 수 없는 초월적인 위엄을 지니고 계십니다. 그런데 바로 그 하나님께서 우리에게 '거룩'을 명령하신 것입니다. 그러므로 '거룩'은 무엇보다 중요합니다. 특히 레위기 19장은 이 핵심을 강조하는 장으로서, "내가 거룩하니 너희도 거룩하라"는 명령으로 인간에게 거룩을 요구하십니다.

> 너는 이스라엘 자손의 온 회중에게 말하여 이르라. 너희는 거룩하라(קְדֹשִׁים תִּהְיוּ). 이는 나 여호와 너희 하나님이 거룩함이니라(레 19:2).

'거룩하라'는 명령을 히브리어로 읽으면 '케도쉼 티흐유'(קְדֹשִׁים תִּהְיוּ)입니다. 이를 직역하면 '거룩한 자들이 되어라!'입니다. 이 용어는 형용사와 동사 두 단어로 구성됩니다. 먼저 '케도쉼'(קְדֹשִׁים)의 원형은 '카도쉬'(קָדוֹשׁ)이며, '거룩한, 신성한'이라는 형용사입니다. 앞서 살펴보았듯, 형용사가 수식하는 명사 없이 독립적으로 있을 때는 '독립 형용사' 용법으로서 '~하는 이', '~하는 것'이라고 번역할 수 있습니다. 이 본문에서는 복수형으로 사용되었기 때문에 '거룩한 이들'이라고 번역합니다. 그다음 단어인 '티흐유'(תִּהְיוּ)는 조금 복잡합니다. 이 동사의 원형은 '하야'(הָיָה)입니다. 하야 동사는 변화형이 규칙적이지 않기 때문에 불규칙 동사에 들어갑니다. '티흐유'는 칼 동사 미완료(Yiqtol) 2인칭 남성 복수입니다. 그렇다면 번역은 '너희들은 ~이 될 것이다'입니다. 하지만 이렇게 번역하면 어색한 문장이 됩니다. 이럴 때 바로 앞 장에서 배웠던 지시형/단축 미완료형(Jussive)을 기억해야 합니다. 조금 더 부드러운 형태이지만 명령형처럼 번역하기 때문에 '너희들은 ~이 되라!'로 볼 수 있습니다. 종합하면 이 문장은 "너희들은 거룩하라!"가 됩니다. 히브리어 '카도쉬'(קָדוֹשׁ)의 어근은 '분리하다' 또는 '자르다'는 의미를 담고 있습니다. 이는 하나님께서 이스라엘 백성을 세상 속에서 당신의 소유로 '구별하셨다'는 의미를 내포합니다. 그러므로 '너희도 거룩하라'는 명령은 단순히 죄를 짓지 말라는 것을 넘어, 세상의 가치와 방식으로부터 구별되어 하나님의 백성다운 삶을 살아가라는 부르심입니다.

거룩의 실천: 하나님 사랑, 이웃 사랑

그렇다면 어떻게 해야 거룩할 수 있을까요? 당연히 이 질문이 나올 수밖에 없을 것입니다. 교부 중 한 명이었던 대 레오(Leo the Great)는 다음과 같이 설명했습니다.

그분께서 친히 말씀하십니다. "내가 거룩하니 너희도 거룩하여라." 다시 말해, 나를 선택하고 내가 싫어하는 것을 피하라. 내가 사랑하는 것을 행하고, 내가 하는 것을 사랑하라. 내가 명령하는 것이 어렵다 느껴지면, 그것을 명령한 나에게로 돌아와라. 그러면 명령 받은 곳에서 도움을 받을 수 있을 것이다(Sermon 94. 2).

거룩하다는 것은 하나님을 선택하는 것이고, 하나님이 사랑하는 것을 행하는 것입니다. 왜 이렇게 해석할 수 있는지는 이어지는 본문에서 발견할 수 있습니다. 하나님께서는 거룩한 삶에 대한 몇 가지 명령을 주십니다. 그런데 자세히 보면, 거룩은 개인적인 삶만이 아니라, 이웃과 함께 하는 삶이라는 것이 드러납니다. 대표적인 예로 음식을 남기는 것은 이방 민족에게는 신을 위한 것이지만, 하나님은 이웃을 위한 것이라고 말씀하십니다.

> 너희가 너희의 땅에서 곡식을 거둘 때에 너는 밭 모퉁이까지 다 거두지 말고 네 떨어진 이삭도 줍지 말며 네 포도원의 열매를 다 따지 말며 네 포도원에 떨어진 열매도 줍지 말고 가난한 사람과 거류민을 위하여 버려두라. 나는 너희의 하나님 여호와이니라(레 19:9-10).

단순히 곡식법만이 아닙니다. 레위기 19장은 도둑질하지 말라(레 19:11), 이웃을 압제하지 말라(레 19:13), 눈먼 자 앞에 장애물을 놓지 말라(레 19:14), 재판할 때 불의를 행하지 말라(레 19:15), 네 이웃을 사랑하라(레 19:18) 등 구체적인 일상의 명령들을 통해 거룩이 우리의 일상적인 관계 속에서 어떻게 발현되어야 하는지를 명확히 보여줍니다. 이는 거룩이 추상적인 경건이 아니라, 옆에 있는 지체들을 향한 따뜻한 시선과 공의로운 행동으로 완성됨을 의미합니다.

거룩은 하나님과의 관계에서 비롯되지만, 그 열매는 반드시 이웃을 향한 사랑과 윤리적 실천으로 나타납니다. 구약성경, 특히 레위기는 거룩을 개인의 경건 생활에만 한정하지 않고 공동체 속에서 세워가는 삶으로 제시합니다. 이스라엘이 거룩해야 했던 이유는 거룩하신 하나님께서 그들 가운데 임재하시기 때문이었습니다. 레위기에 가득한 제사 규례와 정결법은 단순한 의식이 아니라, 죄 많고 연약한 인간이 거룩하신 하나님과 교제하며 그분의 임재를 경험하기 위한 통로였습니다. 그러므로 예배는 하나님께 구별되어 나아가는 거룩한 응답이며, 이 응답은 반드시 공동체 안에서 사랑과 정의로 구체화되어야 합니다.

더 생각해 보기

오늘날 한국 사회를 살아가는 우리는 어떻게 거룩을 실천할 수 있을까요? 거창한 종교 의식이나 특별한 금욕 생활만을 생각하기보다, 우리의 평범한 일상 속에서부터 시작할 수 있습니다.

직장에서는 임금을 제때 주고, 계약 조건을 성실히 지키며, 불공정한 지시나 허위 보고를 요구받을 때는 용기를 내어 거절하는 것이 거룩의 시작이 될 수 있습니다. 동료가 부당한 대우를 받을 때 침묵하지 않고, 피해자가 안전하게 목소리를 낼 수 있도록 곁에서 지지하는 것도 하나님 앞에서 구별된 삶의 모습입니다. 때로는 불이익이 따를 수 있지만, 불의에 맞서는 선택이야말로 레위기의 "이웃을 압제하지 말라"는 명령을 살아 내는 길입니다.

학업 현장에서도 마찬가지입니다. 성적을 위해 부정행위를 하지 않고, 경쟁 속에서 다른 사람을 이용하거나 깎아내리지 않는 것, 친구가 따돌림을 당하거나 차별을 겪을 때 외면하지 않는 용기가 필요합니다.

가정에서는 세대 간 갈등을 넘어 부모를 존중하고, 자녀를 성과나 남들과의 비교 안에서 평가하지 않고 사랑과 인내로 양육하는 것이 거룩입니다. 그리고 현대 사회의 가장 큰 공간인 온라인에서도 거룩은 드러나야 합니다. 확인되지 않은 소문이나 자극적인 혐오 발언을 쓰는 대신, 존중과 사랑의 언어를 선택하는 것이 이웃을 해치지 않는 길입니다.

거룩은 먼 곳의 특별한 의식 속에 있는 것이 아니라, 우리가 선 자리에서 불의에 침묵하지 않고, 약자를 보호하며, 하나님의 성품을 드러내는 작은 결정 속에 있습니다. 우리의 이런 선택을 통해 세상에 하나님의 거룩한 흔적이 남겨지는 것입니다.

정리하면, 성경에서 거룩의 명령과 구체적인 실천을 이야기하지만, 그것을 문자 그대로 지키는 것을 넘어 현대의 그리스도인들에게는 어떻게 적용할 수 있을지 우리는 항상 고민해야 합니다. 그 고민의 기준에는 스스로의 기준이나 세상의 잣대로 서로를 비교하며 우월감을 느끼는 대신, 오직 거룩하신 하나님과의 깊은 교제를 통해 그분의 성품을 닮아 가고, 그 사랑으로 우리의 삶과 공동체를 거룩하게 세워 가는 노력이 필요합니다. 이것이 바로 우리가 살아가는 모든 영역에서 하나님의 임재를 증명하고 세상에 빛을 비추는 진정한 거룩의 길입니다.

새로 배운 단어와 문법

단어	발음(음역)	의미
קָדוֹשׁ	카도쉬(qādôš)	거룩한, 신성한
הָיָה	하야(hāyāh)	~이다, ~되다

6

샤밭(שַׁבָּת)

진정한 안식

현대를 살아가는 우리는 끊임없이 '열심히 살라'는 메시지에 둘러싸여 있습니다. 쉬는 것조차 죄책감을 느끼고, 멈추지 않는 경쟁 속에서 탈진하기도 합니다. 이런 현대인에게 '안식'이라는 개념은 어떤 의미로 다가올까요? 이는 단순히 육체적인 쉼뿐만이 아니라 그 이상의 것을 포함하는 것입니다. 이 장에서는 레위기에서 가장 먼저 등장하는 안식일 규례와 더불어 안식년의 의미를 통해, 우리는 오늘날 우리에게 진정한 쉼이란 무엇이며, 하나님이 우리에게 주시고자 하는 복된 안식이 무엇인지를 발견하고자 합니다.

안식일의 시작: 창조와 구원의 기억

레위기 23장부터는 절기에 관한 언급이 자세히 소개됩니다. 그중에 가장 먼저 나오는 날이 '안식일'입니다. 안식일은 절기라고 볼 수는 없지만, 가장 처음 소개된 것은 그만한 이유가 있을 것입니다. 안식일은 레위기보다 먼저 출애굽기에 등장했고, 이후에 신명기에도 등장합니다. 레위기 23장에서 안식일이 절기의 시작을 알리지만, 안식일 규례는 이미 출애굽기와 신명기에서 더욱 상세히 언급되었습니다. 먼저, 출애굽기 십계명에서는 안식일을 이렇게 명합니다.

> 안식일(שַׁבָּת)을 기억하여 거룩하게 지키라. 엿새 동안은 힘써 네 모든 일을 행할 것이나 일곱째 날은 네 하나님 여호와의 안식일인즉 너나 네 아들이나 네 딸이나 네 남종이나 네 여종이나 네 가축이나 네 문안에 머무는 객이라도 아무 일도 하지 말라. 이는 엿새 동안에 나 여호와가 하늘과 땅과 바다와 그 가운데 모든 것을 만들고 일곱째 날에 쉬었음이라. 그러므로 나 여호와가 안식일을 복되게 하여 그날을 거룩하게 하였느니라(출 20:8-11).

안식일에 해당하는 히브리어는 '샤밭'(שַׁבָּת)은 하던 일을 멈추거나, 중단하는 것을 의미합니다. 앞서 살펴봤듯이 안식일 명령은 성경 여러 곳에서 등장하는데, 특히 출애굽기와 신명기에서는 안식일에 대한 근거가 다르기 때문에 다른 접근으로 해석이 가능합니다.

출애굽기에 의하면 하나님께서 6일 간의 창조를 마치신 후, 7일째 날을 복되게 하시고, 쉬셨기 때문에 안식일을 지켜야 합니다. 창세기에 나타난 하나님의 안식의 의미를 구약학자 부르스 월키(Bruce K. Watlke)는 일곱 가지로 설명합니다.[128] 첫째, 안식은 하나님의 창조의 완성이었던 것처럼 이스라엘의 구원을 완성하실 것이라는 의미입니다(사 45; 빌 1:6; 히

12:2). 둘째, 안식일을 지킴으로 하나님은 창조주로서 모든 이들의 하나님임을 고백하게 합니다. 셋째, 안식일을 모든 피조물에게 최선의 이익을 주기 위해 하나님이 결정하신 날입니다. 넷째, 안식일은 하나님이 인간과 특별한 언약적 관계를 지속적으로 맺기 위해 만드신 날입니다. 다섯째, 안식일은 이집트의 속박에서 자유롭게 하신 것처럼 쉼을 위해 주신 날입니다. 여섯째, 안식일은 실현된 종말론의 표현입니다. 그리스도인들은 지상에서 나그네의 삶을 마친 후, 영원한 안식에 들어갈 날이 있기 때문입니다. 일곱째, 인간은 시간의 피조물이기 때문에 시간의 깊은 뜻을 생각하는 날입니다. 과거를 돌아보고, 초월적 시간(영원한 것)에 참여함으로써 삶의 의미를 제공해 주는 날입니다.

특별히 출애굽기의 안식일에는 다양한 계층에 있는 모든 사람이 모든 일을 멈추는 것이 핵심입니다. 계층을 나눌 수 있는 모든 일이 중지되어야 합니다. 주인은 쉬고 노예는 일하고, 사람은 쉬고 가축은 일하는 등의 일이 일어나지 않게 하는 것이 핵심입니다.[129]

모두를 위한 쉼: 안식일의 사회적 의미

신명기에 의하면 하나님께서 이스라엘을 종살이하던 이집트로부터 구원하셔서 당신의 거룩한 백성으로 삼아 주셨기 때문에 안식일을 지키고, 하나님을 경외하고 존중할 것을 말합니다.[130]

네 하나님 여호와가 네게 명령한 대로 안식일을 지켜 거룩하게 하라. 엿새 동안은 힘써 네 모든 일을 행할 것이나 일곱째 날은 네 하나님 여호와의 안식일인즉 너나 네 아들이

나 네 딸이나 네 남종이나 네 여종이나 네 소나 네 나귀나
네 모든 가축이나 네 문 안에 유하는 객이라도 아무 일도
하지 못하게 하고 네 남종이나 네 여종에게 너 같이 안식하
게 할지니라. 너는 기억하라. 네가 애굽 땅에서 종이 되었더
니 네 하나님 여호와가 강한 손과 편 팔로 거기서 너를 인도
하여 내었나니 그러므로 네 하나님 여호와가 네게 명령하
여 안식일을 지키라 하느니라(신 5:12-15).

또한 신명기는 안식일에 단순히 쉬는 것이 아니라, 약한
자들(과부, 고아, 나그네)과 레위인을 보살펴 주어야 함을 강조
합니다. 이는 안식일의 근거를 출애굽으로 삼아 그들이 이집
트에서 종살이할 때의 상황을 기억하여, 그들을 돕게 하기 위
함입니다.[131]

변화하는 안식일: 시대와 공동체의 정체성

안식일은 시대에 따라 변화되었습니다. 정확하게 알 수
는 없으나 몇 개의 전승을 언급할 수 있습니다. 그것은 토라,
포로기 직전 예언자(아모스, 이사야, 예레미야), 포로기 예언자
(에스겔), 포로 후기의 예언자(제3이사야), 포로 후기(역대기, 에
스라-느헤미야)입니다. 오경에선 6일에 만나를 모으라는 명령
(출 16:22-23), 불을 피우지 말라는 명령(출 35:3), 나무하는 자
는 사형에 처한다는 율법(민 15:32-36) 정도만 있을 뿐, 상세
하게 어떤 일을 금하는지에 대한 설명이 없습니다. 포로기 이
전 예언자들에게서는 상업 금지(암 8:5), 노동과 오락금지(사
1:13; 58:13)를 볼 수 있습니다. 에스겔은 안식일을 다시금 지
키면 다윗 왕조가 들어서고, 예루살렘 성은 영원하며, 성전 예
배가 제건될 것이라 말합니다(겔 17:21-27). 아울러 에스겔은

지금 겪고 있는 멸망은 안식일을 더럽혔기 때문이라고 말합니다(겔 20:13; 22:26). 제3이사야에서는 56:1-8과 58:13-14에서 안식일을 다룹니다. 그 본문들에서 안식일은 이방인들과 내시들을 주인공으로 삼고 있습니다. 그들도 안식일에 참여할 수 있었기 때문에, 야웨 공동체에 속하는 기준은 더 이상 이스라엘 혈통이나 신체 조건이 아니었습니다. 멸망한 이스라엘에게 안식일은 정체성을 지키는 중요한 근거였습니다. 또한 멸망 이전과 이후 공동체를 연결하는 중요한 도구이기도 했습니다. 그리고 무엇보다 안식일은 야웨의 거룩한 날이면서 동시에 사랑과 인애를 행해야 하는 날이었습니다. 후대에 이르러서는 안식일을 지키면 복을 받는다는 혁신적인 메시지도 등장합니다. 느헤미야 역시 예루살렘에서 안식일에 진행된 상업 행위를 크게 비판합니다(느 10:31; 13:15-22).[132]

이제 레위기에 있는 안식일 본문을 보겠습니다.

엿새 동안은 일할 것이요 일곱째 날은 쉴 안식일이니 성회의 날이라 너희는 아무 일도 하지 말라. 이는 너희가 거주하는 각처에서(בְּכֹל מוֹשְׁבֹתֵיכֶם) 지킬 여호와의 안식일이니라(레 23:3).

이 한 절에 안식일에 관한 모든 명령이 담겨 있습니다. 출애굽기나 신명기에 등장하는 십계명의 안식일 계명처럼 왜 안식일을 지켜야 하는지에 대한 이유는 없지만 안식일의 핵심 내용인 '아무 일도 하지 않는 것'이 담겨 있습니다. 이 구절에서 못내 아쉬운 내용이 있다면 '지킬'이라는 단어입니다. 원문에는 이 단어가 없습니다. 오히려 본문은 안식일의 쉼이 일을 하지 않아야 한다는 '지킴'보다 그 쉼을 '누리'는 것에 더 초점을 맞추고 있다는 의미이기 때문입니다. 왜냐하면 쉼은

인간의 노력으로 지켜지는 것이 아니라, 하나님이 주신 것을 누린다는 의미에 더 가깝기 때문입니다.[133]

본문의 "너희들의 모든 거주지에서"란 문장은 '베콜 모쉬보테켐'(בְּכֹל מוֹשְׁבֹתֵיכֶם)이라고 읽습니다. 첫 번째 단어 '베콜'(בְּכֹל)은 '~에서' 의미의 전치사 '베'(בְּ)와 '모든'이라는 뜻의 단어 '콜'(כֹל)이 결합되어 있습니다. 두 번째 단어 '모쉬보테켐'(מוֹשְׁבֹתֵיכֶם)의 원형은 '모샤브'(מוֹשָׁב)입니다. 이 단어는 '좌석, 모임, 거주지' 등의 의미를 지닙니다. 본문에는 복수형 명사에 대명사 접미사가 붙었습니다. 형태는 2인칭 남성 복수입니다. 그래서 의미는 '너희들의 거주지 모든 곳에서'입니다. 이는 안식일을 거룩하게 보내는 것은 단순히 성막에서만이 아니라 이스라엘 백성의 삶의 한복판에서 보내는 것입니다. 즉, 안식일은 일상과 밀접한 연관이 있습니다.[134] 성막, 또는 성전에 모여 절기만 지키면 모든 신앙의 의무를 다했다고 여기던 당시 사람들에게 큰 경각심을 주었을 것입니다.

이는 오늘날에도 깊은 통찰을 줍니다. '안식일'이라는 개념은 시대와 문화의 변화 속에서 크게 달라졌습니다. 현대 사회에서 많은 사람들은 '쉼'을 '일하지 않는 상태'로만 생각하거나, 오히려 쉼마저 효율과 성취를 위한 수단으로 소비합니다. 주말에도 각종 일정과 자기계발, 부수입 활동 등으로 바쁘게 움직이며, 정작 몸과 마음이 회복되는 '거룩한 쉼'을 경험하지 못하는 경우가 많습니다. 심지어 교회 안에서도 주일을 '더 많은 봉사와 활동을 하는 날'로 여겨서, 몸과 마음이 오히려 더 지쳐버리는 아이러니가 생기기도 합니다.

성경이 말하는 안식일은 단순한 휴식이나 의무적인 종교 행위가 아니라, 하나님이 주신 쉼을 '누리는' 날입니다. 그것은 창조 때부터 하나님이 안식하신 것(창 2:2-3)과 연결되며, 인간이 스스로의 힘과 성취를 내려놓고 하나님 안에서 만족과 자유를 누리는 날입니다. 이 관점에서 보면, 현대인에게 안식일 정신은 단순히 '하루 종일 아무것도 안 하는 날'이 아니라, 멈춰 서서 하나님이 주신 관계, 창조, 생명을 감사하며 회복하는 날로 이해해야 합니다.

결국, 고대 이스라엘에서 안식일이 공동체의 정체성을 지켜주는 역할을 했듯이, 오늘날에도 안식일 정신은 경쟁과 소비, 속도의 논리에 휩쓸린 우리의 삶에 하나님의 질서를 회복시키는 '거룩한 중단'의 시간입니다.

땅의 안식: 안식년과 하나님의 주권(나지르נזיר)

이어지는 25장에서는 '안식년'이 등장합니다. 안식년은 칠 년에 한 번 땅을 쉬게 하는 것입니다. 본문은 이 안식년이 야웨 앞에 있게 하라고 명령합니다.

이스라엘 자손에게 말하여 이르라. 너희는 내가 너희에게 주는 땅에 들어간 후에 그 땅으로 여호와 앞에 안식하게 하라(שבת ליהוה). 너는 육 년 동안 그 밭에 파종하며 육 년 동안 그 포도원을 가꾸어 그 소출을 거둘 것이나 일곱째 해에는 그 땅이 쉬어 안식하게 할지니 여호와께 대한 안식이라(שבת ליהוה). 너는 그 밭에 파종하거나 포도원을 가꾸지 말며(레 25:2-4).

2절에서는 야웨 앞에서의 안식, 4절에서는 야웨께 대한 안식이라는 히브리어는 '라야웨/라아도나이'(ליהוה)로 모두 같습니다. 이 단어는 전치사 '레'(ל)와 '야웨/아도나이'(יהוה)가 결합된 단어로서 '야웨를 위한', '야웨께 속한'이라는 의미로도 해석할 수 있습니다. 그러므로 안식년을 보내는 것은 야웨께 속한 행위이면서 야웨를 위한 행위입니다.

5절에서도 중요한 이야기를 합니다.

네가 거둔 후에 자라난 것을 거두지 말고 가꾸지 아니한 (נָזִיר) 포도나무가 맺은 열매를 거두지 말라. 이는 땅의 안식 년임이니라(레 25:5).

5절의 '가꾸지 아니한'이라는 히브리어는 '나지르'(נָזִיר) 입니다. 이 단어는 '나실인'으로도 번역합니다. 왜 한 단어에 서로 완전히 다른 의미가 있는 것일까요? 5절에서 '가꾸지 아니한 것'은 사람의 노동을 통해 얻은 열매가 아님을 의미합니다. 그렇기에 그 땅의 주인이 있다 할지라도 그 열매는 그의 소유가 아닙니다. 마찬가지로 나실인으로 헌신한 사람이 머리를 자르지 않는 이유는 이제 자신은 자신의 것이 아니라 하나님의 것임을 상징적으로 보여주는 행위로 볼 수도 있습니다.

이처럼 '나지르'가 가진 '구별됨'과 '하나님께 속함'이라 는 의미에는 이웃 사랑의 정신이 깊이 담겨 있습니다. 안식년 에 거두지 않은 열매들은 땅 주인의 것이 아니기에, 가난한 자 나 나그네, 심지어 들짐승까지도 자유롭게 와서 먹을 수 있는 공유의 자리가 됩니다. 이는 하나님의 주권을 인정하는 동시 에, 사회에서 소외된 이들을 돌보고 공동체 전체가 함께 풍요 를 누리게 하려는 하나님의 마음이 반영된 것입니다. 즉, 하나 님께 구별되어 땅을 쉬게 하는 것은, 우리가 그 땅의 풍요를 소유하는 것을 넘어 이웃과 나누는 삶을 실천하게 하는 지혜 로운 명령인 것입니다. 알렉산드리아의 클레멘스(Clement of Alexandria)도 이 점을 언급합니다.

율법이 우리에게 경건함, 나눔, 정의, 인간애를 어떻게 가르치고 있는지 이제 이해하시겠습니까? 율법은 일곱 번째 해에는 땅을 묵혀 두라고 명령함으로써, 가난한 사람들에게 하나님의 은혜로 자라는 모든 작물을 사용하는 것을 두려워하지 말라고 권하지 않습니까? 자연은 원하는 자에게 농부 역할을 합니다. 율법은 훌륭하지 않습니까? 정의를 가르치지 않습니까?(Strom. 2. 86. 4-5.)[135]

안식일과 안식년의 반복은 우리가 가진 소유가 우리의 것이 아닌 하나님께서 주신 것임을 기억하게 합니다. 그리고 모든 이들이 차별 없이 '쉼'을 누리는 것 또한 삶의 중요한 원리임을 가르쳐 줍니다. 이 모든 것을 지켜야 하는 곳은 '우리가 거주하는 모든 곳'입니다. '삶의 예배'라는 말이 가장 어울릴 것 같습니다. 안식은 '여호와를 위한' 일이기 때문에 우리는 반드시 지켜야 합니다.

더 생각해 보기

오늘날, 멈추지 않는 자기 계발과 성과주의에 지쳐 있지는 않나요? 혹은 쉴 틈 없이 돌아가는 사회 속에서 '나만 뒤처지는 건 아닐까' 하는 불안감에 사로잡혀 있지는 않나요? 하나님이 주시는 안식은 단순히 주일 하루 교회를 가는 것을 넘어섭니다. 우리의 불안과 경쟁 심리를 잠시 멈추고, 스마트폰과 SNS에서 눈을 떼어 하나님과 '고요히' 마주하는 시간이 필요합니다. 때로는 의도적으로 생산성을 멈추고 창조주 하나님의 주권을 인정하는 작은 멈춤의 순간들을 만들어 보면 어떨까요? 우리가 가진 시간과 물질의 일부를 소외된 이웃과 나누며 그들에게 쉼과 회복을 제공하는 것이야말로 진정한 안식의 영성입니다. 또한, 이 땅에서 안식을 누리지 못하는 이웃들이 있습니다. 하루 벌어 하루 먹고살아야 하는 이들, 하청 노동자, 이주민 노동자, 청소 노동자들은 우리가 당연하게 누리는 안식의 시간과 공간을 제대로 누리지 못합니다. 우리가 안식의 의미를 살리기 위해서는 나만이 아니라, 우리 사회 공동체가 노동과 안식에 얼마나 관심이 있는지를 살펴야 합니다. 누군가의 안식 없는 노동으로는 결코 우리의 안식이 온전할 수 없음을 기억해야 합니다. 이와 같은 안식의 실천은 우리를 나태하게 만들지 않습니다. 오히려 땀 흘린 후의 꿀 같은 단잠처럼, 하나님께서 주시는 안식 속에서 우리 모두는 영적으로, 육체적으로 다시 회복될 것입니다. 이를 통해 우리는 끊임없는 경쟁과 피로 속에서도 길을 잃지 않으며, 세상에 하나님의 질서와 사랑, 그리고 진정한 쉼이 무엇인지를 보여주는 '안식의 증인'으로 살아가게 될 것입니다.

새로 배운 단어와 문법

단어	발음(음역)	의미
שַׁבָּת	샤밭(šābaṯ)	안식일
בְּ	베(bə)	~안에
כֹּל	콜(kōl)	모든
מוֹשָׁב	모샤브(môšāḇ)	좌석, 모임, 거주지
לְ	레(lə)	~위하여
יְהוָה	야웨 / 아도나이 (YHWH)	야웨
נָזִיר	나지르(nāzîr)	가꾸지 아니한, 나실인

요벨(יוֹבֵל)

희년은
여전히 필요하다

현대 사회는 끊임없는 경쟁과 불평등 속에 놓여 있습니다. 경제적 어려움으로 인해 좌절하거나, 다시 시작할 기회조차 얻지 못하는 이들도 많습니다. 이럴 때 우리는 삶 속에서 겪는 어려움 앞에서 '다시 일어설 수 있을까?' 하는 깊은 질문을 던지게 됩니다.

성경에는 이 모든 것을 회복시키고, 잃어버린 것을 되찾으며, 새로운 시작을 명령하는 특별한 해가 있습니다. 바로 '희년'입니다. 레위기의 마지막 핵심 주제인 희년을 통해 우리는 좌절된 현실 속에서도 하나님의 주권적인 회복과 자유가 어떻게 선포되는지를 살펴보고자 합니다.

희년의 이름: 요벨(יוֹבֵל)과 쉐나트 하요벨(שְׁנַת הַיּוֹבֵל)

우리는 앞서 레위기의 중요한 주제들을 살펴보았고, 이제 마지막 주제만을 남겨두고 있습니다. 그것은 '희년'입니다.

너희는 오십 년째 해를 거룩하게 하여 그 땅에 있는 모든 주민을 위하여 자유(דְּרוֹר)를 공포하라. 이 해는 너희에게 희년(יוֹבֵל)이니 너희는 각각 자기의 소유지로 돌아가며 각각 자기의 가족에게로 돌아갈지며 그 오십 년째 해는 너희의 희년이니 너희는 파종하지 말며 스스로 난 것을 거두지 말며 가꾸지 아니한 포도를 거두지 말라. 이는 희년이니 너희에게 거룩함이니라. 너희는 밭의 소출을 먹으리라. 이 희년(שְׁנַת הַיּוֹבֵל)에는 너희가 각기 자기의 소유지로 돌아갈지라 (레 25:13).

희년은 7년마다 있는 안식년이 일곱 번 지난 후 그다음해인 50년째 해를 말합니다. 희년은 히브리어로 '요벨'(יוֹבֵל)입니다. 요벨의 의미는 '수양', '수양의 뿔로 만든 나팔', '양각 나팔' 등이 있습니다. 희년은 다른 말로 '쉐나트 하요벨'(שְׁנַת הַיּוֹבֵל)이라 부르기도 합니다. '쉐나트'(שְׁנַת)는 '해', '년'이라는 뜻의 명사 '샤나'(שָׁנָה)에서 왔습니다. '쉐나트'는 '샤나'의 연계형 형태이기 때문에 다음에 올 명사와 연계형 또는 절대형을 이룹니다. 히브리어 명사 연계형과 절대형은 소유 관계를 나타내기 위해 두 명사가 나란히 오는 것을 의미합니다. 이 구조는 먼저 오는 명사가 연계형이고, 그 뒤를 따르는 명사가 절대형일 때 성립합니다. 연계형은 절대형 명사가 나올 때까지 계속 이어질 수 있으며, 관사는 절대형 명사에만 붙습니다. 또한 연계형 명사는 그 형태가 변하는 특징이 있습니다. 명사

‘샤냐’의 마지막 자음 ‘헤’(ה)는 형태가 변화할 때 종종 사라지곤 합니다. ‘헤’를 제외하고 보면 ‘샤나’는 여성 명사이기 때문에 여성 단수 명사 연계형의 변화 형태를 따라 ‘쉐나트’가 되었음을 확인할 수 있습니다. 그럼 이제 뒤에 있는 명사를 분석해 볼까요? ‘하요벨’(הַיּוֹבֵל)은 관사 ‘하’(ה)와 명사 ‘요벨’(יוֹבֵל)로 이루어져 있습니다. 절대형에만 관사가 붙은 형태가 그대로 나타납니다. 그렇다면 번역은 ‘그 숫양의 뿔의 해’가 될 수 있습니다. 희년에 행하는 일이 단어의 의미에 들어 있다고 볼 수 있습니다.

자유와 회복: 땅과 노예의 해방

희년에는 두 가지 중요한 일이 일어납니다. 첫째, 땅은 휴경기에 들어가며, 빚으로 인해 빼앗긴 땅을 다시 돌려받았습니다. 물론 이외에도 고엘 제도를 통해서나(레 25:25) 스스로(레 25:26-27) 토지를 되살 수 있었습니다. 이런 법은 토지는 오직 하나님의 것임을 강조하며, 인간에게 주어진 것은 오직 경작권이라는 것을 알게 해줍니다. 이를 통해 하나님은 과한 부를 축적하는 것을 막으셨습니다.

둘째, 빚 때문에 노예가 되었던 자들도 자유를 얻었습니다(레 25:39-55). 누군가 빚 때문에 노예가 되면 노동의 대가로 품삯을 받았어야 하며, 그 품삯은 빚을 갚는 데 사용되었습니다. 그러나 희년에는 이들에게 빚의 유무와 상관없이 자유가 선포되었습니다. 자유는 히브리어로 ‘데로르’(דְּרוֹר)입니다. 이는 ‘자유’의 의미만이 아니라 ‘해방, 석방’ 등의 의미도 있습니다. 이렇게 희년에 실행되는 제도는 이집트에서 종살이하던 민족에게 자유를 주신 하나님을 다시 생각하게 하는 역할을 했습니다(레 25:55). 더욱 중요한 것은 희년이 시작되는 50

년째 해의 대속죄일입니다. 희년의 시작이 속죄로부터 시작된다는 것은, 진정한 자유와 회복이 죄의 용서와 정화로부터 온다는 깊은 신학적 의미를 지닙니다.

자신에게 주어진 삶을 최선을 다해 사는 것도 하나님을 위한 일이지만, 안식일, 안식년, 희년을 생각해 보자면 최선을 다해 쉬는 것도 하나님을 위한 일이라고 생각할 수 있지 않을까요? 그리고 무엇보다 희년은 다시 시작하게 만들어 주는 '힘'이자 '기회'였습니다. 희년의 의미에 대해 교부 존자 베다(Bede the Venerable)는 다음과 같이 설명합니다.

> 율법은 오십 년째 되는 해를 희년으로 부르라고 명합니다. 이는 '용서' 또는 '바뀜'을 의미합니다. 이해에 사람들은 모든 일에서 쉬어야 하고, 모든 사람의 빚이 탕감되며, 종들은 풀려났습니다. (그리고) 희년은 다른 어떤 해보다 주목받았는데, 특별히 신성하고 찬미받는 해이기 때문입니다. 따라서 이 숫자가 크나큰 평화의 평온함을 나타내는 것은 마땅합니다.[136]

최선을 다해 살아가는 것도 중요하지만, 안식일과 안식년, 그리고 희년은 우리가 가진 모든 것이 하나님의 것임을 기억하고, 때로는 '최선을 다해 쉬는 것' 또한 하나님을 위한 일임을 가르쳐 줍니다. 특히 희년은 단순히 쉬는 것을 넘어, 경제적 속박에서 벗어나고, 잃어버린 소유지를 되찾으며, 다시 시작할 힘과 기회를 얻는 해였습니다. 이는 오직 하나님만이 주실 수 있는 주권적인 회복의 선포였습니다.

오늘날, 빚의 굴레와 끝없는 경쟁 속에서 '다시 시작'을 꿈꾸지만 번번이 좌절하는 이들이 얼마나 많습니까? 교회에도 신용불량으로 고립된 가정이 있고, 계약서 한 장 없이 불법 고용에 내몰린 청년들이 있습니다. 그런데도 우리는 그들의 이야기를 뉴스에서만 듣고, 예배당 안에서는 서로의 아픔을 외면하고 있지는 않습니까? 희년은 과거의 규례가 아니라, 지금도 하나님 나라가 임할 때 반드시 드러나야 하는 '자유'와 '회복'의 선포입니다.

희년을 문자 그대로 지킬 수는 없지만, 우리는 희년의 정신을 교회의 재정과 사역 구조 속에 담아낼 수 있습니다. 교회 재정의 일정 비율을 지역 사회의 긴급 생계비나 학자금 상환 지원에 사용하거나 사역 프로그램에서 취약계층이 부담 없이 참여할 수 있는 제도를 마련할 수도 있습니다. 청년과 직장인, 이주노동자와 시니어 세대가 서로의 필요를 나누는 '공유의 장'을 만들고, 주중에 교회 공간을 열어 지역 주민이 쉴 수 있는 쉼터와 식탁을 제공하는 것도 한 방법입니다.

이것이 단순한 자선 활동과 다른 점은, 희년이 단지 '도와주는 해'가 아니라 '다시 설 기회를 보장하는 해'라는 데 있습니다. 교회가 먼저 하나님의 주권을 인정하고, 재정, 공간, 관계에서 모두가 자유를 누리는 구조를 만들 때, 세상은 교회 안에서 희년의 하나님을 실제로 목격하게 될 것입니다. 이것이야말로 야웨를 위한 가장 복된 안식이자, 세상 속에서 하나님의 정의와 사랑을 드러내는 교회의 참된 사명입니다.

새로 배운 단어와 문법

단어	발음(음역)	의미
יוֹבֵל	요벨(yôḇēl)	희년, 수양, 양각 나팔
שְׁנַת הַיוֹבֵל	쉐나트 하요벨 (šәnaṯ hayyôḇēl)	희년
שָׁנָה	샤나(šānāʰ)	년, 해
דְּרוֹר	데로르(dәrôr)	자유, 해방, 석방

민수기

1

나지르(נָזִיר)

나실인

민수기의 히브리어 이름은 '광야에서'라는 뜻의 '베미드바르'(בְּמִדְבַּר)입니다. 이는 민수기 1:1의 다섯 번째 단어를 따온 것입니다. 이 이름대로 민수기는 광야에서 있었던 일에 대한 이야기입니다. 모세 오경의 네 번째 책을 라틴어 성경에서는 "누메리"(Numeri, numbers)라고 부릅니다. 이 단어의 뜻은 "숫자들"입니다. 이렇게 정한 이유는 민수기 1장과 26장에 나오는 두 번의 인구조사 때문입니다.[137] 하지만 민수기는 인구조사뿐만 아니라 40년간의 광야 생활을 담고 있습니다. 그렇다고 광야 이야기만 하는 것이 아니라, 모세 생애의 마지막 40년을 다루고 있다고 보는 것이 더 정확한 표현입니다. 왜냐하면 구약성경에서 770번 언급되는 '모세'가 이곳에서 216번 등장함으로써 출애굽기 다음으로 많이 등장하기 때문입니다. 또한 민수기는 단순히 광야 생활의 요약이 아니라 그곳에서 일어난 사건들을 해석하고, 인간의 불순종에 따른 하나님의 심판과 위기의 순간에도 지속적인 계약을 이행하시는 하나님의 사랑을 동시에 보여줍니다.[138]

스스로 헌신한 나실인

우리는 종종 하나님께 '특별한 헌신'을 드리는 사람들을 보며 경외심을 느낍니다. 그러나 동시에 '나 같은 평범한 사람이 과연 그렇게 살 수 있을까?' 하는 거리감과 부담감을 느끼기도 하지요. 신앙생활에서 어떤 규율이나 제약을 따르는 것이 답답하게 느껴지거나, 나에게 주어진 사명에 대해 '나는 그럴 만한 사람이 아니다'라며 주저할 때도 있습니다. 그렇다면 성경이 말하는 '헌신된 삶'은 무엇이며, 그것은 소위 '특별한' 사람들만의 이야기일까요? 이번 장에서는 민수기에 등장하는 '나실인' 규정을 통해, 오늘날 우리 모두에게 허락된 헌신의 의미와 그 속에서 발견하는 하나님의 마음을 알아보고자 합니다.

민수기의 시작은 첫 번째 인구조사입니다. 그리고 계속해서 레위인들의 직무를 설명합니다. 그러다가 6장에 들어서면 굉장히 흥미로운 본문이 나오는데, 바로 '나실인'에 대한 이야기입니다. 우리가 알고 있는 유명한 나실인과는 달리, 여기서는 자원하여 나실인이 된 사람들의 이야기가 나옵니다. 구약성경 전체를 통틀어도 나실인에 대한 설명은 많지 않습니다. 어머니의 서원을 통해 나실인이 된 사무엘과 태어나기 전부터 하나님께서 이스라엘의 구원을 위해 택하신 나실인인 삼손과는 달리, 스스로 하나님과의 깊은 교제를 원하며 나실인으로 서원한 사람들이 있었습니다. 그들은 독주를 마시지 않고, 머리를 자르지 않고,[139] 시체를 가까이하지 않는 규정을 지켜야 했습니다. 왜냐하면 나실인으로 서원을 하는 동안 그들은 '거룩한 자'이기 때문입니다.

두 가지 헌신: 나자르(נזר) 어근의 의미

그렇다면 나실인은 어떤 사람일까요? 사무엘처럼 민족의 지도자일까요? 삼손처럼 카리스마적인 사사일까요? 자원하여 나실인이 된 사람들은 어떤 의미를 지니는지 명사 '나지르'(נזיר)의 어근인 '나자르'(נזר)로 추적해 보겠습니다.

첫 번째로 호세아 9:10을 보겠습니다.

옛적에 내가 이스라엘을 만나기를 광야에서 포도를 만남 같이 하였으며 너희 조상들을 보기를 무화과나무에서 처음 맺힌 첫 열매를 봄 같이 하였거늘 그들이 바알브올에 가서 부끄러운 우상에게 몸을 드림으로(וינזרו) 저희가 사랑하는 우상 같이 가증하여졌도다(호 9:10).

본문을 보면, 하나님께서 이스라엘을 심판하시는 이유에 관한 설명이 나옵니다. 하나님은 이스라엘 백성을 이집트에서 해방시키셨고, 그들이 광야에서 끝없이 불평해도 참고 은혜를 베푸셨습니다. 그러나 이스라엘은 바알브올 사건을 행하고 맙니다. 이 사건은 민수기 25장에 등장하는 사건으로, 싯딤에 머물렀던 이스라엘 백성이 모압 사람들이 섬겼던 신 바알브올에게 빠진 사건입니다. 이들의 예배는 음행을 하는 것이었는데, 여기에 이스라엘 백성이 가담한 것입니다. 그래서 호세아도 이스라엘 백성이 바알브올에게 가서 부끄러운 우상에게 몸을 드렸다고 책망합니다(호 9:10). 여기에서 "몸을 드리다"라는 동사가 바로 '나자르'입니다. 따라서 이 구절을 통해 알 수 있는 나실인은 자신의 몸을 바치고, 헌신하는 사람입니다. 그런데 그 대상은 바알브올과 같은 우상이 아닌 하나님이어야 합니다.

두 번째 본문은 스가랴 7:3입니다.

만군의 여호와의 전에 있는 제사장들과 선지자들에게 물어 이르되 내가 여러 해 동안 행한 대로 오월 중에 울며 근신(נָזַר)하리이까 하매(슥 7:3).

여기서 "근신하다"라는 동사가 바로 '나자르'입니다. 비슷한 의미로 '금욕하다, 금식하다' 등이 있습니다. 따라서 나실인으로 살아가는 두 번째 삶은 금욕, 근신, 금식하는 것입니다. 스가랴는 이스라엘이 바벨론의 포로로 끌려갔다가 다시 이스라엘 땅으로 돌아온 상황을 묘사합니다. 그들은 신앙을 유지하기 위해 끊임없이 종교적 행위를 했습니다. 본문에서도 그들이 하나님의 은혜를 받기 위해서 원래 하던 대로 울며 금식하면 되는지에 대해서 묻습니다. 그때 하나님께서 스가랴 선지자를 통해 "그 금식이 나를 위한 것이 맞느냐?"라고 물어보십니다. 때때로 우리는 하나님과의 깊은 관계를 위해 이와 같이 결단합니다. 그런데 하나님도 똑같이 우리에게 물어보신다면 어떻게 대답을 할 수 있을까요? 분명 하나님은 그들이 어떤 마음으로 울며, 근신했는지 몰라서 물어보시는 것은 아니었을 것입니다. 지금 이들의 행위는 오로지 자신의 상황을 모면하기 위한 것이었지, 하나님과의 관계를 위한 것이 아니었다는 의미입니다. 하나님을 향하지 않는 종교 행위는 무의미하고, 쓸모 없다는 것이지요. 즉, 나실인은 하나님과의 관계를 우선으로 생각하며 근신하는 사람입니다.

앞서 나실인에 대한 문자적 의미를 살펴보았습니다. 이제 당시 공동체 안에서 나실인이 어떻게 지냈는지도 살펴볼 필요가 있습니다. 민수기를 보면, 나실인이 헌신을 결단한 후 사람들과 아예 떨어져 지냈다고 보긴 어렵습니다. 그들은 공동체 안에 소속되어 있지만, 하나님과의 특별한 관계를 위해 서원한 사람일 뿐입니다. 그런데 아모스에 보면, 나실인과 그렇지 않은 사람들 사이에 문제가 발생합니다. 하나님은 거대한 민족으로 표현된 아모리 사람을 물리치셨고, 이스라엘을 이집트에서 구원하셨습니다. 그리고 하나님의 부르심을 따라 선지자와 나실인을 부르셨습니다. 문제는 아모스 2:12에 나옵니다.

> 그러나 너희가 나실 사람(הַנְּזִרִים)으로 포도주를 마시게 하며 또 선지자에게 명령하여 예언하지 말라 하였느니라(암 2:12).

이스라엘은 하나님의 부르심을 받은 사람들과 하나님께 헌신하기로 결단한 사람들이 그들의 직무를 다하지 못하도록 오히려 방해했습니다. 하나님은 그것을 강하게 질타하셨습니다. 아모스 2장은 당시 이스라엘 공동체가 어떠했는지를 살펴볼 수 있는 중요한 본문입니다. 사람들은 하나님과의 특별한 관계로 살아가기를 결단한 이들에게 조롱과 놀림을 서슴지 않았습니다. 이를 통해 그들이 하나님에 대한 생각이 어떠했는지는 안 봐도 뻔합니다. 이러한 죄가 더욱 심각했던 것은, 그들이 조롱한 나실인의 삶이야말로 하나님을 향한 사랑과 헌신의 본보기였기 때문입니다.

즉, 나실인의 삶은 단순한 종교적 규율의 나열이 아니라, 하나님과의 관계를 우선하는 결단의 표현이었습니다. 몸과 시간을 구별하여 하나님께 드리는 헌신, 그리고 금욕과 근신을 통한 자기 절제는 오늘날 우리에게도 여전히 유효한 신앙의 모범입니다. 나실인의 이야기는 특정 시대의 특수한 부류를 위한 기록이 아니라, 일상의 한가운데서도 하나님께 마음을 구별하여 드릴 수 있는 모든 이들을 향한 초대입니다.

더 생각해 보기

'나실인' 규정은 단순히 고대의 특별한 서원이 아니라, 오늘날 우리 모두에게 던지는 하나님의 부르심이자 도전입니다. 직분과 직책의 유무를 떠나, 우리는 모두 각자의 자리에서 '하나님을 위해 살아가겠노라'고 결단한 나실인들입니다. 그렇다면 우리의 헌신은 어떻게 드러날까요? 호세아서에서 본 것처럼 나의 편의를 위해 우상을 좇거나, 스가랴서에서처럼 형식적인 금식으로 하나님을 속이지 않아야 합니다. 오히려 나의 삶의 우선순위를 하나님께 두고, 그분과의 깊은 관계를 위해 끊임없이 '근신'하며 나아가야 합니다. 또한, 우리에게 주어진 또 다른 사명은 '공동체 속 나실인'의 삶입니다. 아모스 시대처럼 헌신된 자들의 사명을 방해하거나 외적인 모습으로 그들을 조롱하는 대신, 우리는 서로의 헌신을 존중하고 격려하며 각자의 직무를 다할 수 있도록 적극적으로 도와야 합니다. 연약한 지체가 믿음의 길을 걷다 지칠 때, 그들을 판단하는 대신 함께 기도하고 격려하며 헌신을 지속할 수 있도록 손 내미는 것이야말로 진정한 '나실인 공동체'의 모습입니다.

새로 배운 단어와 문법

단어	발음(음역)	의미
נזר	나자르(nāzar)	몸을 드리다, 근신하다,

바라크(ברך)

나는
복 받은 사람일까?

삶에서 '복'을 받는다는 것보다 더 큰일이 어디에 있을까요? 힘겨운 시대를 살아가는 우리는 '복 받으세요'라는 말을 자주 듣고 또 건넵니다. 우리는 복을 받는 것을 굉장히 좋아하고, 때론 갈망하기도 합니다. 그러나 우리는 때로 성공, 건강, 재물과 같은 눈에 보이는 형통함을 '복'의 전부라 여기며, 그것만을 받으려고 애쓰곤 합니다. 하지만 나의 삶이 광야처럼 메마르고 고단할 때, 과연 어떤 '복'이 진정한 위로와 힘이 될 수 있는지 진지하게 고민해 봐야 합니다. 점점 더 강퍅해 가는 시대에 우리는 서로 진정한 축복을 빌 수 있을까요? 민수기는 이 질문에 대한 놀라운 답을 제시합니다. 이번 장에서는 광야 한가운데에서 주어진 아론의 축복문을 통해, 하나님께서 우리에게 진정 주시고자 하는 복이 무엇이며, 그 복이 우리의 삶에 어떻게 임하는지를 깊이 살펴보고자 합니다.

광야의 역설: 거룩 속의 축복

민수기는 광야에서 있던 사건의 기록입니다. 사막 한가운데서 수십 년째 살아가고 있으니 삶이 얼마나 메마르고 힘들었을까요? 당장 내 삶이 힘든데 누군가를 축복해 주는 것은 쉽지 않은 일입니다. 그런데 힘겨운 광야 생활을 시작하면서 민수기는 '축복'에 관한 이야기를 합니다. 다만 그 맥락이 좀 독특합니다. 민수기 5-6장에는 이스라엘 민족 안에서 부정함에 해당하는 것을 나열하고, 어떻게 정결하게 해야 하는지를 다룹니다. 하나님의 거룩하심 때문에 인간에게도 거룩함을 요구하는 내용이 그 뒤를 잇습니다. 거룩함이 하나님의 성품이지만, 인간에게도 왜 이렇게 강력한 거룩함이 요구될까요? 특이한 것은 6장 말미에 거룩함을 요구하시는 하나님의 진심이 나오는데, 이 구절이 축복의 메시지라는 겁니다. 본문을 보겠습니다.

> 야웨는 네게 복을 주시고, 너를 지키시기를 원하며(יְבָרֶכְךָ יְהוָה וְיִשְׁמְרֶךָ), 야웨는 그 얼굴로 네게 비취사 은혜 베푸시기를 원하며(יָאֵר יְהוָה פָּנָיו אֵלֶיךָ וִיחֻנֶּךָּ), 야웨는 그 얼굴을 네게로 향하여 드사 평강 주시기를 원하노라(יִשָּׂא יְהוָה פָּנָיו אֵלֶיךָ וְיָשֵׂם לְךָ שָׁלוֹם)(민 6:24-26).

이 축복문은 지금까지도 널리 사용되었습니다. 모든 구절이 중요하기 때문에 한 절씩 그리고 한 단어씩 자세히 살펴보려 합니다. 24절의 첫 단어는 '예바레크카'(יְבָרֶכְךָ)라는 동사입니다. 어근은 '바라크'(בָּרַךְ)이며 '축복하다'라는 의미입니다. 문법적 분석은 피엘 동사 미완료(Yiqtol) 3인칭 남성 단수 대명사 접미사 2인칭 남성 단수입니다. 아마도 이 책에서 동사에 붙는 대명사 접미사를 처음 언급한 것 같습니다. 동사에 붙은 목적격 어미는 일반적으로 목적격으로 사용합니다. 하지만 그 모양이 명사에 붙은 대명사 접미사와 상당히 유사하기 때문에 주의 깊게 봐야 합니다. 대명사 접미사의 형태가 유사해도 동사에 붙는지, 명사에 붙는지에 따라 의미가 달라지기 때문에 잘 구분할 필요가 있습니다.

하나님의 지키심:
야웨는 네게 복을 주시고 지키시기를

이제 첫 단어를 번역해 보겠습니다. 의미와 문법적 번역을 따라 직역하면 "그가 너를 축복할 것이다"입니다. 두 번째 단어는 계속 다뤄 온 '야웨' 또는 '아도나이'입니다. 번역은 '야웨/여호와'이며, 동사의 주어가 됩니다. 세 번째 단어는 '붸이쉬메레카'(וְיִשְׁמְרֶךָ)입니다. 일단 접속사 '붸'(וְ)를 제외하면 형태는 첫 단어와 같습니다. 동사이며, 어근은 '샤마르'(שמר)이고, 의미는 '지키다'입니다. 문법적 번역은 칼 동사 미완료 3인칭 남성 단수 대명사 접미사 2인칭 남성 단수입니다. 그래서 번역은 "그리고 그가 너를 지킬 것이다"입니다. 하지만 한글 성경에는 '원하다'라는 뜻으로 번역했기 때문에 어떤 차이가 있을지 궁금할 수 있습니다. 이를 해결하기 위해선 우리가 앞에서 배운 지시형 또는 단축 미완료형(Jussive)을 기억해야 합니다. 이는 미완료 2,3인칭에서 활용할 수 있는데, 규칙 동사에서는 형태로 구분할 수 없어서 문맥에서 판단해야 합니다. 본문도 그와 같은 상황입니다. 그렇기에 문맥에 더 어울리는 번역을 번역자가 선택해야 합니다. 그런데 아무래도 지시형 또는 단축 미완료형이 어울리는 것 같습니다. 그래서 24절은 "야웨가 너를 축복하시길 원한다. 그리고 그가 너를 지키시기를 원한다"라고 번역할 수 있습니다.

하나님의 은혜:
야웨는 그 얼굴로 비추사 은혜 베푸시기를

이어서 25절을 보겠습니다. 첫 단어 '야에르'(יָאֵר)의 어근은 '오르'(אוֹר)입니다. 의미는 '빛나다'입니다. 문법적 번역은 히필 동사 미완료 3인칭 남성 단수입니다. 의미는 '그가 비출 것이다'입니다. 두 번째 단어는 '야웨'이고 동사의 주어가 됩니다. 세 번째 단어는 '파나브'(פָּנָיו)입니다. '얼굴'이라는 의미의 명사 '파네'(פָּנֶה)에 3인칭 남성 단수 대명사 접미사가 붙어 있습니다. 그래서 '그의 얼굴'이라고 번역합니다. 네 번째 단어는 '~로'라는 뜻의 전치사 '엘'(אֶל)에 대명사 접미사 2인칭 남성 단수가 붙어 있습니다. 번역은 '너에게'입니다. 다섯 번째 단어는 '비훈넥카'(וִיחֻנֶּךָּ)입니다. 접속사 '붸'(וְ)를 제외하면 지금껏 나왔던 동사들과 형태가 같습니다. 동사의 어근은 '하난'(חָנַן)이고, 의미는 '은혜를 베풀다'라는 뜻입니다. 문법적 번역은 칼 동사 미완료 3인칭 남성 단수 대명사 접미사 2인칭 남성 단수입니다. 번역은 '그리고 그가 네게 은혜를 베풀 것이다'입니다. 25절도 24절과 마찬가지로 지시형 또는 단축 미완료형으로 해석하는 것이 문맥에 더 자연스럽습니다. 전체를 번역하면 "야웨가 그의 얼굴을 네게 비추시길 원한다. 그래서 그가 네게 은혜 베푸시길 원한다"입니다. 접속사의 번역이 앞뒤 문맥상 결과로 번역하는 것이 자연스러워서 '그래서'라고 번역할 수 있습니다.

마지막 26절을 보겠습니다. 첫 단어 '잇사'(יִשָּׂא)는 동사입니다. 어근은 '나사'(נשא)이며, 뜻은 '들어 올리다'입니다. 문법적 번역은 칼 동사 미완료 3인칭 남성 단수입니다. 번역하면 '그가 들어 올릴 것이다'입니다. 두 번째와 세 번째 단어는 25절에 나왔던 형태와 같습니다. 네 번째 단어 '붸야셈'(וְיָשֵׂם)은 동사입니다. 접속사 '붸'가 있고, 동사의 어근은 '심'(שים)입니다. 의미는 '두다, 놓다' 입니다. 문법적 번역은 칼 동사 미완료 3인칭 남성 단수입니다. 번역하면 "그가 놓을 것이다"입니다. 다섯 번째 단어는 전치사 '레'(ל)에 2인칭 남성 단수 대명사 접미사가 붙은 형태입니다. 이 전치사의 변화형은 이미 다루었습니다. 의미는 '너에게'입니다. 마지막 단어는 명사이며, 뜻은 '평강'입니다. 그럼 전체의 번역은 "야웨께서 너에게 그의 얼굴을 들어 올리실 것이다. 그리고 그가 너에게 평강을 놓으실 것이다"입니다. 하지만 이 구절도 앞의 절과 한 문맥에 들어 있기 때문에 지시형 또는 단축 미완료형으로 번역해야 합니다. 거기에 접속사의 의미도 앞뒤 문장과 맞춰 본다면, "야웨께서 너에게 그의 얼굴을 들어 올리시길 원한다. 그래서 그가 너에게 평강을 놓으시길 원한다" 입니다.

이 세 구절은 읽기만 해도 축복의 메시지가 가득 담겨 있다는 것을 느낄 수 있습니다. 24절에서 핵심은 하나님께서 지켜 주신다는 것입니다. 하나님의 지키심은 악과 환난, 어려움으로부터의 지키심과 관련이 깊습니다(시 121편). 25절에서의 핵심은 빛처럼 야웨의 얼굴이 비춘다는 것입니다. 이는 창조주로서 하나님의 행함과 깊은 관련이 있습니다(시 67편). 26절의 핵심은 야웨의 얼굴을 드신다는 것입니다. 구약성경에서 얼굴을 든다는 것은 상대의 행위가 못마땅하고, 그에게 은혜를 베풀 만한 근거가 없음에도 베푸는 호의, 자비 등을 의미합니다(창 32:20; 욥 42:8-9).[140] 이 축복의 마지막 용어는 '샬롬'입니다. 샬롬은 삶의 모든 면에서 온전한 상태를 의미합니다.

또한 이 본문에서 특이한 것은 3-5-7의 단어로 늘어난다는 사실입니다. 총 15개의 단어 중 세 번은 야웨의 이름으로, 나머지 단어는 12이라는 숫자를 강조합니다.[141] 이는 하나님의 완전한 복을 의미합니다. 제사장을 통해 이스라엘에게 주어진 축복이지만, 오늘날 우리에게도 주어진 하나님의 복으로 충분히 적용할 수 있습니다. 하나님은 이스라엘을 사랑하셨던 것처럼 오늘날 우리도 사랑하시고, 이스라엘에게 복 주셨던 것처럼 우리에게 복 주십니다. 이 구절을 읽으며 하나님의 복을 받은 사람임을 잊지 마시길 바랍니다. 하나님의 사랑과 복이 우리를 향하고 있으며, 우리의 삶에 샬롬(평강)으로 나타날 것입니다. 우리는 하나님의 복을 받은 자라는 인식을 하는 것도 그리스도인들에게 중요한 정체성 중에 하나입니다. 하나님께 복을 받는다는 것 그에 대해 암브로시우스(Ambrose of Milan)는 다음과 같이 말했습니다.

… 복을 받는 것은 부자가 되는 것보다 훨씬 좋은 일입니다(Patr. 1.1.).[142]

그렇다면, 이 광야 같은 삶 속에서 내가 정말 복 받은 사람인지 어떻게 알 수 있을까요? 복의 증거는 거창한 기적이나 눈에 보이는 성공만은 아닙니다. 오히려 예상치 못한 위기 속에서도 지켜 주시는 하나님의 손길을 경험하거나, 아무리 힘들어도 삶을 버티게 하는 내면의 평안이 찾아올 때, 또는 내

힘으로는 도저히 감당할 수 없을 것 같던 상황을 주님의 은혜로 넘어서는 바로 그 순간 우리는 '아, 하나님이 나와 함께하시는구나, 나는 정말 복 받은 사람이구나!'라고 고백하게 됩니다.

또한, 이 축복의 내용은 '거룩'을 요구하시는 하나님의 말씀의 맥락에 깊이 연결되어 있습니다. 거룩함을 추구하는 것이 하나님의 복을 받을 수 있는 유일한 길입니다. 왜 하나님께서 우리에게 복을 주시기 원하고, 그 복을 위해 거룩을 요구하는지 이스라엘 백성이 약속의 땅에 들어가기 전에 반드시 기억해야 했던 것처럼, 우리가 하나님의 이 변치 않는 복을 받은 자라는 정체성을 굳게 붙잡고, 그 복에 합당한 거룩한 삶을 살아갈 때, 광야는 비로소 하나님과의 깊은 만남과 평안이 가득한 거룩한 장소가 될 것입니다.

더 생각해 보기

오늘날, 끝없는 경쟁과 불안 속에 '내게 주어진 복이 있긴 할까?'라는 질문이 터져 나올 때가 있습니다. 학자금 대출, 주택 마련, 노후 준비 등 쌓여가는 현실의 무게 앞에서 우리의 신앙마저 흔들릴 때가 있습니다. 하지만 민수기의 아론 축복문은 바로 그런 광야 같은 삶을 살아가는 우리에게 주신 하나님의 선물입니다. 하나님은 우리의 통장 잔고나 사회적 지위, 건강 상태를 기준으로 복 주지 않으십니다. 그분이 주시는 복은 눈앞에 보이는 형통함만을 의미하지 않습니다. 야웨는 우리의 삶을 지키시며, 빛나는 얼굴로 은혜를 베푸시고, 마침내 샬롬(평강)을 주시기를 원하시는 분입니다. 이 복은 우리가 완벽해서 주어지는 것이 아니라, 죄 많은 인간임에도 불구하고 우리를 사랑하시기에 기꺼이 얼굴을 드시고 다가오시는 하나님의 자비입니다. 지금 우리를 짓누르는 불안, 외로움, 혹은 풀리지 않는 문제 속에서도 하나님은 여전히 함께하며 지키시고 계십니다. 이 사실을 인식하는 것, 해결되지 않은 문제 속에서도 하나님의 동행하심을 신뢰하는 것이야말로 오늘 우리가 경험해야 할 가장 큰 복입니다.

새로 배운 단어와 문법

단어	발음(음역)	의미
בָּרַךְ	바라크(bāraḵ)	축복하다
שָׁמַר	샤마르(šāmar)	지키다
אוֹר	오르(ʾôr)	빛나다
פָּנֶה	파네(pāneʰ)	얼굴
אֶל	엘(ʾel)	~로
וְ	붸(wə)	그리고, 그러나, 그러므로
חָנַן	하난(ḥānan)	은혜를 베풀다
נָשָׂא	나사(nāśāʾ)	들어 올리다
שִׂים	심(śîm)	두다, 놓다
לְ	레(lə)	~에게

◆ 지시형 또는 단축 미완료형(Jussive)은 미완료(Yiqtol) 2, 3인칭에서 활용할 수 있는데 규칙 동사에서는 형태로 구분할 수 없어서 문맥에서 판단해야 합니다.

3

아나브(עָנָו)

모세의
온유함

성숙한 신앙인은 어떤 모습일까요? 보통 성숙한 신앙인이라고 하면, 늘 기도하고 말씀을 읽고, 성품이 온유한 사람을 생각합니다. 다른 모습은 제쳐 두고, 일단 성격이 온유하면 성숙한 신앙인일까요? 그 사람은 어떤 상황을 만나도 무조건 온유할까요? 그렇다면 '온유하다'는 것은 정확히 무슨 뜻일까요? 사전적 의미로는 '온화하고, 부드러운 사람'인데 구체적으로 어떤 모습인지 명료하게 떠오르지는 않습니다. 그런데 성경에서는 이 온유한 성품을 가진 사람의 대명사로 모세를 소개합니다. 모세는 어떤 모습의 소유자였길래 성경이 온유한 사람으로 표현할까요? '온유한 모세'는 화도 안 내고 늘 참는 인자한 성품을 가진 것일까요?

모세의 고난: 백성과 가족의 비방

민수기는 나실인과 제사장 아론을 통한 축복의 이야기가 끝나고, 회막 봉헌에 헌신한 이들, 레위인들을 성별하시는 하나님, 유월절 규정에 관한 설명에 이어 다시 광야의 여정을 시작합니다. 그런데 행군을 다시 시작한 지 얼마 지나지 않아 이스라엘은 모세를 원망합니다. 여기서 하나님의 심판 이야기가 다시 등장합니다. 모세는 얼마나 힘들었는지 하나님께 죽게 해달라고 기도할 지경에까지 이르렀습니다(민 11:15). 그러자 하나님께서는 70인의 장로를 따로 세워 그들에게 하나님의 영을 주시며, 모세의 짐을 나눠 질 수 있도록 하셨습니다. 이제 어느 정도 문제가 해결되나 싶었는데, 이번에는 모세의 가장 가까운 가족이 모세를 향해 불평합니다.

모세가 구스 여자를 취하였더니 그 구스 여자를 취하였으므로 미리암과 아론이 모세를 비방하니라. 그들이 이르되 여호와께서 모세와만 말씀하셨느냐. 우리와도 말씀하지 아니하셨느냐 하매 여호와께서 이 말을 들으셨더라(민 12:1-2).

이스라엘 백성과의 문제를 해결한 지 얼마 지나지 않아 이런 문제가 또 발생했는데, 모세가 화를 내도 충분히 이해할 수 있을 것 같습니다.

아나브(עָנָו): 온유함인가, 비참함인가?

그런데 모세의 반응이 이상합니다.

이 사람 모세는 온유함(עָנָו)이 지면의 모든 사람보다 더(מִכֹּל

מְאֹד)하더라(민 12:3).

성경은 왜 모세를 온유한 사람이라고 지칭했을까요? 만약 민수기를 모세가 기록했다면 자화자찬하는 것 같은 이 구절을 어떻게 이해해야 할까요? 어떤 비평학자들은 모세가 민수기를 기록하지 않았다는 근거로 이 구절을 제시하기도 했습니다. 현재 맥락에서 보면 모세가 구스 여자와 결혼한 것에 대해 미리암과 아론이 비난하면서, 하나님께서 모세만이 아니라 자신들과도 이야기를 나눈다고 주장하며 모세의 행동을 질타합니다. 우리는 이 구절이 그 이야기에 뒤이어 나오기에 '온유함'을 인내나 참을성 정도로 보게 되는 것 같습니다. 정말 그 의미가 맞는지 살펴보겠습니다. 일단 온유함이라는 히브리어 단어는 '아나브'(עָנָו)입니다. 이를 '겸허한, 공손한, 고개를 숙인'이라고 번역할 수도 있지만, '곤궁, 비참, 불행'이라는 의미도 있습니다. 그럼 본문의 맥락에서 모세는 겸손히 인내하며 참았다기보다는, 그가 사명을 감당하기에는 매우 곤궁하고, 가련해 보이는 것이 더 맞아 보이기도 합니다.

전통적으로 이 본문은 겸손하고 온유한 모세의 성품으로 해석되었습니다. 그는 자신이 비난을 받는 상황에서도 인내했습니다. 그렇다면 모세가 자신의 성품을 자랑하기 위해 이 구절을 기록했다기보다는, 이런 상황에 하나님의 뜻을 기다리는 삶을 권면하기 위해 기록한 본문이라고 해석할 수 있습니다. 닛사의 그레고리우스(Gregory of Nyssa)는 모세의 온유함을 이렇게 해석했습니다.

… 예를 들어, 모세는 분노와 욕망을 초월했다고 합니다. 역사는 그가 "가장 온유한" 사람이었다고 증언합니다. 온유함과 분노에 대한 혐오를 통해 분노에 대한 무능력이 드

러납니다. 또한 그는 많은 사람들의 욕망하는 요소가 지향하는 어떤 것도 원하지 않았습니다. 만약 이러한 자질들이 그에게 자연스럽고 그의 본질과 논리적으로 일치했다면, 그렇지 않았을 것입니다. 왜냐하면 부자연스러운 것이 본질에 남아 있을 수는 없기 때문입니다. 아시다시피, 모세는 자신의 본질에 충실했고, 우리 본성 자체가 아니라 거기에 덧붙여진 욕망과 분노에 휘말리지 않았습니다. 왜냐하면 본성은 참으로 존재의 본질을 담고 있기 때문입니다(An. Res.).[143]

하지만 아무런 반응도 하지 않은 모세를 비판적으로 보는 시각도 있습니다. 그래서 온유함이라는 번역보다는 '유약한'으로 번역해야 한다는 주장도 있습니다. 왜냐하면 하나님께서 모세를 선지자로 세우시고 그에게 권위를 부여하셨는데, 모세는 자신의 선지자적 권위에 도전을 받고 있음에도 아무런 행동을 하지 않았기 때문입니다.[144] 이는 큰 지지를 받는 해석은 아닙니다.

가장 비참한 자: 아나브의 또 다른 해석

오히려 '온유한'이라는 단어 '아나브'(עָנָו)의 의미를 잘 살린 번역은 '비참함'일 것입니다. 모세가 짊어진 무거운 사명의 짐을 고려할 때 지금 이 상황은 모세가 상당히 억눌려 있기 때문에 비참함을 겪으며 고난당하고 있는 중으로 볼 수 있습니다. 그는 비단 이 상황뿐 아니라 이전부터 계속 이스라엘의 불만을 받아 왔고, 이제는 가족에게도 비난을 듣고 있습니다. 그런 맥락에서 보면, 이 단어는 '비참하다'의 의미에 가깝습니다. 특히나 이 본문은 비교급 단어가 사용된 문장입니

다. '모든 사람보다 더'라는 문구의 히브리어는 '밀콜 하아
담'(מִכֹּל הָאָדָם)입니다. '밀콜'(מִכֹּל)은 전치사 '민'(מִן)과 '모든'
이라는 뜻의 명사 '콜'(כֹּל)이 합쳐진 말입니다. 이 단어의 이
전치사 '민'이 비교급으로 사용할 수 있는 단어입니다. 히브
리어는 보통 이 전치사를 통해 형용사 비교급을 표현합니다.
그리고 다음 단어 '하아담'(הָאָדָם)은 관사 '하'(ה)와 사람이라
는 뜻의 명사 '아담'(אָדָם)이 합쳐진 단어입니다. 그렇기에 이
두 개의 단어는 "그 모든 사람보다 더"라고 번역할 수 있습니
다. 비참한 사람들 중에 가장 비참했다는 것은 비교 가능하지
만, 온유한 자들보다 온유하다면 온유한 자들의 기준을 무엇
이라 정의할 수 있을까요? 따라서 '비참하다'는 번역이 더 합
리적일 수도 있습니다.

그렇다면 왜 이 사건에서 모세가 온유하다고 번역이 되
었을까요? 그것은 구약성경에서 이 단어의 용례가 초기에는
'괴로움을 당하다', '비참하다', '가난하다' 등의 의미로 사용
되었지만, 시간이 지날수록 이들은 하나님을 신뢰하는 태도
를 보였기에 '겸손'이라는 의미로 발전된 것으로 보입니다.[145]
그렇다면 전통적인 해석인 '온유함'과 또 다른 뜻인 '비참함'
이 융합된 의미로 본문을 볼 수도 있습니다. 현재 모세는 아
주 힘겨운 상황입니다. 얼마 전만 하더라도 죽기를 바라며 기
도했습니다. 하지만 그가 이스라엘을 이집트로부터 이끌어
내기로 결단했을 때부터 지금까지 하나님께서 어떤 방법으
로 인도하셨는지 경험하기도 했습니다. 그래서 그는 아주 비
참한 상황에 놓여 있기도 하지만, 스스로 나서서 문제를 해결
하지 않고 하나님을 기다리는 온유함을 가지고 있었음을 볼
수 있습니다.

하나님의 방법대로 하기 위해 기다릴 수 있는 것은 쉽지
않은 일입니다. 특히 누가 봐도 비참하고 억울한 상황에 놓여

있다면 더욱 그럴 것입니다. 모세는 이스라엘 백성의 원망과 가족의 비방이라는 고통스러운 상황 속에서, 자신이 해결하려 애쓰기보다 하나님을 신뢰하고 잠잠히 기다리는 '온유함'(עָנָו)을 보여주었습니다.

더 생각해 보기

우리의 삶에도 예측 불가능한 고난과 불의한 상황이 찾아올 때가 있습니다. 직장에서의 부당한 대우, 가족과의 깊은 갈등, 교회 안에서의 오해와 비방 등 '나만 왜 이런 일을 겪어야 하나' 싶은 비참함에 사로잡힐 때도 있습니다. 이러한 상황 속에서 우리는 분노하거나 좌절하기 쉽고, 때론 스스로 문제를 해결하려 발버둥 치기도 합니다. 그러나 모세의 '아나브'(עָנָו)는 우리에게 묻습니다. 당신은 이 비참함 속에서 누구를 신뢰하고 누구를 기다리고 있습니까? 하나님이 어떤 분인지 진정으로 아는 자만이, 자신의 연약함과 한계를 인정하고, 모든 상황 속에서 하나님께서 일하실 때까지 끈기 있게 기다릴 수 있습니다. 지금 여러분을 둘러싼 광야 같은 상황 속에서, '나는 아무것도 할 수 없다'는 절망이 아닌 '오직 하나님만이 하실 수 있다'는 믿음으로 침묵하며 기다리는 '아나브'의 온유함을 회복할 때, 하나님께서 친히 여러분의 싸움을 싸우시고 새로운 길을 여시는 것을 경험하게 될 것입니다.

새로 배운 단어와 문법

단어	발음(음역)	의미
עָנָו	아나브(ʿānāw)	온유함

מִן	민(min)	(비교급 일 때) ~보다 더
כֹּל	콜(kōl)	모든
הַ	하(ha)	그
אָדָם	아담(ʾāḏām)	사람

◆ 전치사 민(מִן)은 비교급으로 사용할 수 있는 단어입니
다. 히브리어는 보통 이 전치사를 통해 형용사 비교급을
표현합니다.

4

바야웨 일타누(וַיְהִי אִתָּנוּ)

우리와 함께하시는

하나님

그리스도인들은 종교 생활을 합니다. 하지만 일상 또한 살아 갑니다. 그 일상은 비그리스도인들과 큰 차이는 없습니다. 일 하고, 밥을 먹고, 사람들을 만나는 등 모두가 비슷한 일상을 살아갑니다. 그렇다면 그리스도인과 비그리스도인을 구분하 는 명확한 기준은 무엇일까요? 겉으로는 일요일에 예배에 참 여하는 사람을 그리스도인이라고 부를 수 있지만, 그것만으 로는 뭔가 부족해 보입니다.

그리스도인은 평범한 일상 속에서도 하나님의 인도하심 을 발견합니다. 이것은 믿음의 눈이 열릴 때 주어지는 특별한 시각입니다. 그렇다면 믿음의 눈은 어떻게 열릴까요? 구약성 경 속 믿음의 눈을 가진 사람들의 이야기를 살펴보겠습니다.

두 개의 보고: 악평과 믿음의 시각

미리암과 아론이 모세를 비방한 사건이 일단락되고, 하나님은 모세에게 가나안으로 정탐꾼을 보내라고 명령하십니다. 각 지파에서 선별된 사람들은 사십 일 동안 가나안을 정탐하고 가나안 앞 바란 광야 가데스에서 정탐 보고를 합니다. 보고 결과는 긍정과 부정이라는 평가로 나뉩니다. 부정적인 평가는 그 땅이 젖과 꿀이 흐르는 땅은 맞지만, 그곳에 사는 사람들과 자신들은 비교할 수 없다는 내용이었습니다.

이스라엘 자손 앞에서 그 정탐한 땅을 악평하여 이르되 우리가 두루 다니며 정탐한 땅은 그 거주민을 삼키는 땅이요 거기서 본 모든 백성은 신장이 장대한 자들이며. 거기서 네피림 후손인 아낙 자손의 거인들을 보았나니 우리는 스스로 보기에도 메뚜기 같으니 그들이 보기에도 그와 같았을 것이니라(민 13:32-33).

대부분의 정탐꾼들은 상황을 사실대로 평가하기보다는 '모든 백성이 장대한 자들'이라고 말하며 과장합니다. 또한 '거주민을 삼키는 땅'이라고 언급하며, 그 땅은 결코 젖과 꿀이 흐르는 땅이 아니라, 안전하지 않고, 그들과 싸우다가 이스라엘이 멸망할 수 있다는 의도를 담고 말합니다.[146] 말 그대로 그들은 그 땅을 악평했습니다. 하지만 똑같은 상황을 다른 눈으로 보았던 여호수아와 갈렙은 목숨을 내걸고 정반대의 긍정적인 보고를 합니다.

그 땅을 정탐한 자 중 눈의 아들 여호수아와 여분네의 아들 갈렙이 자기들의 옷을 찢고 이스라엘 자손의 온 회중에게 말하여 이르되 우리가 두루 다니며 정탐한 땅은 심히 아름다운 땅이라. 여호와께서 우리를 기뻐하시면 우리를 그 땅으로 인도하여 들이시고 그 땅을 우리에게 주시리라. 이는 과연 젖과 꿀이 흐르는 땅이니라. 다만 여호와를 거역하지는 말라. 또 그 땅 백성을 두려워하지 말라(אַל־תִּירָאוּ). 그들은 우리의 먹이라. 그들의 보호자는 그들에게서 떠났고 여호와는 우리와 함께하시느니라(וַיהוָה אִתָּנוּ). 그들을 두려워하지 말라 하나(민 14:6-9).

여호수아와 갈렙을 제외한 다른 이들의 말이 객관적으로는 더 사실에 가까울 수도 있습니다. 하지만 동일한 상황도 어떤 눈으로 보느냐에 따라 취하는 행동은 전혀 달라집니다. 여호수아와 갈렙은 그 상황을 믿음의 눈으로 바라보았기 때문입니다. 그렇다면 그들은 어떻게 그렇게 행동할 수 있었을까요? 그들은 다른 이들과 무엇이 달랐을까요?

두려워하지 말라(אַל־תִּירָאוּ)

여호수아와 갈렙의 보고에 사용된 말이 그것을 증명해 주는 것 같습니다. 첫 번째 말은 '두려워하지 말라'입니다. 히브리어로 '알-티르우'(אַל־תִּירָאוּ)입니다. '알'(אַל)은 부정어입니다. 일반적으로 부정어는 '로'(לֹא)를 많이 사용하지만, 지시형 또는 단축 미완료형(Jussive) 같은 형태를 부정할 때는 '알'을 사용합니다. 다음 단어 '티르우'(תִּירָאוּ)는 동사입니다. 어근은 '야레'(יָרֵא)이고, 의미는 '두려워하다'입니다. 문법적 번역은 칼 미완료(Yiqtol) 2인칭 남성 복수입니다. 두 단어를 번역하면 "너희들은 두려워하지 않을 것이다"가 됩니다. 그냥 문장만 놓고 보면 번역에 아무 문제가 없어 보이나, 문맥에선 상당히 어색합니다. 미완료 2인칭이기 때문에 우리는 지시형이나 단축 미완료형을 고려할 필요가 있습니다. 그렇다면 "당신들이 두려워하지 마시길 바랍니다!" 정도의 번역이 가능할 것 같습니다. 이 문장이 상당히 중요합니다. 왜냐하면 이 문장은 홍해 앞에서 모세가 이스라엘에게 선포했던 말과 같기 때문입니다.

> 모세가 백성에게 이르되 너희는 두려워하지 말고(אַל־תִּירָאוּ) 가만히 서서 여호와께서 오늘 너희를 위하여 행하시는 구원을 보라. 너희가 오늘 본 애굽 사람을 영원히 다시 보지 아니하리라(출 14:13).

앞은 홍해가 있고, 뒤에는 이집트의 군사들이 밀려오는 상황에서 이스라엘은 모세를 죽이려 했습니다. 상황으로만 놓고 보자면 정탐꾼들이 했던 '악평'의 상황과 크게 다르지 않은데, 그는 어떻게 이런 말을 할 수 있었을까요?

야웨가 우리와 함께(וַיהוָה אִתָּנוּ)

여호수아와 갈렙의 두 번째 말도 중요합니다. 그들은 "여호와가 우리와 함께하신다"고 말합니다. 히브리어로 '바야웨/아도나이 일타누'(וַיהוָה אִתָּנוּ)입니다. 첫 단어는 접속사 '붸'(וְ)와 야웨/아도나이'(יהוה)가 합쳐진 말입니다. 두 번째 단어는 전치사 에트'(אֵת)에 대명사 접미사 1인칭 공성 복수가 합쳐진 말입니다. 그런데 이 전치사는 언뜻 '~을/를'의 의미를 가진 전치사와 똑같이 생긴 것 같습니다. 하지만 대명사 접미사가 붙을 때 두 전치사는 차이가 있습니다. 그 차이는 대명사 접미사가 붙을 때, 두 번째 자음 '타브/타우'(ת)안에 점이 있느냐, 없느냐입니다. 점의 유무로 두 전치사를 구분할 수 있는 것이지요. 그럼 본문에서 전치사는 '~와 함께'입니다. 그래서 번역이 '우리와 함께'가 됩니다. 단어를 종합해서 번역하면 '그리고 야웨는 우리와 함께'입니다. 동사가 없기 때문에 문장이 완료되진 않습니다. 하지만 우리가 앞에서 배운 것처럼 이렇게 동사가 없는 문장인 명사 문장이 나왔을 때는 '하야'(היה) 동사가 없지만 있다고 생각하고 번역할 수 있습니다. 그래서 완료된 번역은 '그리고 야웨는 우리가 함께 계신다'입니다. 단어는 다르지만, '함께 하시는 야웨'에 관한 이야기는 이미 출애굽기에서 여러 번 나옵니다. 앞서 '함께하심'은 야웨의 이름과도 관련이 있다고 설명했습니다. 그렇다면 지금 살펴본 여호수아와 갈렙의 두 문장에 중요한 공통점이 있습니다. 바로 '출애굽의 경험'을 언어로 사용하고 있다는 점입니다. 여호수아와 갈렙은 모세로부터 시작된 출애굽을 경험하며 하나님의 역사를 잊지 않았습니다. 그리고 출애굽은 모세 한 사람이나 출애굽을 원했던 사람들이 모여서 자발적으로 일어난 일이 아니라 처음부터 하나님의 역사가 있었다는 사실을 기억했을 것입니다. 그렇기에 지금 가나안 땅을 정탐하고, 그곳에서 본 것을 보고할 때도 자신들의 시선이나 관점이 아닌 지금의 일을 이끌어 가시는 하나님의 눈으로, 즉 믿음의 눈으로 보려 했습니다. 그들에게도 두려움이 있었을지 모르지만 야웨의 '함께하심'은 두려움을 이길 수 있는 힘이 되었을 것입니다. 이집트에서의 역사도 그렇게 일어났기 때문입니다. 교부 키프리아누스(Cyprian of Carthage)도 믿음에 대해 다음과 같이 이야기 합니다.

사람들이 일으키는 불안으로 인해 마음 약해지지 말고, 오히려 하나님의 보호하심을 믿는 믿음을 강화하십시오. 각 사람은 주님의 약속과 우리의 믿음에 따라 자신이 받는다고 생각하는 만큼 하나님의 도움을 받게 되며, 받는 사람의 연약한 믿음이 부족하지 않다면 전능하신 분께서 허락하지 못하실 것이 아무것도 없기 때문입니다(Ad Fort. 10.).[147]

여호수아와 갈렙이 보여준 믿음의 눈과 신앙의 언어는 단순한 낙관이 아니라, 하나님의 역사를 기억하고 그분의 함께하심을 신뢰하는 확고한 태도였습니다. 오늘 우리의 현실에도 두려움과 불확실함은 여전합니다. 그러나 그때마다 하나님의 과거 역사와 약속을 붙들고 "하나님이 우리와 함께하신다"는 믿음의 고백을 의도적으로 선택할 때, 우리는 절망 대신 소망을 말할 수 있습니다. 그 믿음의 언어는 우리 자신을 살리고, 공동체를 일으키는 힘이 될 것입니다.

<h2 style="text-align:center">더 생각해 보기</h2>

믿음의 눈을 통해 말할 수 있는 신앙의 언어는 중요합니다. 그렇다면 우리는 어떻게 여호수아와 갈렙처럼 '믿음의 눈'과 '신앙의 언어'를 가질 수 있을까요? 이는 한순간에 생겨나는 것이 아닙니다. 우리의 삶을 통해 역사하신 하나님, 또는 누군가의 삶에 나타나신 하나님의 신실한 역사를 끊임없이 보고, 듣고, 고백하며 마음에 새기는 노력이 필요합니다. 특히 오늘날처럼 불확실하고 두려움이 가득한 시대에는 더욱 그렇습니다. 경제적 위기, 사회적 갈등, 개인적인 실패 앞에서 정탐꾼들처럼 '메뚜기 같다'고 악평하며 좌절하고 포기하기 쉽습니다. 그러나 이때 우리는 '하나님은 우리와 함께 계신다'는 믿음의 언어를 의도적으로 선포해야 합니다. 이는 단순히 긍정적인 사고를 넘어, 보이지 않는 하나님의 주권을 신뢰하는 믿음의 씨름입니다. 개인의 신앙 경험만큼이나 중요한 것은 '공동체 안에서 나누는 신앙의

경험'입니다. 서로의 삶 속에서 역사하신 하나님의 이야기를 나누고, 함께 하나님의 말씀을 묵상하며, '하나님이 함께 하신다'는 고백을 공유할 때, 우리의 믿음의 눈은 더욱 선명해지고 신앙의 언어는 강력하게 성장할 것입니다.

새로 배운 단어와 문법

단어	발음(음역)	의미
אַל	알(ʾal)	부정
ירא	야레(yārēʾ)	두려워하다
וְ	붸(wə)	그리고, 그러나, 그러므로
אֵת	에트(ʿēt)	을/를, ~와 함께

5

카짜르(קצר)

불뱀과 놋뱀

사람들은 언제 불만을 가질까요? 당연히 내가 원하는 대로 되지 않았을 때입니다. 또는 다른 사람의 말이 맞을지라도 내 의견이 관철되지 않았다는 이유로 불만을 갖기도 합니다. 심지어 늘 좋은 일만 있다가, 한 번 어려운 일이 생기면 언제 좋은 일이 있었냐는 듯이 화를 낼 때도 있습니다. 이외에도 사람은 여러 이유로 불만을 갖습니다. 불만 자체가 나쁘다는 것은 아닙니다. 인간에게 있는 자연스러운 감정이니까요. 그리고 때론 그 불만이 건설적인 결과를 내기도 하기 때문입니다.

마음이 상한 백성

광야 생활을 하던 이스라엘은 어땠을까요? 상황이 상황인 만큼 엄청나게 많은 불만이 터져 나왔을 것 같습니다. 하나님은 그들을 달래려고 아론을 통해 축복의 메시지도 주시고, 모세를 통해 온유한 리더의 모습도 보여주셨습니다. 아울러 믿음의 사람들이었던 정탐꾼 중의 일부는 하나님의 약속은 변함없다며 이스라엘을 안심시켰습니다. 그런데 그렇게 좋은 일과 좋은 사람이 많다고 불만이 없는 것은 아니었습니다. 역시 사람이 사는 곳은 불만이 없을 수 없나 봅니다. 가나안 정탐이 지난 후, 몇 가지 굵직한 사건이 일어납니다. 예를 들면 고라 무리의 반역, 미리암의 죽음, 므리바 사건 등입니다. 그 이후 이스라엘은 네겝에 거주하는 가나안과의 전쟁에서 승리한 이스라엘은 다시 전진합니다. 호르산에서 출발한 그들은 에돔 땅을 우회하려고 하는데, 마음이 상합니다. 이유는 당연하겠지만 물과 양식을 구하기 위해 도시로 들어가지 않았기 때문일 것입니다. 그래서 이스라엘은 또 모세를 원망하기 시작합니다.

백성이 호르 산에서 출발하여 홍해 길을 따라 에돔 땅을 우회하려 하였다가 길로 말미암아 백성의 마음(נֶפֶשׁ)이 상하니라(קָצַר). 백성이 하나님과 모세를 향하여 원망하되 어찌하여 우리를 애굽에서 인도해 내어 이 광야에서 죽게 하는가. 이곳에는 먹을 것도 없고 물도 없도다. 우리 마음이 이 하찮은 음식을 싫어하노라 하매 여호와께서 불뱀들을(הַנְּחָשִׁים הַשְּׂרָפִים) 백성 중에 보내어 백성을 물게 하시므로 이스라엘 백성 중에 죽은 자가 많은지라. 백성이 모세에게 이르러 말하되 우리가 여호와와 당신을 향하여 원망함으로 범죄하였사오니 여호와께 기도하여 이 뱀들을(הַנָּחָשׁ) 우리에게서 떠나게 하소서. 모세가 백성을 위하여 기도하매 여호와께서 모세에게 이르시되 불뱀(שָׂרָף)을 만들어 장대 위에 매달아라 물린 자마다 그것을 보면 살리라. 모세가 놋뱀(נְחַשׁ נְחֹשֶׁת)을 만들어 장대 위에 다니 뱀(נָחָשׁ)에게 물린 자가 놋뱀(נְחַשׁ הַנְּחֹשֶׁת)을 쳐다본즉 모두 살더라(민 21:4-9).

이전에는 주로 모세나 아론을 향했던 원망이, 이제는 '하나님을 향하여' 직접 터져 나왔다는 점이 독특합니다. 그 이유를 본문은 그들의 마음이 상했기 때문이라고 말합니다. '상했다'라는 히브리어 '카짜르'(קָצַר)의 기본 의미는 '짧다'입니다. 이 동사와 마음이라고 번역한 명사 '네페쉬'(נֶפֶשׁ)를 주어로 사용한다면 '숨이 짧아졌다'라고 직역할 수 있습니다. 그래서 이 문장을 보통 초조하고 조급하거나, 또는 참을 수 없는(출 6:9; 잠 14:29) 상황을 설명하거나 죽음에 가까운 상태(삿 16:16)를 묘사한다고 볼 수 있습니다. 그리고 원망하는 내용을 보면 광야로 나온 것은 그들을 죽게 하기 위함이라고 말합니다. 그래서 그들은 하나님이 주신 물과 양식이 있음에도 불구하고 그것을 하찮게 여겼습니다.

불뱀의 정체

이에 야웨는 '불뱀'을 보내셨습니다. '불뱀'은 두 개의 단어가 합쳐진 말입니다. '나하쉬'(נָחָשׁ)는 우리가 알고 있는 일반적인 뱀입니다. 그 단어에 복수형과 관사가 붙었습니다. 그리고 이어 나오는 단어가 '핫세라핌'(הַשְּׂרָפִים)입니다. 이 단어도 관사와 복수형 어미를 빼면 원형은 '사라프'(שָׂרָף)입니다. '사라프'는 구약성경에서 일반적으로 '스랍'으로 번역합니다. 그렇다면 어떻게 이 두 단어가 연결되서 '불뱀'이라고 부를까요? 아마도 스랍은 죄로 인해 나타난 결과물을 태워버리는 의미도 있기 때문에 그런 것으로 보입니다(출 32:20; 레 20:14, 21:9; 민 17:4; 신 9:21; 왕상 15:13; 왕하 10:26; 23:4, 6, 11). 그래서 이 단어를 사용하여 '불에 타는 듯한 느낌'을 은유적으로 표현한 단어일 것입니다.[148] 그렇다면 사람들을 물어 죽게 만든 이 불뱀의 정체는 무엇일까요?

첫 번째는 코브라로 보는 입장입니다. 코브라로 본다면 이집트와의 연관성을 생각해 봐야 합니다. 코브라는 파라오의 머리 장식에 있습니다. 만약 불뱀이 이집트와 관련 있는 코브라였다면, 이집트로 돌아가길 원하는 이스라엘에게 의도적으로 코브라를 보내, 이집트로 돌아가 봤자 그들은 이 불뱀처럼 이스라엘을 물게 될 것이라는 메시지를 암암리에 알려 주려고 했을 것입니다.

두 번째는 스랍, 곧 하나님의 사자 또는 천사로 보는 입장입니다. 불뱀을 뱀의 형상을 한 하나님의 사자 또는 천사로 보는 것입니다. 단어가 그렇게 번역되었기 때문에 충분히 가능한 입장입니다.

물론 이 본문에서는 불뱀의 정체보다 놋뱀의 역할이 더 중요합니다. 하나님의 명령과 모세의 행동을 보면, 하나님은 모세에게 '불뱀'을 만들라고 명령하셨습니다. 그런데 그 '불뱀'이라는 단어는 '사라프'입니다. 모세는 그 명령을 듣고 놋뱀, 곧 '네하쉬 네호쉐트'(נְחַשׁ נְחֹשֶׁת)를 만들었습니다. 모세는 하나님의 말씀에 불순종한 것일까요? 그렇지 않습니다. 불뱀이 어떤 존재인지 명확하지 않으나, 만약 스랍으로 본다고 해도 지금은 뱀의 형상으로 왔을 가능성이 크기 때문에 아마도 모세는 그 명령을 듣고 뱀을 생각했을 겁니다. 모세가 했던 행동을 고대 근동의 문화의 일부였다고 생각하면 이해가 더 쉬워집니다.

불뱀의 독으로 고통을 받을 때, 놋뱀으로 막은 것은 위협이 되는 존재와 동일한 상을 응시하면 그것을 막을 수 있다는, 고대 이집트, 가나안, 메소포타미아 등에 있었던 주술적인 생각과 연결될 수 있습니다. 이를 '교감 마술'이라고 부르기도 합니다. 뱀은 고대 근동 세계에서 사람을 죽일 만큼 강력하지만, 그 힘으로 생명을 지킬 수도 있다고 여겨졌습니다. 고대 이집트에서는 장례 때 미라 옆에 뱀의 형상을 한 아물렛(amulet)을 두었는데, 이는 지하 세계에서 보호를 받을 수 있다는 믿음 때문이었습니다. 그래서 그 이스라엘을 포함한 근동 지역에서는 기원전 15-6세기에 만들어진 구리 뱀의 형상과 동상이 많이 발견되었는데 아마도 죽음을 막을 수 있다는 제의적, 마술적 도구였을 것입니다.[149] 하지만 민수기는 하나님께서 그들에게 위험한 존재였던 뱀도 다스리는 분임을 강조합니다. 그리고 뱀을 보는 순종이냐, 보지 않는 불순종이냐에 따라 하나님의 역사를 달리 경험했습니다. 고대인들은 이런 행동을 마술적인 것으로 여겼으나, 성경은 하나님이 이 일을 이루실 수 있는 분이라고 말하고 있습니다.

광야의 이스라엘은 단지 먹을 것과 물이 없어서가 아니라, 마음이 상해 하나님의 은혜를 하찮게 여기고 원망했습니다. 그러나 불뱀 사건 속에서 하나님은 그들을 심판하신 것만이 아니라, 살 길을 동시에 열어 주셨습니다. 그 길은 단순했습니다. 뱀에게 물린 자가 놋뱀을 '쳐다보는 것'이지요. 이 사건은 우리에게 중요한 교훈을 남깁니다. 때로 삶이 불만과 불평으로 가득 차 있을 때, 문제의 크기보다 하나님의 구원의 방법을 바라보는 것이 더 중요하다는 것입니다. 위기가 있더라도 하나님께 시선을 고정할 때 우리는 그분의 능력과 구원을 경험할 수 있습니다.

구약성경에는 불뱀과 놋뱀 이야기처럼, 사람들이 친숙하게 여기던 문화나 현상 속에서 하나님 스스로를 드러내신 예가 많습니다. 당시 이스라엘 백성에게는 모든 것이 낯설고 배우는 과정이었지만, 하나님은 그들의 익숙한 세계관을 '재개념화'시키며 당신의 주권과 능력을 알게 하셨습니다. 우리의 삶도 크게 다르지 않습니다. 불확실한 미래 앞에서 느껴지는 진로와 관계의 불안감, 나를 인정해주지 않는 익명성의 공간에서의 공격과 비난, 그리고 공정하지 않다고 느껴지는 사회 구조 속에서의 무력감 앞에서 우리는 쉽게 '마음이 상하여' 불평하고 원망합니다. '도대체 나는 왜 이렇게 힘들까?' 혹은 '세상은 왜 이렇게 불공평할까?'라는 자조적인 질문이 습관처럼 터져 나오기도 합니다. 하지만 바로 그 순간, 우리에게 필요한 것은 놋뱀을 바라봤던 이스라엘 백성처럼 '믿음의 눈'으로 시선을 돌리는 것입니다. 눈앞의 고통과 문제만 보며 절망하는 대신, 그 너머에서 여전히 우리를 붙들고 계신 하나님을 바라보아야 합니다. 이 바라봄은 단순히 눈으로 보는 행위를 넘어, 우리의 삶 속에서 여전히 역사하시는 하나님의 주권과 은혜를 신뢰하는 구체적인 행동입니다. 끊임없이 남과 비교하며 스스로를 갉아먹을 때, 혹은 나의 노력이 아무런 결실도 맺지 못하는 것처럼 보일 때, 우리는 '왜 하필 나에게 이런 일이 일어나지?'라는 원망 대신 '이 상황 속에서 하나님은 무엇을 가르치고 계실까? 그분은 어떻게 역사하실까?'라고 질문하며 하나님의 개입을 기대해야 합니다. 불평과 불만 대신, 그 모든 상황이 하나님의 손안에 있음을 고백하며 감사할 때, 세상의 눈에는 여전히 '하찮은 음식'처럼 보이는 우리의 일상과 고난조차 하나님의 은혜로 바뀌고, 우리는 믿음의 눈으로 세상을 바라보는 진정한 그리스도인의 정체성을 회복하게 될 것입니다.

새로 배운 단어와 문법

단어	발음(음역)	의미
קָצַר	카짜르(qāṣar)	상했다
נֶפֶשׁ	네페쉬(nep̄eš)	숨
נָחָשׁ	나하쉬(nāḥāš)	뱀
שָׂרָף	사라프(śārāp̄)	스랍, 불뱀
נְחַשׁ נְחֹשֶׁת	네하쉬 네호셰트 (nəḥaš nəḥōšeṯ)	놋뱀

6

케셈(מֶסֶם)

신 위의 신

우리는 살면서 끊임없이 유혹에 직면합니다. 눈앞의 달콤한 이득이나 명예, 혹은 남들의 인정이라는 유혹 앞에서 과연 우리는 얼마나 자유로울 수 있을까요? 특히 그리스도인으로서 하나님의 뜻을 따르고자 할 때조차, 세상의 가치와 타협하려는 마음이 불쑥 고개를 들 때가 있습니다. 때론 '이 정도는 괜찮지 않을까?', '하나님은 내 상황을 이해해주실 거야'라며 스스로 합리화하기도 합니다. 이런 상황 속에서 어떻게 하나님의 말씀 앞에 굳건히 설 수 있을까요? 나아가 나를 향한 하나님의 명령을 오해하지 않고 온전히 순종할 수 있을까요?

복채(מֶסֶם): 이방 점술과 하나님의 주권

민수기는 이스라엘 백성이 광야에서 겪었던 수많은 유혹

과 그 속에서 드러난 인간의 연약함을 가감 없이 보여줍니다. 불뱀과 놋뱀 사건이 끝나고 민수기는 전쟁 이야기로 넘어갑니다. 자신의 영토 앞에 자리한 이스라엘을 보며 모압 왕 발락은 심각한 고민에 빠졌습니다. 이스라엘과의 전쟁에서 이겨야 했던 그는 당시 선견자(실제론 마술사 정도였을 것 같습니다)인 발람의 신탁을 받기 위해 구애를 펼칩니다. 신탁이라기보단 이스라엘을 향한 저주의 메시지를 받고 싶었던 것이죠. 그래서 모압 왕 발락은 자신의 신하들을 발람에게 보냅니다.

> 모압 장로들과 미디안 장로들이 손에 복채(םֵסְק)를 가지고 떠나 발람에게 이르러 발락의 말을 그에게 전하매 발람이 그들에게 이르되 이 밤에 여기서 유숙하라. 여호와께서 내게 이르시는 대로 너희에게 대답하리라. 모압 귀족들이 발람에게서 유숙하니라(민 22:7-8).

성경은 그들이 '복채'를 가지고 갔다고 말합니다. 복채라는 단어는 히브리어로 '케셈'(םֵסְק)입니다. 이 단어는 구약성경에서 이방 마술사, 점술사 또는 거짓 선지자 등이 행했던 점, 예언 등을 의미합니다. 그런 맥락에서 점이나 예언을 해주는 이들에게 주는 '복채'라는 의미도 포함합니다. 그러니 발람을 하나님의 예언자라고 볼 순 없겠지요. 그런데 정말 특이한 점은 그들이 복채를 들고 왔을 때, 발람은 여호와께 묻겠다라고 합니다. 결국 이 사건은 하나님께서 모든 것을 주관하고 계셨다고 생각할 수밖에 없습니다. 이방 세계도 하나님의 주관하에 있다는 신학이 강조되는 것이지요.[150] 그러나 발람은 하나님과의 첫 번째 대면 이후 발락의 소원을 들어줄 수 없다고 말합니다.

흔들리는 마음: '크게 존귀하게 하겠다'의 의미

발락은 포기하지 않고 두 번째 사신을 보냅니다.

> 내가 그대를 높여 크게 존귀하게 하고(כִּי־כַבֵּד אֲכַבֶּדְךָ מְאֹד) 그
> 대가 내게 말하는 것은 무엇이든지 시행하리니 청하건대 와
> 서 나를 위하여 이 백성을 저주하라 하시더이다(민 22:17).

발람에게 더 많은 사신들이 찾아와서 백지수표를 주겠다
는 말을 합니다. 그중에 첫 번째 말을 살펴보겠습니다. "내가
그대를 높여 크게 존귀하게 하겠다"라는 문장은 히브리어로
'키-카베드 아카베드카 메오드'(כִּי־כַבֵּד אֲכַבֶּדְךָ מְאֹד)입니다. 첫
번째 단어 '키'(כִּי)는 다양한 의미가 있습니다. 원인절을 설명
하기 위해 '왜냐하면'이라고 쓰기도 하고, 문장을 강조하기 위
해 '정말로, 확실히'로 볼 수도 있고, 관계대명사처럼 사용할
수도 있습니다. 이 단어는 이 구절의 첫 단어이기 때문에 아마
도 '정말로, 확실히'로 쓰는 것이 자연스러워 보입니다. 두 번
째 단어는 '카베드'(כַבֵּד)이고, 어근은 '카베드'(כבד)입니다. 이
단어의 기본 의미는 '무겁다'입니다. 이 의미에서 다양한 의미
가 파생되어 '유력하다, 존경하다'의 의미가 생겨났습니다. 하
지만 다른 방향에서 죄가 무거움을 나타내기도 하고, 바로의
마음이 강퍅했다는 것도 이 단어가 사용됩니다. 문법적 번역
은 '피엘 동사 부정사 절대형'입니다. 부정사는 용례가 다양하
기 때문에 이어 나오는 단어를 보고 판단하는 것이 좋습니다.
세 번째 단어는 '아카베드카'(אֲכַבֶּדְךָ)입니다. 어근은 앞 단어와
똑같은 '카베드'입니다. 문법적 번역은 '피엘 동사 미완료
(Yiqtol) 1인칭 단수 대명사 접미사 2인칭 남성 단수' 입니다.
번역하면 '내가 너를 존경할 것이다' 정도가 됩니다. 마지막

단어 '메오드'(מְאֹד)는 강조의 의미를 담은 부사입니다. '매우, 심히'라는 의미가 있습니다. 전체 문장의 번역 전에 마지막으로 해결해야 할 것이 있습니다. 먼저 본문과 같이 부정사와 동사가 같은 어근의 단어를 사용할 경우 번역에 유의해야 합니다. 다양한 용례를 적용할 수 있겠지만 가장 일반적인 번역은 '강조'의 의미를 담아서 번역하는 것입니다. 그래서 '존경하다'라는 동사의 의미를 강조해서 번역하면 됩니다. 하지만 그 다음 문제가 있습니다. 모압 왕 발락이 발람을 존경하는 게 무슨 의미일까요? 사람들로 하여금 존경받을 만한 사람으로 만들어주겠다는 의미일까요? 그럼 명예를 주겠다는 의미일까요? 그럴지도 모르겠습니다. 하지만 '카베드'라는 단어가 피엘형일 때는 '후하게 대우하다, 넉넉하게 보수를 주다'라는 의미도 있습니다. 그렇다면 첫 번째 방문을 했을 때는 나름 정해둔 복채를 가지고 왔었는데, 이번 방문 때는 그 이상을 지불할 것이라는 의미로 받아들일 수 있습니다. 그렇다면 본문을 '확실히 내가 심히 크게 넉넉한 보수를 줄 것이다' 정도로 번역할 수 있을 것 같습니다. 부정사와 동사 간의 관계 때문에 이미 강조형이 있는데, 부사 '메오드'를 쓰면서 강조형을 만들었습니다. 그리고 이어서 발람이 말하는 대로 다 해주겠다고 하니 발람의 마음이 흔들릴 만합니다. 그래서 발람은 여호와께서 또 다른 말씀을 하실 수도 있으니 하룻밤 기다려 보라고 말합니다. 이미 하나님의 말씀이 있었는데, 조금의 가능성을 내비친 그의 마음은 이미 흔들리고 있는 중이었다는 증거가 아닐까요?

하나님의 진노: 하나님의 명령을 오해한 발람

하나님께서는 발람에게 나타나서, 발락을 따라갈 수는

있지만 하나님께서 전하라고 하는 말만 할 수 있다는 명령을 내리십니다. 허락을 받았다고 생각한 발람은 길을 떠나려고 하는데, 갑자기 하나님께서 칼을 든 천사를 보내 발람의 길을 가로막습니다.

> 그가 감으로 말미암아 하나님이 진노하시므로 여호와의 사자가 그를 막으려고 길에 서니라. 발람은 자기 나귀를 탔고 그의 두 종은 그와 함께 있더니(민 22:22).

발람은 하나님이 허락하신 줄 알고 떠났는데, 그가 떠난 것 때문에 하나님이 진노하셨다는 것은 이해하기가 난해합니다. 하지만 이런 상황이 구약성경에서 처음 발견되는 것은 아닙니다. 야곱은 가나안으로 돌아가라는 하나님의 명령을 받고 가던 중, 한 사람과 씨름을 하게 되고 환도뼈를 다치게 되었습니다(창 31:3). 모세는 본격적으로 출애굽 사명을 감당하려고 마음먹었는데, 숙소에서 하나님에 의해 죽임을 당할 뻔했습니다(출 4:24). 여호수아는 약속의 땅을 향하여 갈 때, 갑자기 길을 막는 여호와의 군대 장관을 만났습니다(수 5:13). 이런 수수께끼 같은 현상은 하나님의 부르심을 받은 자들은 하나님에 의해서 언제나 통제되고 있다는 사실을 명확하게 알려 주기 위함일 수도 있습니다. 그런 의미에서 보자면 발람도 구약성경의 주요 인물들의 대열에 합류하게 됩니다. 흥미로운 점은 하나님과의 세 번째 만남에서 발람은 선견자였음에도 불구하고, 나귀가 보는 천사의 모습을 보지 못했다는 것이겠지요.[151] 이런 해석은 뭔가 아직 해소되지 못한 느낌이 있습니다. 그래도 본문을 유심히 보면 다른 의미로 본문을 볼 수 있는 가능성이 생깁니다.

밤에 하나님이 발람에게 임하여 이르시되 그 사람들이 너를 부르러 왔거든(םא) 일어나 함께 가라. 그러나 내가 네게 이르는 말만 준행할지니라(민 22:20).

'왔거든'에 포함된 히브리어 단어는 '임'(םא)입니다. 번역상에는 드러나지 않지만, 히브리어 원문에는 이 단어가 있고 그 의미는 '만일'입니다. 본문을 다시 보면, 하나님의 명령은 그들이 발람을 부르기 위해 온다면 그가 따라가는 형태로 조건이 붙어 있는 문장입니다. 하지만 발람은 그들이 오지도 않았는데, 모압 고관들에게 갑니다. 그는 자신의 욕심을 억누르지 않았고, 이는 하나님께서 그의 떠남에 대해 분노하실 수 있는 근거가 됩니다. 결국 하나님은 가라고 명령하신 적이 없는 것입니다. 하나님은 발람에게 순종할 수 있는 기회를 주셨지만 발람을 그것을 잡지 못했습니다. 그는 순종을 택하기보다는 자신 앞에 있는 부와 명예를 먼저 생각했습니다.

그런데 발람은 심판을 받지는 않았고, 다만 하나님의 일을 위한 도구로 예언을 합니다. 어떻게 예언했을까요? 그는 이스라엘을 저주해야 했지만, 하나님의 영에 사로잡혀(민 24:2) 축복할 수밖에 없었습니다. 발람의 축복은 아브라함에게 주신 하나님의 약속을 생각나게 합니다. 자손의 약속(민 23:10), 하나님의 복과 보호(민 23:21-23), 땅의 약속(민 24:5-7) 그리고 열방을 향한 약속입니다(24:16-17).[152] 하나님은 이방 점쟁이를 통해서도 창세기에서 시작한 약속의 성취가 계속 진행되고 있음을 보여주신 것입니다.

발람의 이야기는 크게 두 가지를 생각하게 만듭니다. 하나는 부와 명예 앞에서 흔들리지 않는 사람은 없다는 것입니다. 누가 자유로울 수 있을까요? 하지만 하나님의 명령을 받은 발람은 하나님의 말씀에 순종할 수 있는 방법을 찾아야만 했습니다. 암브로시우스(Ambrose of Milan)는 이 상황에 대해 다음과 같이 설명합니다.

> 발락은 발람이 탐욕 때문에 보상을 노리고서 성조들의 백성을 저주하는 유혹에 넘어갈 수도 있다고 생각했습니다. 주님께서 발람이 저주를 자제하도록 명하지 않으셨더라면, 탐욕이 승리했을 것입니다(Off. 2. 26. 130.).[153]

발람의 이야기는 모두가 직면하는 현실적인 유혹을 보여 줍니다. 부와 명예, 인정받고 싶은 마음은 단순한 세속적 욕심이 아니라, 인간이라면 누구나 흔들릴 수 있는 본능적인 욕망입니다. 문제는 그것을 붙잡을 것인가, 하나님의 뜻을 붙잡을 것인가의 선택입니다. 발람은 하나님의 말씀을 들었음에도, 마음 한편에 남아 있는 가능성과 욕심을 버리지 못했습니다. 우리 역시 하나님의 뜻을 알고도, 상황을 핑계 삼아 타협의 길로 기울 때가 많습니다. 그러나 이 이야기는 분명하게 말합니다. 하나님의 주권은 세상의 어떤 유혹보다 크며, 심지어 불완전한 사람을 통해서도 하나님의 약속은 반드시 이루어진다는 사실을 잊지 말아야 합니다.

더 생각해 보기

발람 이야기는 두 가지 중요한 교훈을 던져줍니다. 첫째, 누구도 부와 명예의 유혹 앞에서 자유로울 수 없다는 것입니다. 발람처럼 하나님의 음성을 듣고도, '더 크게 존귀하게 하겠다'는 달콤한 제안 앞에서 마음이 흔들리는 것이 우리의 솔직한 모습일지 모릅니다. 오늘날 우리는 SNS의 '좋아요'와 '구독자 수', 혹은 연봉과 직급이라는 숫자에 갇혀, 하나님의 말씀보다 세상의 인정과 성공을 좇아 흔들리지는 않습니까? 우리 자신의 의지와 노력만으로는 이 유혹을 이기기 어렵다는 사실을 인정하고, 하나님의 도우심을 간절히 구해야 합니다.

둘째, 마음이 흔들릴 때 하나님의 말씀을 내 방식대로 '해석'하려는 위험에 빠질 수 있다는 것입니다. 하나님은 분명 '만일 그들이 너를 부르러 왔거든'이라는 조건을 말씀하셨지만, 발람은 자신의 욕심에 눈이 멀어 이를 '가도 좋다'는 허락으로 오해했습니다. 이처럼 우리는 '하나님은 사랑이시니까 다 이해해주실 거야', '이 정도는 괜찮겠지'라며 하나님의 말씀을 내 삶의 편의에 맞춰 합리화하곤 합니다. 그러나 우리의 삶을 하나님의 말씀에 맞추는 것이 아니라, 하나님의 말씀을 우리 삶의 절대적인 기준으로 삼는 것이 중요합니다.

결국 발람의 이야기는 우리에게 '경건 생활'의 중요성을 다시 일깨웁니다. 눈앞의 이득과 세상의 유혹 앞에서 흔들리지 않고, 하나님의 말씀을 내 삶의 나침반으로 삼기 위해서는 꾸준히 말씀 앞에 서고, 기도하며, 공동체 안에서 믿음을 지키는 노력이 필요합니다. 우리의 마음이 무너지지 않고, 하나님의 뜻을 분별하며 순종하기 위한 '경건의 훈련'이야말로, 이 혼란한 시대를 살아가는 그리스도인에게 가장 절실한 삶의 방식일 것입니다."

새로 배운 단어와 문법

단어	발음(음역)	의미
קֶסֶם	케셈(qesem)	복채
כִּי	키(kî)	왜냐하면, 정말로, 관계대명사

כָּבֵד	카베드(kābēḏ)	무겁다, 유력하다, 존경하다
מְאֹד	메오드(məʾōḏ)	심히, 매우
אִם	임(ʾim)	만일

숫자 이면에
숨겨진 의미

오늘날 우리는 숫자와 데이터로 정의되는 시대에 살고 있습니다. 인구 통계는 한 나라의 정책 방향을 결정하고, 경제 수치는 우리의 일상을 좌우하며, 투표 결과는 사회의 미래에 큰 영향을 미칩니다. 이처럼 어떤 숫자들은 단순한 정보가 아니라, 개인과 공동체의 정체성을 드러내고 미래를 설계하는 중요한 도구로 자리 잡았습니다. 그러나 숫자만을 바라보는 시각은 때로 그 숫자 뒤에 숨겨진 사람들의 이야기와 가치를 놓칠 위험이 있습니다. 통계와 숫자는 단순한 계산 결과가 아니라, 인간 삶의 흔적과 역사를 담아내는 창이 될 수도 있습니다. 이러한 사고는 성경에도 나옵니다.

광야에서 있었던 많은 사건들이 지나고 민수기 후반부에 만나는 내용은 인구조사입니다. 민수기에서는 두번의 인구조사가 이루어집니다. 민수기 1장의 첫 번째 인구조사는 전쟁에 나갈 사람의 수를 세기 위한 목적을 가지고 있습니다.

너희는 이스라엘 자손의 모든 회중 각 남자의 수를 그들의 종족과 조상의 가문에 따라 그 명수대로 계수할지니 이스라엘 중 이십 세 이상으로 싸움에 나갈 만한 모든 자를 너와 아론은 그 진영별로 계수하되(민 1:2-3).

두 번째 인구조사는 가나안 땅의 분배를 목적을 갖습니다(민 26:53-56). 각 지파의 크기에 맞게 땅을 분배해 주기 위해서입니다.

이스라엘 자손의 온 회중의 총수를 그들의 조상의 가문을 따라 조사하되 이스라엘 중에 이십 세 이상으로 능히 전쟁에 나갈 만한 모든 자를 계수하라 하시니(민 26:2).

26장의 인구조사 언급은 1장과 거의 유사해 보이지만, 뒤이은 설명을 보면 땅 분배와 관련 있음을 알 수 있습니다. 그렇게 정리된 인구를 표로 비교해 보면 다음과 같습니다.

지파	첫 번째 인구조사	두 번째 인구조사	차이
르우벤	46,500명	43,730명	-2,770명
시므온	59,300명	22,200명	-37,100명

갓	45,650명	40,500명	−5,150명
유다	74,600명	76,500명	1,900명
잇사갈	54,400명	64,300명	9,900명
스불론	57,400명	60,500명	3,100명
므낫세	32,200명	52,700명	20,500명
에브라임	40,500명	32,500명	−8,000명
베냐민	35,400명	45,600명	10,200명
단	62,700명	64,400명	1,700명
아셀	41,500명	53,400명	11,900명
납달리	53,400명	45,400명	−8,000명
합계	603,550명	601,730명	−1,820명

첫 번째로 조사된 인구는 출애굽 세대입니다. 그리고 두 번째로 조사된 인구는 광야에서 태어난 세대입니다. 이미 광야에서 출애굽 1세대는 모두 죽었고(민 25:64-65), 남아 있는 백성은 첫 번째 인구조사 대비 1,820명이 줄었습니다. 특히나 바알브올의 우상 숭배를 시므온 지파가 주도해서 그들의 인구가 많이 줄었기 때문일 가능성이 있습니다.[154] 그럼에도 성인 남자의 인구가 60만 명대였다는 것은 크게 달라지지 않았습니다. 이런 인구조사의 결과는 아무 문제가 없어 보입니다. 하지만 학자들은 꽤 오래전부터 이 숫자에 관한 의문을 품어 왔습니다. 인구조사에 따른 남성의 인구를 기준으로 당시 이스라엘의 인구를 상상해 본다면 적어도 200만 명이 넘었을 것입니다. 하지만 당시 시대에 집안에 자녀가 한 명일 경우는 거의 없으니 인구는 배로 늘어납니다. 그런데 야곱의 자손 70여 명으로 시작해서 이렇게 폭발적인 인구 증가가 가능했을

까요? 물론 하나님의 역사라고 고백할 수 있겠지만, 한 가구에 자녀가 3명만 있어도 총인구가 300만 명이 넘는다는 계산이 나옵니다. 과연 그만한 인구가 당시 이집트에 거주하며 광야를 이동하고 가나안에 들어갈 수 있었을까요? 고고학적인 증거로는 이집트이든 가나안이든 그 정도의 인구가 살았던 예가 고대에는 없습니다. 그리고 그 정도 인구가 광야를 떠도는 것도 불가능했을 것입니다. 하나님의 역사임을 고백하는 것과 합리적인 인구에 대한 설명이 공존할 수는 없을까요? 학자들은 이 문제를 해결하기 위해 노력했습니다. 그러다 몇 가지 주목할 만한 해석이 나타났습니다.

이 숫자가 실제로 정확한 인구를 나타내는 것이 아니라 다른 의미가 있다는 입장이 있습니다. 고대인들은 현대인들이 알지 못하는 숫자의 기준을 가지고 있었다는 것입니다.[155] 그래서 이 숫자는 이집트에서의 구원 역사의 장엄함과 기적을 표현하기 위한 의도가 있고, 족장들을 통한 번성의 약속이 이루어지고 있다는 증거라고 봅니다.[156] 이는 고대 근동의 여러 문학적 관례(과장된 숫자 사용)를 따른 것일 뿐, 역사적 증거보다는 신학적 의미에 중점을 두고 해석해야 한다는 입장입니다.[157]

천(אֶלֶף)의 재해석: 합리적인 인구 수치

한 걸음 더 나아가 합리적인 수치를 제공해 주는 입장도 있습니다. 이 입장에선 히브리어 '천'(אֶלֶף)을 숫자 단위로 보지 않고, 구약성경의 다른 예처럼 '부족', '가족', '천막그룹', 이거나 군대(troop)로 해석해야 한다고 봅니다. 이 의견을 따르면 전쟁에 나갈 수 있는 성인 남자의 인구는 5,000-6,000명 정도가 됩니다. 이 입장이 어떤 의미인지 본문으로 설명해 드리겠습니다. 인구조사를 했던 한 구절을 보겠습니다.

> 이는 르우벤 종족들이라. 계수된 자가 사만 삼천칠백삼십 명(שְׁלֹשָׁה וְאַרְבָּעִים אֶלֶף וּשְׁבַע מֵאוֹת וּשְׁלֹשִׁים)이었더라(민 26:7).

숫자를 세는 단어만 보겠습니다. 첫 번째 단어 '쉘로샤'(שְׁלֹשָׁה)는 숫자 3입니다. 두 번째 단어 '붸아르바임'(וְאַרְבָּעִים)은 접속사 '붸'(וְ), 그리고 원형이 '아르바'(אַרְבַּע)인 복수형 '아르바임'(אַרְבָּעִים)으로 구성되어 있습니다. 그래서 숫자 40이 됩니다. 그리고 나오는 세 번째 단어가 바로 '엘레프'(אֶלֶף)입니다. 본문에선 이 단어를 숫자 단위 1,000으로 해석했습니다. 그래서 앞에 나온 숫자를 더하면 43이고, 거기에 천의 자리를 더하니 43,000이 나온 것입니다. 그리고 네 번째 단어 '우쉐바'(וּשְׁבַע)는 접속사 '우'(וּ)에 숫자 7을 의미하는 '쉐바'(שְׁבַע)가 있습니다. 다섯 번째 단어 '메오트'(מֵאוֹת)는 숫자 단위 100입니다. 마지막 단어 '우쉘로쉼'(וּשְׁלֹשִׁים)은 접속사 '우'(וּ)에 원형 '샬로쉬'(שְׁלֹשׁ)의 복수형 '쉘로쉼'(שְׁלֹשִׁים)이 합쳐진 단어이고 뜻은 30입니다. 그래서 합치니 730이 되었습니다. 그런데 앞서 나온 접속사 '붸'(וְ)와 뒤에 나온 접속사 '우'(וּ)는 같은 단어입니다. 그런데 학자들의 제안처럼 천의 단위 숫자를 제시하는 '엘레프'(אֶלֶף)를 가족, 군대 등으로 번역하면 인구에 큰 변화가 생깁니다. 위에 예로 든 본문을 다시 번역하면 '43,730명'이 아니라 43그룹의 730명으로 볼 수 있기 때문입니다. 이 제안을 따라 숫자를 다시 계산하여 비교하면 다음 표와 같습니다.

지파	첫 번째 인구조사	두 번째 인구조사		
르우벤	46,500명	46그룹 500명	43,730명	43그룹 730명
시므온	59,300명	59그룹 300명	22,200명	22그룹 200명
갓	45,650명	45그룹 650명	40,500명	40그룹 500명
유다	74,600명	74그룹 600명	76,500명	76그룹 500명
잇사갈	54,400명	54그룹 400명	64,300명	64그룹 300명
스불론	57,400명	57그룹 400명	60,500명	60그룹 500명
므낫세	32,200명	32그룹 200명	52,700명	52그룹 700명
에브라임	40,500명	40그룹 500명	32,500명	32그룹 500명
베냐민	35,400명	35그룹 400명	45,600명	45그룹 600명
단	62,700명	62그룹 700명	64,400명	64그룹 400명
아셀	41,500명	41그룹 500명	53,400명	53그룹 400명
납달리	53,400명	53그룹 400명	45,400명	45그룹 400명
합계	603,550명	598그룹 5,550명	601,730명	596그룹 5,730명

이렇게 놓고 본다면 남자만 약 5,000명일 때, 그 가족의 숫자는 아무리 작아도 15만 명 이상은 됩니다. 그리고 고대 근동 세계에서 자녀가 5명은 있었다고 본다면 30만에 가까운 인구가 됩니다. 70명으로 시작한 인구가 30만 가까이 된다고 했을 때 인구 증가폭은 합리적으로 받아들일 수 있는 수준입니다. 그래서 많은 학자들이 이를 지지해 왔습니다.

실제 인구가 얼마나 되었는지를 연구하는 것은 학자들에게는 중요한 문제입니다. 그렇다면 성경을 읽는 우리는 이 인구조사 본문을 통해 무엇을 깨달을 수 있을까요? 장정 60만 명이냐, 5,000명이냐 하는 숫자의 정확성 논쟁에 매몰되는 것은 어쩌면 소모적인 일일지도 모릅니다. 하나님께서 이 본문을 통해 우리에게 정말 알려 주고 싶었던 것은 정확한 인구 통계가 아닐 것입니다. 오히려 창세기부터 약속하신 하나님의 언약(번성, 땅)이 광야의 혹독한 시간 속에서도 변함없이 지속되고 있다는 강력한 증거를 보여주고 싶었던 것이 아닐까요? 숫자 그대로를 받아들이든, 합리적인 해석에 따르든, 하나님의 신실하신 역사하심을 설명하는 데는 문제가 없었습니다.

우리가 잊지 말아야 할 중요한 사실이 하나 더 있습니다. 이집트를 나온 첫 세대 사람들 중 여호수아와 갈렙 두 명을 제외하고는 모두 광야에서 죽었다는 점입니다. 교부 요한 카시아누스(John Cassian)도 이 비극적인 현실을 지적하며, 하나님의 약속이 아무리 크고 분명해도 인간의 불순종과 불신앙이 그 약속의 성취를 가로막을 수 있음을 경고합니다.

… 저는 모세 시대에 수많은 죄인들이 있었다는 기록처럼 그런 사람들이 또 있을까 봐 걱정입니다. 무장한 군인 육십만 삼천 명이 이집트를 떠났다고 하지만, 그중 약속의 땅에 들어간 사람은 단 두 명뿐이었습니다(Conf. 3, 7, 6.).[158]

인구조사에 담긴 숫자는 단순한 통계가 아니라, 하나님께서 이스라엘과 맺으신 언약이 광야라는 극한 상황 속에서도 여전히 살아 있고 유효하다는 증거입니다. 실제 인구가 60만 명이었든, 혹은 몇 천 명이었든, 본문의 핵심은 '얼마나 많았는가'가 아니라 '하나님이 끝까지 지키셨는가'에 있습니다. 그러나 동시에, 이집트를 나온 첫 세대가 약속의 땅에 들어가지 못한 이유가 불순종과 불신앙이었음을 기억해야 합니다. 숫자는 하나님의 신실함을 드러내는 동시에, 우리의 불신앙이 얼마나 큰 손실을 가져올 수 있는지를 보여주는 거울인 셈이지요. 그러므로 우리는 오늘의 삶 속에서 하나님의 약속을 신뢰하며, 그 약속 안에 끝까지 남는 믿음을 지켜야 합니다.

더 생각해 보기

우리는 숫자로 모든 것을 평가하는 시대에 살고 있습니다. 통장 잔고, SNS 팔로워 수, 자녀의 성적, 회사 실적, 교회의 출석 인원과 헌금액까지, 숫자가 우리의 가치와 신앙의 성패를 결정하는 척도로 자리 잡았습니다. 교회는 '몇 명이 예배에 참석했는가', '얼마나 많은 프로그램을 운영하는가', '얼마나 큰 건물을 세웠는가'를 성공의 기준으로 삼고, 성도는 '얼마나 많은 봉사에 참여했는가', '얼마나 오래 신앙생활을 했는가'로 스스로를 평가합니다. 그러나 민수기의 인구조사 이야기는 우리에게 숫자 그 자체보다 더 중요한 것이 있다는 사실을 경고합니다.

광야의 60만 장정 중 약속의 땅에 들어간 사람은 여호수아와 갈렙 단 두 명뿐이었습니다. 숫자가 많아도 믿음과 순종이 없으면 하나님의 약속은 성취되지 않는다는 뼈아픈 현실을 보여줍니다. 오늘날 교회도 마찬가지입니다. 교인이 많아도, 프로그램이 화려해도, 건물이 웅장해도, 말씀에 대한 순종과 삶의 열매가 없다면 그것은 껍데기에 불과합니다. 그러므로 우리는 눈앞의 숫자에 일희일비하며 절망하거나 교만할 것이 아니라, 먼저 질문해야 합니다. "하나님께서 우리에게 이 상황을 통해 주시고자 하는 의미가 무엇인가?" 숫자에 매몰되면 방향을 잃지만, 말씀에 순종하는 선택을 하면 광야 같은 현실 속에서도 길이 열립니다.

이제 교회는 '얼마나 많은가'를 묻기보다 '얼마나 순종하고 있는가'를 물어야 합니다. 예배당의 의자 수보다, 예배에 참여하는 사람들의 순전한 믿음이 더 중요합니다. 헌금액보다, 그 헌금이 하나님의 뜻에 따라 사용되고 있는지

가 더 중요합니다. 프로그램의 개수보다, 그 프로그램이 성
도들의 삶을 복음 안에서 변화시키는지가 더 중요합니다.
하나님의 약속을 신뢰하고, 그분의 말씀에 끝까지 순종하
는 길을 선택하는 교회만이 광야를 지나 약속의 땅에 이를
수 있습니다. 우리가 다시 이 본질로 돌아간다면, 숫자가
아니라 하나님이 주시는 생명의 열매로 세상 앞에 설 수 있
을 것입니다.

새로 배운 단어와 문법

단어	발음(음역)	의미
אֶלֶף	엘레프(ʾelep̄)	천, 부족, 가족, 천막그룹, 군대
שָׁלֹשׁ	샬로쉬(šālōš)	3
וְ	붸(wə)	그리고, 그러나, 그러므로
אַרְבַּע	아르바(ʾarbaʿ)	4
שֶׁבַע	쉐바(šebaʿ)	7
מֵאוֹת	메오트(mēʾôṯ)	100

신명기

1

쉐마(שָׁמַע), 라아소트(לַעֲשׂוֹת)

순종이란?

졸업, 이직, 결혼, 출산, 은퇴… 삶의 중요한 전환점마다 우리는 '이제부터 나는 누구이며, 어떻게 살아가야 할까?'라는 질문에 직면합니다. 익숙했던 환경을 떠나 새로운 시작을 앞두면 기대감만큼이나 막연한 불안감이 밀려오곤 하지요. 특히 신앙인으로서 이러한 변화의 시기를 마주할 때, 세상의 가치와 하나님의 말씀 사이에서 우리의 정체성과 삶의 방향을 어떻게 설정해야 할지 고민될 때가 많습니다. 신명기는 바로 이처럼 약속의 땅 진입이라는 거대한 변화를 앞둔 이스라엘에게 주어진 모세의 마지막 설교입니다. 우리는 이 설교 속에서 오늘날 삶의 중요한 전환점에서 길을 잃지 않고 하나님의 말씀에 온전히 순종하며 살아가는 지혜를 발견할 수 있습니다.

모세 오경의 다섯 번째 책을 라틴어 성경에서는 '듀테로노미움'(deuteronomium)이라 합니다. 본래 70인역의 신명기 17:18의 "율법서의 등사본(deuteronomion)"에서 온 이 말은 "두 번째(Deutero) 율법(nomium)"을 뜻한다는 오해에서 붙여진 이름입니다. 이 명칭은 모세를 통해 이루어진 일종의 두 번째 율법 제정을 가리킨다고 이해되어 왔습니다. 하지만 이 율법서는 신명기 전체를 의미하는 것이 아니라, 왕에 관한 특별한 율법에 한정되어 있습니다.[159] 첫 번째 율법 제정은 시내산에서(출 19-24장) 주어진 것이고, 두 번째는 약속의 땅에 들어가기 전 모압 경계 지역에서 이루어집니다(신 29:1). 앞에서 언급된 율법을 다시 한번 상기시켜주는 설교의 형식을 띠고 있기 때문에 신명기는 '율법의 수여'에 관한 의미라기보다, '율법에 대한 설교'의 의미로 보는 것이 더 적합합니다.[160]

유대인들은 신명기를 신명기 17:18에 나온 단어를 따라 '미쉬네 하토라'(מִשְׁנֵה הַתּוֹרָה)라고 부릅니다. 하지만 히브리 성경의 제목은 '이것들은 말씀들이다'(אֵלֶּה הַדְּבָרִים)입니다. 두 가지 모두 결국 '말씀'이라는 것에 집중합니다. 모세의 죽음과도 연결이 되어 있는 신명기는 마지막까지 이스라엘 백성들을 향해 모세가 전하는 하나님의 말씀이 중심입니다.[161] 그리고 그 말씀은 오경의 핵심을 요약한 것에서 끝나지 않습니다. 앞으로 가나안에 들어가서 살게 될 미래의 이스라엘을 위한 말씀입니다. 그래서 자연스럽게 역사서(여호수아 이후)로 연결됩니다.[162]

새로운 시작 앞에서: 듣고(שָׁמַע) 준행하라(לַעֲשׂוֹת)

신명기는 설교적, 교훈적, 훈계적 문체와 목적을 가지고 있는 설교자의 수사(rhetoric)로 가득합니다.[163] 많은 곳에 이 내용이 있지만 특히 신명기 4장에는 모세의 아주 열정적인 수사로서, 신명기 신학의 핵심인 '순종'에 관한 설교가 들어 있습니다. 이집트에서 이스라엘을 이끌고 나온 모세는 약속의 땅 가나안에 들어가기 앞서 이스라엘에게 다시 한번 하나님의 말씀에 관해 자세하게 말합니다. 약속의 땅으로 들어감은 그들에게 새로운 시작입니다. 정체성도, 삶도 많은 것이 바뀌는 시점입니다. 그러다 보니 많은 변화에 앞서 올바른 정체성을 갖추게 하는 것은 지도자인 모세에게 중요한 일이었습니다. 성인이 되어 사회에 홀로 진출하는 것과 비슷할 수 있겠지만 그보다는 훨씬 큰 삶의 변화가 일어나는 시점입니다. 새로운 삶을 살아가야 하는 그들에게 용기가 될 만한 좋은 메시지도 있지만, 신명기는 중요하고도 핵심적인 메시지를 많이 전합니다. 그중에 첫 이야기는 신명기 4장에 있습니다.

> 이스라엘아, 이제 내가 너희에게 가르치는 규례와 법도를 듣고(שָׁמַע) 준행하라(לַעֲשׂוֹת). 그리하면 너희가 살 것이요 너희 조상의 하나님 여호와께서 너희에게 주시는 땅에 들어가서 그것을 얻게 되리라(신 4:1).

이제 하나님께서 모세를 통해 아주 중요한 말씀을 하시기에, 그들은 들어야 합니다. 그래서 신명기 4:1의 중요한 단어가 '듣다'라는 동사입니다. 한글 성경의 위치와는 달리 히브리 성경은 앞에서 세 번째에 '듣다'라는 동사가 있습니다. 이 동사는 '쉐마'(שָׁמַע)라고 읽습니다. 문법적 번역은 칼 동사 명령 남성 단수입니다. '쉐마'라는 말은 아마 익히 많은 분들이 들어 봤을 것입니다. 의미는 '들으라!' 입니다. 그런데 왜 들어야 하겠습니까? 그들은 말씀에 순종하기 위함입니다. 한글 성경으로는 '준행하라'로 되어 있어서 '듣다'라는 단어와 함께 명령형처럼 들리지만 히브리 성경에선 다릅니다. '준행하라'는 말은 히브리어로 '라아소트'(לַעֲשׂוֹת)라고 읽습니다. 이 단어는 두 단어가 결합되어 있습니다. 먼저는 '~을 위하여'라는 의미의 전치사 '레'(לְ)입니다. 헌데 본문에서 모음의 변화가 있습니다. 이는 전치사가 어떤 모음과 만나느냐에 따라 일어나는 법칙입니다. 남은 단어인 '아소트'(עֲשׂוֹת)의 어근은 '아사'(עָשָׂה)이며 의미는 '행하다, 만들다'입니다. 문법적 번역은 칼 부정사 연계형입니다. 그럼 이 단어는 '행하기 위하여'라고 번역할 수 있습니다. 이제부터 하나님이 주실 명령은 원래도 그랬지만 그들이 듣는 것에서 그쳐서는 안 되는 말씀입니다. 반드시 행하기 위해 들어야 합니다.

불순종의 경고: 우상 숭배의 결과

그렇다면 이제 가나안 입성을 앞둔 이스라엘은 어떤 행함을 기억해야 할까요?

네가 그 땅에서 아들을 낳고 손자를 얻으며 오래 살 때에 만일 스스로 부패하여 무슨 형상의 우상이든지 조각하여 네 하나님 여호와 앞에 악을 행함으로 그의 노를 일으키면 내가 오늘 천지를 불러 증거를 삼노니 너희가 요단을 건너가서 얻는 땅에서 속히 망할 것이라. 너희가 거기서 너희의 날이 길지 못하고 전멸될 것이니라. 여호와께서 너희를 여러 민족 중에 흩으실 것이요 여호와께서 너희를 쫓아 보내실 그 여러 민족 중에 너희의 남은 수가 많지 못할 것이며 너희는 거기서 사람의 손으로 만든 바 보지도 못하며 듣지도 못하며 먹지도 못하며 냄새도 맡지 못하는 목석의 신들을 섬기리라. 그러나 네가 거기서 네 하나님 여호와를 찾게 되리니 만일 마음을 다하고 뜻을 다하여(בְּכָל־לְבָבְךָ וּבְכָל־

רֶשֶׁה) 그를 찾으면 만나리라(신 4:25-29).

모세는 이스라엘이 약속의 땅에 들어가면 잘 살수도 있겠지만, 인생의 실패를 맛볼 수도 있음을 말하고 있습니다. 모세가 말하는 인생의 실패는 '갈등'에서 시작될 가능성이 큽니다. 들리는(말씀하시는) 하나님과 보이는 우상 사이에서의 갈등입니다. 점점 눈앞에 확실하게 보이는 우상에 마음을 계속 빼앗길 것입니다. 그럼 결과는 뻔합니다. 확실히 망합니다. 그럼 그들의 인생은 끝인가요? 제대로 살아보려고 하다가 그렇게 살지 못했을 때, 우리의 인생이 넘어지면 더 이상 기회는 없는 것일까요? 본문은 그렇지 않다고, 다시 하나님을 찾으면 만날 수 있다고 말합니다.

회복의 약속: 마음과 뜻을 다하여 찾으라

그런데 어떻게 하나님을 찾아야 하는지가 중요합니다. 본문에선 '마음을 다하고 뜻을 다하라'고 말합니다. 이 문장은 히브리어로 '베콜-레바브카 우베콜-나프쉐카'(בְּכָל־לְבָבְךָ וּבְכָל־נַפְשֶׁךָ)로 읽습니다. 첫 단어 '베콜'(בְּכָל)은 전치사 '베'(בְּ)와 '모든'이라는 의미의 '콜'(כָל)이 합쳐진 단어입니다. 전치사 베는 일반적으로 '~안에'라고 번역하지만, 때에 따라 '~을 가지고'로 번역할 수도 있습니다. 바로 본문과 같은 상황이 그렇습니다. 그리고 이어지는 단어는 마음이라는 뜻의 '레바브'(לְבָב)와 소유격 어미인 대명사 접미사 2인칭 남성 단수 '카'(ךָ)가 붙어 있습니다. 번역하면 '너의 모든 마음을 가지고'입니다. 같은 형식이 이어지고 있습니다. '우베콜'은 접속사 '우'(וּ), 전치사 '베'(בְּ) 그리고 '모든'이라는 의미의 '콜'(כָל)입니다. 의미는 앞과 똑같습니다. 그리고 이어지는 단어는 '숨, 영혼' 등으로 번역하는 명사 '네페쉬'(נֶפֶשׁ)과 대명사 접미사 2인칭 남성 단수 '카'(ךָ)가 있습니다. 번역하면 '그리고 너의 모든 숨/영혼을 가지고'입니다. 하나님을 찾는 방법이 단순하지 않습니다. 그들의 모든 마음과 숨을 가지고 찾아야 합니다. 즉, 내 모든 힘을 다해 하나님을 찾아야 한다는 말입니다.

하나님은 이스라엘에게 율법을 주시고 그것을 지켜야만 살 수 있는 유일한 길임을 말씀하셨습니다. 순종은 약속의 땅에서 그들의 정체성을 지키는 핵심이었습니다. 아우구스티누스(Augustine)의 말처럼, 하나님의 명령은 우리가 판단할 것이 아니라 온전히 순종할 일입니다.

> 하나님의 명령은 판단할 것이 아니라 순종할 일입니다. 하나님께서는 당신의 명령이 얼마나 정당한지 알고 계셨기 때문입니다. 종에게는 명령받은 것을 순종적으로 행하는 것이 어울립니다(Quaest. Hept. Exodus 6.).[164]

신명기는 약속의 땅을 앞둔 이스라엘에게 주어진 하나님의 마지막 당부입니다. 그 핵심은 분명합니다. 하나님의 말씀을 '행하기 위해'(לַעֲשׂוֹת) '듣는'(שָׁמַע) 것이 곧 생명의 길이라는 것입니다. 가나안의 유혹과 우상 숭배 앞에서 이 정체성을 잃지 않으려면, 마음과 뜻을 다해 하나님을 찾고 순종해야 합니다. 듣고도 행하지 않는다면 망할 것이고, 그러나 전심으로 다시 찾는다면 회복이 있습니다. 순종은 과거에도, 지금도 하나님의 백성을 살리는 유일한 길입니다.

더 생각해 보기

하나님은 연약한 인간이 유혹에 넘어질 수 있음을 아십니다. 그래서 주신 길이 바로 "마음을 다하고 뜻을 다하여 하나님을 찾는 것"입니다. 이것은 단순히 예배 참석, 헌금, 봉사 같은 형식적인 종교 행위를 넘어섭니다. 삶의 위기 앞에 서나 세속의 유혹 앞에서, 마치 바알과 하나님을 겸하여 섬겼던 이스라엘처럼 영적으로 혼탁해질 때, 우리는 우리의 마음과 생각, 영혼의 모든 힘을 다해 하나님께 돌이켜야 합니다.

오늘날처럼 '가성비'와 '효율'을 따지는 시대에는 하나님과의 관계마저도 '이만큼 했으니 이만큼 받아야 한다'는 계산적인 믿음으로 변질되기 쉽습니다. 그러나 신명기 4장은 우리의 모든 것을 다해 하나님을 찾을 때, 그분께서 우리를 만나 주시고 인도하신다고 선언합니다. 내 삶의 주인이 내가 아니라 하나님이심을 고백하고, 그분의 말씀만을 유일한 기준으로 삼을 때, 우리는 불확실한 미래 속에서도 흔들리지 않는 견고한 신앙을 가질 수 있습니다.

새로 배운 단어와 문법

단어	발음(음역)	의미
שָׁמַע	쉐마(šəmaʿ)	들으라
לְ	레(lə)	~위하여
עָשָׂה	아사(ʿāśāʰ)	행하다, 만들다
בְּ	베(bə)	~안에, ~을 가지고
כָּל	콜(kol)	모든
לֵבָב	레바브(ləbāb)	마음
נֶפֶשׁ	네페쉬(nepeš)	영혼, 숨

2

자카르(זכר)

안식일을 기억하는
정체성

휴식이 곧 경쟁력이라 말하는 시대에 우리는 얼마나 잘 쉬고 있을까요? 눈앞의 할 일과 성과에 쫓겨 주말에도 쉬지 못하고, 스마트폰 알림에 시달리고 성취 압박과 자기 주도적 통제 욕구로부터 완전히 벗어나는 상태인 진정한 휴식과 회복을 경험하기 어려운 시대를 살아가고 있습니다. 몸은 쉬어도 마음은 여전히 불안하고, 영적 메마름을 느끼기도 합니다.

쉼은 단순히 일을 멈추는 행위를 넘어, 우리의 존재와 정체성을 돌아보는 시간이 되어야 합니다. 구약 성경에는 이 쉼이 단순한 휴식을 넘어 창조주 하나님과의 관계 속에서 우리의 정체성을 확인하는 중요한 계명으로 등장합니다. 출애굽기에 이어 신명기에서 다시 되새기는 안식일 계명을 통해, 우리는 오늘날 진정한 쉼이 무엇이며, 그 속에서 어떻게 우리의 신앙적 정체성을 '기억'할 수 있는지를 탐구하고자 합니다.

다시 주어진 계명: 시내산에서 모압 평지로

성경에 기록된 십계명은 단순히 고대 사회의 법률이자 규범을 넘어 당시 이스라엘 공동체 신앙의 핵심을 형성하고, 그들의 정체성을 규정하는 기준이 되었습니다. 특히 신명기에 다시 등장하는 십계명은 단순히 과거의 율법을 반복하는 것이 아니라, 약속의 땅을 앞둔 새로운 세대에게 삶의 방향과 가치를 다시 한번 각인시키는 역할을 했습니다. 그리고 모세는 백성들에게 인정받은 율법의 중재자입니다. 모세는 백성들이 두려워하여 하나님 앞에 나아가지 못하기에 자기에게 하나님 앞에 나아가 말씀을 받아오라고 청했다는 사실을 언급하기 위해(신 5:24-27) 십계명 이야기를 다시 들려주고 있습니다.

> 말하되 우리 하나님 여호와께서 그의 영광과 위엄을 우리에게 보이시매 불 가운데에서 나오는 음성을 우리가 들었고 하나님이 사람과 말씀하시되 그 사람이 생존하는 것을 오늘 우리가 보았나이다. 이제 우리가 죽을 까닭이 무엇이니이까. 이 큰 불이 우리를 삼킬 것이요. 만일 우리가 우리 하나님 여호와의 음성을 다시 들으면 죽을 것이라. 육신을 가진 자로서 우리처럼 살아 계시는 하나님의 음성이 불 가운데에서 발함을 듣고 생존한 자가 누구니이까. 당신은 가까이 나아가서 우리 하나님 여호와께서 하시는 말씀을 다 듣고 우리 하나님 여호와께서 당신에게 이르시는 것을 다 우리에게 전하소서 우리가 듣고 행하겠나이다 하였느니라(신 5:24-27).

신명기는 율법 준수의 절대적인 중요성을 재강조하고 있

습니다. 하나님의 명령에 순종하는 것이 약속의 땅에서 이스라엘이 장수하며 누릴 수 있는 유일한 길이었습니다. 장수는 말 그대로 오래 사는 것으로서, 고대인들에게 신의 가장 큰 축복으로 여기는 것 중 하나였습니다.

기억하라(זָכוֹר): 적극적으로 지키라(שָׁמוֹר)

신명기의 십계명과 출애굽기의 신계명의 차이는 안식일 법에서 나타납니다. 출애굽기에서 안식일은 하나님께서 창조하시고, 그날 쉬시며 그날을 거룩하게 하셨다는 것을 근거로 합니다.

안식일을 기억하여(זָכוֹר) 거룩하게(לְקַדְּשׁוֹ) 지키라. 엿새 동안은 힘써 네 모든 일을 행할 것이나 일곱째 날은 네 하나님 여호와의 안식일인즉 너나 네 아들이나 네 딸이나 네 남종이나 네 여종이나 네 가축이나 네 문안에 머무는 객이라도 아무 일도 하지 말라. 이는 엿새 동안에 나 여호와가 하늘과 땅과 바다와 그 가운데 모든 것을 만들고 일곱째 날에 쉬었음이라. 그러므로 나 여호와가 안식일을 복되게 하여 그 날을 거룩하게 하였느니라(출 20:8-11).

하지만 신명기에 의하면 하나님께서 이집트에서 종으로 살던 이스라엘을 구원하셔서 하나님의 거룩한 백성을 삼아 주셨기 때문에 안식일을 지키고, 하나님을 경외하고 존중할 것을 말합니다.[165]

네 하나님 여호와가 네게 명령한 대로 안식일을 지켜(שָׁמוֹר) 거룩하게(לְקַדְּשׁוֹ)하라. 엿새 동안은 힘써 네 모든 일을 행할

것이나 일곱째 날은 네 하나님 여호와의 안식일인즉 너나
네 아들이나 네 딸이나 네 남종이나 네 여종이나 네 소나 네
나귀나 네 모든 가축이나 네 문 안에 유하는 객이라도 아무
일도 하지 못하게 하고 네 남종이나 네 여종에게 너 같이 안
식하게 할지니라. 너는 기억하라. 네가 애굽 땅에서 종이 되
었더니 네 하나님 여호와가 강한 손과 편 팔로 거기서 너를
인도하여 내었나니 그러므로 네 하나님 여호와가 네게 명
령하여 안식일을 지키라 하느니라(신 5:12-15).

따라서 출애굽기의 안식일은 기억해야 하는 것입니다.
'기억하라'는 명령은 히브리어로 '자코르(זָכוֹר)라고 읽고, 원
형은 '자카르(זכר)입니다. 한글 성경 본문에는 8절 마지막에
'지키라'가 있지만, 원문에는 없습니다. 그래서 '기억하라'는
명령이 핵심입니다. 하지만 신명기의 안식일은 지키는 것이
핵심입니다. '지키라'는 명령형을 히브리어로 '샤모르(שָׁמוֹר)
라고 읽습니다. 원형은 '샤마르(שמר)입니다. 두 개의 단어는
공통적으로 '거룩하게'라는 뜻의 히브리어 '레칸데쇼(לְקַדְּשׁוֹ)
라는 부정사 절대형을 수반합니다. 이 단어는 '~을 위하여'라
는 뜻의 전치사 '레'(לְ)와 '거룩하다'라는 뜻을 가진 '카다
쉬'(קדשׁ)의 피엘 부정사 절대형, 그리고 대명사 접미사 3인칭
남성 단수 '오'(וֹ)로 이루어져 있습니다. 번역하면 '그것을 거
룩하게 하기 위해' 정도가 됩니다. 구약학자 왓츠(John D. W.
Watts)에 의하면, 명령형과 함께 쓰인 부정사 절대형은 도입
하는 문장에 중점을 두지 않고, 그 다음에 이어지는 절에 집중
하게 합니다.[166] 거룩하게 만드는 것이 무엇인지에 대한 설명
이 이어져 나오고 있고, 그것이 안식일 개념의 핵심이 될 수
있습니다. 두 개의 동사는 거의 유사한 의미이지만, '지키다'
라는 단어가 더 적극적인 행동을 의미합니다. 이에 따라 구약

학자 메릴(Eugene H. Merrill)은 신명기의 번역이 "계속 거룩하도록 주의 깊게 살피라"는 명령으로 이해할 수 있다고 설명합니다. 그 이유는 앞서 출애굽 당시 주어진 안식일 계명을 이스라엘이 제대로 지키지 못했기 때문입니다. 그래서 신명기는 더욱 적극적으로 안식일 계명이 지켜질 수 있도록 권면하는데, 출애굽기에는 없는 문장 "네 하나님 여호와게 네게 명령한 대로"가 그 증거가 됩니다.[167]

또한, 신명기는 안식일에 단순히 쉬는 것이 아니라, 약한 자들(과부, 고아, 나그네)과 레위인을 보살펴 주어야 함을 강조합니다. 이는 출애굽 사건을 안식일의 근거로 삼아 그들이 이집트의 종살이로 지낼 때의 상황을 기억하게 하여, 약한 이들을 돕게 하기 위함입니다.[168]

안식일의 정신은 오늘날에도 적용할 수 있습니다. 하나님께서 안식일을 제정하시며 우리에게 주신 그 '쉼'의 정신, 곧 창조주와 구원자 되시는 하나님을 기억하고 그분께 온전히 집중하는 시간이어야 합니다. 안식일을 거룩하게 지키는 것은 단순히 일을 하지 않는 것을 넘어, 그 시간을 거룩하게 만드는 적극적인 행위가 필요함을 전제로 합니다. 하나님께서 안식일을 거룩하게 만드셨기 때문에 인간도 안식일을 구별하게 거룩하게 지켜야 하는 것이지요.[169] 그러므로 안식일에 일을 하지 않는다는 것은 그 날을 거룩하게 만든다는 의미입니다. 따라서 이날은 노예의 신분인 사람들도 배제할 수 없습니다. 그들도 함께 참여해야 온전한 안식일입니다.[170] 그리고 무엇보다 안식일을 만드시고, 그 날을 거룩하게 하신 하나님과 안식일을 지키는 사람의 관계가 망가져서는 절대로 안 될 것을 강조합니다.[171]

오늘날 많은 성도들이 주일을 예배와 봉사로 채우지만, 정작 성경이 말하는 안식일의 정신인 '모두가 함께 누리는 쉼'은 놓치기 쉽습니다. 출애굽기의 "기억하라"는 창조주 하나님을 기억하는 신앙의 뿌리를 지키라는 뜻이고, 신명기의 "지키라"는 구원받은 백성답게 그 쉼을 공동체 모두가 누리도록 적극적으로 보존하라는 명령입니다. 그러나 우리의 현실은 어떻습니까? 주일에도 쉴 수 없는 노동자들, 경제적 이유로 하루라도 더 일해야 하는 가정, 교회 사역으로 예배에 온전히 참여하지 못하는 봉사자들이 있습니다. 그들에게 쉼을 나누는 것은 단순한 호의가 아니라, 성경이 명령한 안식일 정신의 실천입니다. 교회와 성도는 각 사람의 처지와 맥락을 이해하고, 그 상황 속에서 안식일 정신을 실천할 방법을 함께 고민해야 합니다. 때로는 예배의 형태를 조정해야 하고, 때로는 봉사 구조를 재편하거나, 공동체적 쉼을 나누는 문화를 새롭게 만들어야 할 수도 있습니다. 중요한 것은 '모두가 함께 누리는 쉼'이라는 안식일의 본질을 놓치지 않는 것입니다.

안식일은 나만의 쉼이 아니라, 옆 사람도 함께 누리는 쉼입니다. 주일이 이런 날이 될 때, 그것은 단순한 종교적 관습이 아니라 하나님을 기억하고 구원의 은혜를 나누는 강력한 믿음의 표현이 될 것입니다.

새로 배운 단어와 문법

단어	발음(음역)	의미
זכר	자카르(zākar)	기억하다
שמר	샤마르(šāmar)	지키다
ל	레(lə)	~을 위하여
קדשׁ	카다쉬(qādaš)	거룩하다

쉐마! 이스라엘!(שְׁמַע יִשְׂרָאֵל)

들으라!
이스라엘아!

우리는 살면서 수많은 규칙과 법을 마주합니다. 법은 사회 질서를 유지하는 데 필수지만, 때로는 너무 강하거나 세밀한 법이 오히려 답답하게 느껴지거나 인간 관계를 경직시킬 수 있다고 생각하기도 합니다.

성경에도 수많은 하나님의 법과 명령이 있습니다. 그것들은 오늘날 어떤 의미를 가질 수 있을까요? 혹시 우리는 하나님의 율법을 무거운 짐으로만 여기지는 않나요? 신명기는 바로 이 질문에 대한 답을 제시합니다. 이번 장에서는 약속의 땅을 앞둔 이스라엘에게 주어진 이 '말씀들'은 단순한 규율이 아니라, 하나님을 향한 전적인 사랑을 요구하는 삶의 원리임을 '쉐마 이스라엘'을 통해 깊이 있게 탐구하고자 합니다.

쉐마! 이스라엘!(שְׁמַע יִשְׂרָאֵל): 유일하신 하나님을 사랑하라

구약성경에는 굉장히 많은 법들이 등장합니다. 구약성경에 나타난 명령과 계명과 법도는 지금 보기에는 이해하기 어려운 것들이지만, 신명기는 그것들을 지킴으로써 하나님을 향한 사랑을 증명하라고 요구합니다. 그럴 수밖에 없는 것이 신명기는 이스라엘 백성이 약속의 땅에 들어가기 직전에 주어졌기 때문입니다. 물론 그 이전에도 법은 있었습니다. 그 법들은 어느 곳에서 사는지에 상관없이 지켜야 할 법인 동시에 새로운 지역에서 새로운 정체성으로 새로운 삶을 살아갈 이스라엘에게 필요한 법이기도 했습니다. 이는 하나님께서 광야를 유목하던 이스라엘이 정착민의 삶으로 전환될 때 필요한 질서들을 주신 것이며, 무엇보다 하나님 백성의 정체성을 가진 이들이 반드시 지켜야 할 행동 사항들입니다.

신명기에서는 그와 관련된 계명들이 '들으라!'는 명령을 통해 주어집니다. 신명기 4장에서도 "들으라!"는 말씀을 통해 주어진 명령이 있었지만, 6장에서 다시 한번 "들으라!"를 외치며 특별히 더 강하고 집중적으로 하나님 사랑을 요구하고 있습니다. 하나님을 사랑하라는 요구가 신명기에만 있는 것은 아니지만, 신명기만큼 한분 하나님께만 전적이며 한결같은 사랑을 하라는 요구는 찾기 힘듭니다.[172] 하나님을 사랑하는 것은 이스라엘을 향한 하나님의 사랑에 대한 합당한 반응인 것입니다.

> 이스라엘아, 들으라. 우리 하나님 여호와는 오직 유일한(אֶחָד) 여호와이시니 너는 마음(לֵבָב)을 다하고 뜻(נֶפֶשׁ)을 다하고 힘(מְאֹד)을 다하여 네 하나님 여호와를 사랑하라(신

6:4-5).

먼저 본문은 하나님을 "유일한 여호와"라고 부릅니다. 유일하다는 히브리어 '에하드'(אֶחָד)는 '오직, 유일한'이라는 의미도 있지만, '하나, 첫째' 등의 의미도 있습니다. 그래서 '오직 유일한 여호와'란 의미도 있고, '한분이신 여호와'라는 해석도 가능합니다. '우리 하나님 여호와가 오직 유일하고, 한분이신 여호와'라는 말은 무슨 뜻일까요? 이는 몇 가지로 정리해 볼 수 있습니다. 첫째, 결점을 찾을 수 없는 분이며, 목표를 바꾸시는 분이 아니라는 의미입니다. 이는 족장들에게 약속하셨던 복을 하나님께서 여전히 지키고 계시다는 것을 의미합니다. '순종'이라는 조건이 붙지만, 이스라엘을 향한 약속은 변하지 않을 것입니다.[173]

둘째, 야웨에 대한 다양한 상징들을 거부하고, 여러 가지 표현과 고백이 있다 해도 모두가 동일한 한분 야웨임을 강조하는 의미가 있습니다.[174] 하나님의 성품이 다르게 보여도 의지와 목적에 있어서 일치하시는 분이라는 표현입니다. 이것을 통해 야웨의 온전성(intergrity)을 강조합니다. 이 의미를 강조한다면 "우리 하나님 여호와는 한분 여호와다"로 번역할 수 있습니다.[175]

셋째, 가나안의 바알과는 전혀 다른 존재인 야웨의 단일성(singularity)을 강조하려는 논쟁적 의도가 있는 표현입니다.[176]

넷째, "여호와는 우리 하나님이고, 여호와는 한분이다"로 번역한다면, 야웨의 유일성과 배타성을 의미합니다.[177]

온 마음(לֵבָב)과 뜻(נֶפֶשׁ)과 힘(מְאֹד)을 다하여

유일하신 하나님에 대해 인간이 해야할 유일한 행동은 '하나님을 사랑하는 것'입니다. 그런데 신명기는 세 가지의 것으로 하나님을 사랑해야 한다고 명령합니다. 첫째 '마음'(לֵבָב)을 다해 하나님을 사랑해야 합니다. '마음'으로 번역한 히브리어 '레바브'(לֵבָב)는 고대인들에게 마음은 인간의 의지과 결단을 내릴 수 있는 기관입니다. 레브는 거의 인간에게만 적용되는 단어입니다. '마음, 감정, 소원, 이성, 결의' 등의 의미를 가지고 있습니다. 레바브는 육체, 감정, 지성, 의지적 기능의 영역을 다 포괄하고 있지만, 의식적으로 살아가는 인간의 중심점에 주된 의미가 있습니다.[178]

둘째, 뜻을 다해 하나님을 사랑해야 합니다. 뜻이라고 번역된 단어 '네페쉬'(נֶפֶשׁ)는 인간뿐만 아니라, 짐승에게도 적용되는 생명을 의미합니다. 네페쉬는 '목구멍, 목, 욕구, 내적자아와 감정, 영혼, 생명, 사람' 등의 의미가 있습니다.[179] 이 단어는 의미로 한정 짓기가 어렵습니다. 네페쉬는 인간이 가지고 있는 그 무언가가 아니라, 인간 자체입니다.[180]

셋째, 힘을 다해 하나님을 사랑해야 합니다. 힘이라고 번역된 메오드'(מְאֹד)는 일반적으로 '매우, 심히' 등으로 번역되는 부사입니다. 하지만 이 단어는 명사로 '힘, 무게' 등을 의미하기도 합니다. 이 단어가 가진 의미를 가지고 라이트는 '전적으로 넘치게(to total excess)', '지나치게(over the top)'로 번역할 것을 제안합니다.[181] 할 수 있는 한 모든 것을 다해 하나님을 사랑해야 하는 것이 이 명령의 핵심입니다.

왜 하나님을 사랑해야 하는가?

그렇다면 하나님을 사랑하는 것이 왜 이렇게 중요할까요? 왜 하나님을 사랑해야 할까요? 이 또한 몇 가지로 접근할 수 있습니다. 첫째, 고대 근동에서 신하가 군주에게 표현하는 충성과 순종의 표시는 '사랑'이었기 때문입니다. 하나님은 이스라엘과 계약 관계를 통해(무조건적인 하나님 손해의 계약이지만) 군주와 신하의 관계가 되었습니다. 그러므로 이스라엘이 하나님을 주인으로 인정하는 기본적인 행동은 '사랑'입니다. 그래서 신명기에서도 사랑으로 하나님이 주신 법을 순종할 것을 이야기합니다(신 11:1).

둘째, 하나님께서 이스라엘을 먼저 사랑하셨기 때문입니다. 하나님께서 족장들에게 복을 약속하시고, 이스라엘을 이집트에서 구원하신 이유는 그들을 향한 사랑 때문이었습니다(신 7:8). 하나님이 먼저 사랑하셨기 때문에, 그분을 사랑하는 행동은 마땅합니다.

셋째, 계약은 사랑을 통해 관계가 깊어질 수 있기 때문입니다. 하나님이 이스라엘과 맺으신 계약은 단순히 군주와 신하의 관계가 아닌, 인간의 역사에 뛰어들어 그들을 구원하시려는 하나님의 도전이자, 은혜였습니다. 우리와 사랑을 통해 깊은 관계를 갖고 싶어 하시는 것이 하나님의 마음입니다.[182] 하나님은 이스라엘을 향해 이와 같은 말씀들을 '들으라'고 말씀하십니다. 이 내용이 중요합니다. 암브로시우스(Ambrose of Milan)의 말로 이 내용을 정리해 보겠습니다.

"이스라엘아, 들어라. 너의 주 하나님을" 이라고 율법은 말합니다. "말하라"고 하지 않고 "들어라"고 합니다. 하와가 타락한 것은 자기 주님이신 하나님에게서 듣지 않은 것을 남편에게 말했기 때문입니다. 그대에게 하시는 하나님의 첫 말씀은 "들어라"입니다. 그대가 듣고 그대의 길을 지킨다면, 넘어지더라도 금세 바로 잡을 것입니다(Off. 1. 2. 7.).[183]

이처럼 하나님은 이스라엘에게 '들으라'고 강력하게 명령하십니다. 이는 단순히 귀 기울이는 것을 넘어, 그분의 말씀에 온전히 순종하라는 부르심입니다. 암브로시우스의 말처럼 하와가 타락한 것은 하나님께 '듣지 않은 것'을 말했기 때문이며, 우리가 하나님의 말씀을 듣고 우리의 길을 지킨다면 넘어지더라도 금세 바로 잡힐 것입니다.

쉐마의 부르심은 단순한 종교적 표어가 아니라, 전 존재로 하나님을 사랑하라는 절대 명령입니다. 마음과 생명, 그리고 힘을 다한다는 것은 감정적 열정만이 아니라, 우리의 의지와 일상의 모든 선택까지 포함합니다. 하나님의 말씀을 '듣는' 것은 단순히 귀로만 수용하는 것이 아니라, 삶 전체로 응답하는 것입니다. 이 부르심은 고대 이스라엘뿐 아니라 오늘 우리에게도 동일하게 주어집니다. 사랑의 명령은 규칙의 강요가 아니라, 우리를 구원하신 분과의 관계를 지키고 깊게 만드는 초대입니다. 하나님을 향한 사랑이 삶의 중심이 될 때, 우리는 외부 환경과 시대의 변화 속에서도 흔들리지 않는 방향을 가질 수 있습니다.

교회를 위한 제안

오늘날 '말하는 교회'는 넘치지만, '듣는 교회'는 보기 어렵습니다. 설교와 가르침, 주장과 선언에 바쁘지만, 정작 하나님의 말씀을 온전히 듣는 일에는 서툽니다. 교회가 세상에 전하는 말은 때로 진리를 가장하여 누군가를 상처 입히고 소외시키는 폭력이 되기도 합니다. '쉐마'의 부르심은 먼저 멈추어 서서, 귀를 기울이라는 하나님의 명령입니다. 우리가 회복해야 할 것은 바로 이 '들음'입니다. 하나님께서 오늘 우리에게 무엇을 말씀하시는지, 예배와 말씀 묵상 속에서 깊이 듣고, 그 뜻이 무엇인지 공동체적으로 분별하는 태도가 필요합니다. 동시에 교회 안과 밖에서 울려 나오는 호소의 목소리를 외면해서는 안 됩니다. 상처받은 성도들의 이야기, 권력과 구조의 그늘에서 억눌린 약자들의 절규, 그리고 교회로부터 멀어진 이들이 털어놓는 이유를 귀 기울여 들어야 합니다. 이들의 목소리를 불편하다고 외면하거나, "그건 믿음이 없어서"라는 말로 덮어버린다면, 우리는 이미 '쉐마'의 명령을 잊어버린 것입니다.

'들음'이 회복될 때, 우리의 말은 더 온유하고 설득력 있게 변하며, 진리와 사랑이 함께 흐르는 복음의 언어가 될 것입니다. 하나님 말씀과 이웃의 목소리를 함께 듣는 교회만이, 세상 속에서 하나님의 공의와 자비를 증언하는 건강한 공동체로 설 수 있습니다.

새로 배운 단어와 문법

단어	발음(음역)	의미
אֶחָד	에하드(ʾeḥāḏ)	오직, 유일한, 하나, 첫째
לֵבָב	레바브(ləḇāḇ)	마음
נֶפֶשׁ	네페쉬(nepeš)	뜻, 영혼, 숨
מְאֹד	메오드(məʾōḏ)	매우, 심히, 힘, 무게

4

광야,
잠시 멈춤

교회에서 많이 듣는 단어 중에 하나가 '말씀'입니다. 우리는 하나님의 말씀을 자주 듣고, 보고, 묵상해야 한다는 설교를 매주 듣습니다. 주일을 제외하고, 새벽 예배, 수요 성경 공부, 금요 예배 등에 나온다면 조금 더 많은 설교를 들을 수 있으며, 이미 수많은 매체를 통해 마음만 먹으면 언제든 설교를 들을 수 있습니다. 경건한 그리스도인이 되기 위해 매일 묵상을 하는 분들도 많습니다. 그리고 많은 분들이 예배 순서 중에서 가장 중요한 시간을 설교로 꼽습니다. 그렇기에 누구는 설교만 들으면 예배를 다 드렸다고 생각하는 경향도 있습니다. 그렇다면 그 말씀을 듣고, 보고, 묵상하는 것이 왜 그렇게 중요할까요? 누군가는 간단하게 "성경에 나와 있기 때문"이라고 대답할 수 있습니다. 그렇다면 하나님께서는 왜 그렇게 말씀의 중요성을 강조하셨을까요? 그 이유를 찾을 수 있다면 오늘날에도 말씀이 왜 그렇게 중요한지 생각해 볼 수 있습니다.

야웨 하나님의 입에서 나오는 모든 말씀

신명기의 초반에는 '명령'이 계속해서 이어집니다. 여기서는 구체적인 율법이 아닌 더 원초적이고, 더 원론적인 하나님 사랑과 순종을 이야기합니다. 신명기 8장에서도 이와 같은 권고의 말씀이 계속 이어집니다. 이스라엘은 가나안 입성을 앞에 두고 오랫동안 품은 질문이 있었습니다. 그것은 '왜 우리는 40년간이나 광야에 있어야 했는가?'입니다. 그게 관한 내용이 신명기 8장에 담겨 있습니다. 모세는 이스라엘 백성들에게 하나님께서 그들을 광야에서 40년간 머무르게 하신 이유는 낮추고, 시험하고, 마음을 알기 원해서라고 이야기합니다.

네 하나님 여호와께서 이 사십 년 동안에 네게 광야 길을 걷게 하신 것을 기억하라. 이는 너를 낮추시며 너를 시험하사 네 마음이 어떠한지 그 명령을 지키는지 지키지 않는지 알려 하심이라. 너를 낮추시며 너를 주리게 하시며 또 너도 알지 못하며 네 조상들도 알지 못하던 만나를 네게 먹이신 것은 사람이 떡으로만 사는 것이 아니요 여호와의 입에서 나오는 모든 말씀으로(עַל־כָּל־מוֹצָא פִי־יְהוָה) 사는 줄을 네가 알게 하려 하심이라. 이 사십 년 동안에 네 의복이 해어지지 아니하였고 네 발이 부르트지 아니하였느니라. 너는 사람이 그 아들을 징계함 같이 네 하나님 여호와께서 너를 징계하시는 줄 마음에 생각하고 네 하나님 여호와의 명령을 지켜 그의 길을 따라가며 그를 경외할지니라(신 8:2-6).

이 내용은 이스라엘이 광야에서 경험했던 일들을 다시 생각나게 합니다. 이스라엘이 광야로 들어와서 먹을 것이 없다고 원망할 때부터 하나님은 하루도 빠짐 없이 만나를 주셔서 먹게 하였고, 광야를 나오는 날까지 양식으로 고민하지 않았습니다. 그러나 그들은 고기가 먹고 싶다고 원망했고, 하나님은 메추라기도 주셨습니다. 모세는 이 말씀을 통해 그때를 다시 생각나게 했습니다. 그리고 이 광야에서 일어난 모든 일들을 통해 사람이 떡이 아닌, '여호와의 입에서 나오는 모든 말씀'으로만이 살 수 있다고 결론짓습니다. 이 문장을 히브리어로 '알-콜-모짜 피-야웨'(עַל־כָּל־מוֹצָא פִי־יְהוָה)로 읽습니다. 첫 번째 단어는 전치사 '알'(עַל)입니다. 이 단어의 일반적 의미는 '~위에'라는 뜻입니다. 하지만 그 외에도 '~인하여'라는 뜻이 있고 이 의미가 본문에는 가장 어울리는 것 같습니다. 반복해서 말씀드리지만 히브리어 전치사는 다양한 의미가 있기 때문에 문맥에 가장 잘 어울리는 의미를 반드시 찾아야 합니다. 두 번째 단어는 '콜'(כָּל)이고 '모든'이라는 뜻입니다. 세 번째 단어는 '모짜'(מוֹצָא)입니다. 이 단어는 어근 '야짜'(יצא)에서 파생된 명사이고, 의미는 '나가는 것'이라는 뜻입니다. 또한 연계형이기 때문에 뒤의 명사와 연결해서 번역해야 합니다. 네 번째 단어 '피'(פִי)는 명사 '페'(פֶּה)의 연계형 형태이고, 뜻은 '입'입니다. 마지막 다섯 번째 단어는 '야웨'입니다. 그러므로 세 개의 명사가 연계형-연계형-독립형으로 이루어져 있습니다. 명사들만 연결해서 번역하면 '야웨의 입에서 나오는 것'입니다. 앞의 두 단어도 합치면 '야웨의 입에서 나오는 모든 것으로 인하여'가 됩니다. 한글 성경에 나와 있는 것처럼 '말씀'이라는 단어는 없지만 '야웨의 입에서 나오는 모든 것'이 곧 말씀이기 때문에 이해하는 데 어렵지는 않을 것 같습니다.

이스라엘 백성들은 하나님이 광야에서 어떻게 인도하셨

는지에 관한 말씀을 듣고 고개를 끄덕였을 것입니다. 그러면 모세는 왜 광야에서 나와 약속의 땅 가나안을 앞둔 이때 이 말씀을 전했을까요? 말씀 그대로라면 먹는 것보다 하나님의 말씀이 중요하다는 것을 알려주는 것인데, 그것이 그들에게 무슨 의미일까요?

이전에 광야에서 하나님이 이스라엘에게 만나를 주신 이유가 무엇일까요? 당연하게도 배고프다고 원망했기 때문이죠. 그렇다면 이스라엘은 왜 배고프다고 했을까요? 살기 위해서지요. 배고픔이 지속되면 굶어 죽을 테니까요. 만나가 그들을 살게 해준 것은 당연합니다. 누구도 부정할 없지요. 그러나 정말 만나 때문에 그들이 살았을까요?

만나와 말씀

다시 그때의 상황을 보겠습니다. 광야 생활에 배고픔에 지친 이스라엘은 하나님께 불평을 토로했습니다. 이에 하나님은 이스라엘에게 만나를 주셨습니다.

그 이슬이 마른 후에 광야 지면에 작고 둥글며 서리 같이 가는 것이 있는지라. 이스라엘 자손이 보고 그것이 무엇인지 알지 못하여 서로 이르되 이것이 무엇이냐(מָה הוּא) 하니 모세가 그들에게 이르되 이는 여호와께서 너희에게 주어 먹게 하신 양식이라(출 16:14-15).

이스라엘 자손이 한 번도 본적 없는 양식이기에 그들은 서로 서로 '이것이 무엇이냐'(מָה הוּא)고 묻습니다. 이 문장은 히브리어로 '만 후'라고 읽습니다. 먼저 첫 번째 단어 '만'(מָן)은 의문사 입니다. '무엇?'이라고 번역합니다. 같은 의미로 사용하는 의문사 '마'(מָה)도 있습니다. 두 번째 단어는 '후'(הוּא) 입니다. 이 단어는 대명사인데 같은 모양으로 '그'라고 번역하는 3인칭 남성의 인칭대명사도 있고, '저것, 그것'이라고 번역하는 남성 지시대명사도 있습니다. 그렇기 때문에 문장에서 인칭대명사인지, 지시대명사인지 잘 구분해야 합니다. 위의 본문에서는 광야 지면에 있는 어떤 음식을 지칭한 것이기 때문에 지시대명사로 봐야 합니다. 그렇다면 '저것이 무엇이냐?' '그것이 무엇이냐'로 번역할 수 있습니다. 그런데 재밌는 것은 이스라엘이 이것을 먹어보고 이름을 '만나'라고 불렀다는 것입니다.

> 이스라엘 족속이 그 이름을 만나(מָן)라 하였으며 깟씨 같이 희고 맛은 꿀 섞은 과자 같았더라(출 16:31).

이 '만나'라는 단어가 왜 재미있냐하면 히브리어로 '만'(מָן)이기 때문입니다. 앞서 보았던 의문사와 똑같이 생겼습니다. 그래서 많은 학자들이 만나라는 이름이 의문사 '만'(מָן)에서부터 왔다고 설명합니다.

하나님이 주신 양식인 만나를 먹을 때는 규칙이 있었습니다.

> 여호와께서 이같이 명령하시기를 너희 각 사람은 먹을 만큼만 이것을 거둘지니 곧 너희 사람 수효대로 한 사람에 한 오멜씩 거두되 각 사람이 그의 장막에 있는 자들을 위하여 거둘지니라 하셨느니라(출 16:16).

> 모세가 그들에게 이르기를 아무든지 아침까지 그것을 남겨두지 말라 하였으나 그들이 모세에게 순종하지 아니하

고 더러는 아침까지 두었더니 벌레가 생기고 냄새가 난지라 모세가 그들에게 노하니라(출 16:19-20).

그들이 모세의 명령대로 아침까지 간수하였으나 냄새도 나지 아니하고 벌레도 생기지 아니한지라(출 16:24).

규칙을 지키지 않으면 만나를 먹을 수가 없었습니다. 또한 안식일 전에는 미리 이틀 치를 거두었는데, 안식일에 주우면 되겠지 하고 전날 줍지 않은 사람들은 만나를 얻을 수가 없고, 굶어야 했습니다.

이 원리에는 사람들을 굶주림을 해결한 만나 위에 하나님이 정해 놓으신 법칙, 즉 하나님의 말씀이 있었다는 것을 깨닫게 합니다. 말씀대로 사는 사람은 만나를 충분히 먹고 살 수 있었으나, 그것을 지키지 않은 이들은 만나가 썩어 못 먹는 현상이 일어났던 것입니다.

모세는 신명기 말씀을 통해 광야 시절의 만나를 떠올리게 한 이유는 이스라엘 백성이 살 수 있었던 것은 단순히 굶주림이 해결되었기 때문이 아니라, 하나님의 말씀이 있었고 그 말씀에 순종했기 때문임을 알려주려는 것입니다. 먹을 것 자체보다 말씀이 생명의 근원이었음을 깨닫게 한 것입니다. 가나안 입성을 앞둔 그들에게 먹을 것, 곧 단지 눈에 보이는 것에 급급하거나 허둥지둥하지 말고 하나님의 말씀을 먼저 생각하고, 그 말씀대로 살아야 진짜 살 수 있다는 것을 알려 주기 원하셨던 것입니다. 훈련의 과정들을 통하여 눈에 보이는 "떡"이 아니라, "하나님의 말씀"으로만 살아야 함을 알려 주기 위해서입니다. 철저히 하나님을 바라보는 법을 배우게 한 것입니다.

그들이 광야에서 경험했던 일들은 먹는 것에서 끝나지

않았습니다. 그들은 의복이 해어지지 아니하였고 발이 부르트지 않았습니다(신 8:4). 하나님의 말씀을 따라 살았을 때, 그들의 삶에 정말 필요했던 요소들은 하나님이 채우셨습니다. 이스라엘 백성들은 40년 동안 이것을 철저히 배웠습니다.

이처럼 광야는 '하나님의 입으로부터 나오는 모든 말씀'으로만 살 수 있음을 배우는 훈련의 장이었습니다. 그 말씀은 세상을 창조하신 하나님의 말씀이며, 앞으로 가나안 땅의 농경 문화와 이방 문화에 휩쓸리지 않도록 이스라엘의 마음속에 새겨져야 할 절대적인 기준이었습니다.

더 생각해 보기

오늘날 우리는 눈에 보이는 '성과'와 '스펙'만이 우리를 지켜준다고 믿는 시대에 살고 있습니다. 성공을 위해서라면 기꺼이 밤을 새우고, 잠시 멈추는 것을 불안해하며, 데이터와 통계 속에서 나의 가치를 찾으려 발버둥 치기도 합니다. 때로는 잘 살아왔다고, 잘하고 있다고 생각하는 바로 그 순간, 하나님께서 우리의 삶을 잠시 멈추게 하시거나, 예상치 못한 고난 속으로 이끄실 수도 있습니다. 바로 그때 우리는 무엇을 붙들어야 할까요? 광야 이스라엘처럼 '내 인생은 너무도 불행해' '나만 일이 잘 안 풀리는 것 같아'라는 원망 대신, '이 상황 속에서 하나님은 무엇을 준비하고 계실까?'라고 질문하며 하나님의 인도하심을 기대해야 합니다. 하나님의 말씀은 우리의 불안한 미래에 대한 답이자, 세상의 어떤 성공 공식보다 강력한 생명의 원리입니다. 눈앞의 '떡'보다 하나님의 말씀에 순종하며 살아갈 때, 우리는 광야 같은 현실 속에서도 길을 잃지 않는 견고한 삶을 살게 될 것입니다. 하나님께서 우리의 삶에 개입하여 '멈춤'이나 '고난'을 허락하실 때, 그것은 우리를 낮추시고 시험하시어 오직 말씀으로만 살 수 있음을 알게 하시려는 하나님의 거룩한 부르심입니다. 이 부르심에 기꺼이 응답하여, 우리의 영혼을 말씀으로 채우고 모든 상황 속에서 말씀의 능력을 의지할 때, 우리의 삶은 비로소 하나님께서 친히 이끄시는 '광야의 승리'를 경험하게 될 것입니다.

새로 배운 단어와 문법

단어	발음(음역)	의미
עַל	알(ʿal)	~위에, ~인하여
כָּל	콜(kol)	모든
יָצָא	야짜(yāṣāʾ)	나가다
פֶּה	페(peʰ)	입
הוּא	후(hûʾ)	그것, 저것, 그
מָן	만(mān)	무엇?, 만나

5

마콤(מָקוֹם), 메코모트(מְקֹמוֹת)

예배 장소는
고정될 수 없다

전 세계적으로 발생한 코로나19는 많은 변화를 불러왔습니다. 교회도 예외가 아닙니다. 이 질병이 일어났던 순간부터 현재까지도 그리스도인들에게 고민거리가 된 주제 중 하나는 '예배 장소'입니다. 대면 예배와 비대면 예배의 장단점을 고루 경험한 신앙인들에게도 큰 과제로 남아 있습니다. 이제 모이는 것 때문에 질병이 일어나진 않을 테니 비대면 예배를 정리한 교회가 있는 반면, 앞으로의 시대는 대면과 비대면이 공존해야 하는 시대라고 생각하는 곳도 있습니다. 그리고 비대면 예배의 장점만 살린 온라인 교회도 등장했고, 온라인 셀(구역)도 생겨났습니다. 대면 예배와 비대면 예배에 대한 고민은 앞으로도 계속 이어질 것 같습니다. 그런데 어떤 분들에겐 신명기에 나타난 어떤 구절을 근거로 '한곳에서만 예배하는 것'을 하나님께서 원하신다고 생각할 수도 있을 것 같습니다. 성경은 예배의 장소를 어떻게 말하는지 살펴볼 필요가 있습니다.

'모든 곳들'과 '그곳'의 대조

신명기 초반에는 권고하는 내용이 상당히 많습니다. 그리고 자세히 보면 과거를 회상하는 듯한 내용이 주를 이룹니다. 그러다가 12장에 들어서면 분위기가 조금 바뀝니다. 신명기 12장 전까지 율법 수여에 관한 내용이 있고, 이후에는 신명기 법전이 이어집니다. 율법 수여에 관한 내용에는 하나님께서 과거에 베푸신 은총에 관한 기록이 나옵니다. 신명기 법전은 이스라엘이 앞으로 지켜야 할 순종을 다룹니다. 그 사이에 있는 신명기 12장 초반부는 예배 공동체에 관한 내용, 곧 이스라엘의 정체성이 무엇이어야 하는지를 알려줍니다. 그러므로 신명기 12장은 신명기의 기점에 놓여 있는 중요한 장이며, 그 중심에 '예배'가 있다는 것은 이스라엘 정체성의 핵심에 무엇을 두어야 하는지 명확하게 보여줍니다.

일반적으로 신명기 12장을 읽을 때, 하나님께서 '제의 중앙화', 곧 '한곳에서의 예배'를 명령하셨다고 봅니다. 하지만 여기에는 생각해 볼 지점이 있습니다. 일단 출애굽기는 여러 곳에서 드리는 예배를 허용한 반면(출 20:24), 신명기는 한 장소만을 허락하는 것처럼 보입니다. 그러나 신명기가 한 장소만을 언급하는지에 관해 독일의 유명한 구약학자 폰 라트(Gerhard von Rad)는 신명기가 강조하는 에발산에 제단을 쌓고 율법을 새기라는 계명(신 27:1-8)이 '제의 중앙화' 이론에 걸림돌이 된다고 주장하며, 신명기가 한 장소만을 언급하는지에 대해 의문을 제기합니다.[184] "오직 한곳에서만 예배하라!"는 것은 한분 하나님, 한 장소, 한 백성의 정신을 의미하는 것은 분명해 보입니다. 하지만 그 '한곳'이라는 의미가 무엇일지 신명기 12장을 자세히 읽어 봐야 합니다. 먼저는 하나님께서 이와 관련된 명령을 하시기에 앞서 약속의 땅에 있는 우상과 우상 숭배지를 파괴할 것을 명령하시는 장면을 살펴보겠습니다.

> 너희가 쫓아낼 민족들이 그들의 신들을 섬기는 곳은 높은 산이든지 작은 산이든지 푸른 나무 아래든지를 막론하고 그 모든 곳(כָּל־הַמְּקֹמוֹת)을 너희가 마땅히 파멸하며(신 12:2).

여기서 언급하고 있는 '모든 곳'은 히브리어 '콜-함메코모트'입니다. 히브리어 '콜'(כָּל)은 '모든'이라는 뜻입니다. 구약성경에 자주 등장합니다. '함메코모트'(הַמְּקֹמוֹת)는 두 개의 단어가 결합되어 있습니다. 하나는 정관사 '하'(ה)입니다. 또 다른 하나는 '장소, 자리, 곳' 등을 의미하는 단어 '마콤'(מָקוֹם)의 복수형 '메코모트'(מְקֹמוֹת)입니다. 이 단어가 본문처럼 복수형으로 사용될 때는 특별한 의미가 있습니다. '메코모트'는 사람들이 신이 찾아오는 장소라고 여기던 장소들을 의미합니다.[185] 그리고 이후에 하나님께서 정하시는 장소는 단수형으로 나타나기 때문에 단수형과 복수형이 대조되고 있다는 것이 선명하게 드러납니다. 이미 오래전부터 약속의 땅과 관련된 이야기를 할 때 하나님께서 강조하신 점이 있다면 그 땅의 우상을 없애는 것입니다. 약속의 땅에 있던 우상 종교는 이스라엘이 들어간 다음에도 남아 있다면 지속적인 유혹을 통해 하나님과 이스라엘의 관계를 망가뜨릴 것이 뻔했고, 이는 하나님께서 용납할 수 없는 문제였습니다. 그래서 약속의 땅과 관련된 대부분의 이야기는 하나님과 이스라엘의 철저한 관계 중심으로 서술되어 있습니다. 신명기 12장도 바로 그런 맥락에서 읽어야 합니다. 우상 타파에 대한 이야기에 이어 하나님은 '한곳'에 대한 이야기를 하십니다. 흔히 '성소의 단일화'로 부르는 이야기의 핵심은 5절에 있습니다.

오직 너희의 하나님 여호와께서 자기의 이름을 두시려고 너희 모든 지파 중에서 택하신 곳인 그 계실 곳(הַמָּקוֹם)으로 찾아 나아가서(신 12:5).

이 본문에서 다시 한번 2절에 나왔던 단어가 등장합니다. 하나는 정관사 '하'(ה)이고, 또 다른 하나는 '마콤'(מָקוֹם)입니다. 2절과의 차이가 있다면 '마콤'이 단수형이냐 복수형이냐입니다. 신명기 12장에서 '마콤'의 복수형은 우상 숭배 장소를 의미합니다. 그리고 이 의미와 대조하기 위해 하나님께서 정하신 장소는 단수형으로 표현합니다. 명사가 단수형으로 사용되었기 때문에 당연히 한곳을 의미한다고 생각할 수도 있습니다. 그래서 자연스럽게 '성소 중앙화' 또는 '제의 중앙화'가 나왔을 것으로 추측할 수 있습니다.

요시야 개혁과 신명기: 산당 제거의 역사

하지만 이 구절로 '제의 중앙화'를 해석하는 것은 주전 7세기경 요시야의 개혁을 중심으로 해석했기 때문입니다. 요시야는 왕위에 올라 성전 수리를 지시합니다. 그리고 수리 과정에서 대제사장 힐기야가 율법책을 발견합니다.

여호와의 성전을 맡은 감독자의 손에 넘겨 그들이 여호와의 성전에 있는 작업자에게 주어 성전에 부숴진 것을 수리하게 하되 곧 목수와 건축자와 미장이에게 주게 하고 또 재목과 다듬은 돌을 사서 그 성전을 수리하게 하라. 그러나

그들의 손에 맡긴 은을 회계하지 말지니 이는 그들이 진실
하게 행함이니라. 대제사장 힐기야가 서기관 사반에게 이
르되 내가 여호와의 성전에서 율법책을 발견하였노라 하고
힐기야가 그 책을 사반에게 주니 사반이 읽으니라(왕하
22:5-8).

율법책이 너무 늦게 발견된 것은 참 안타까운 일입니다.
율법책은 원래 왕이 하나님을 경외하며 옆에 두고 늘 읽어야
하는 것이었습니다. 그리고 다음 세대의 왕에게 이 율법책을
잘 전달하고 이와 같은 신앙을 유지케 해야 합니다. 하지만 이
시스템이 잘 유지되지 못했습니다. 남왕국의 우상 숭배의 역
사를 봐도 그렇고 요시야도 이제야 율법책의 존재를 안 것 같
으니 말입니다. 늦었지만 요시야는 이 책의 존재를 안 후 상당
히 진지해졌습니다.

너희는 가서 나와 백성과 온 유다를 위하여 이 발견한 책의
말씀에 대하여 여호와께 물으라. 우리 조상들이 이 책의 말
씀을 듣지 아니하며 이 책에 우리를 위하여 기록된 모든 것
을 행하지 아니하였으므로 여호와께서 우리에게 내리신 진
노가 크도다(왕하 22:13).

여선지자 훌다를 통해 말씀의 의미를 밝히 알게 된 요시
야는 대대적인 개혁을 단행합니다. 도대체 율법책에 어떤 내
용이 있기에 이와 같은 일을 했을까요? 학자들은 그 율법책이
신명기라고 말합니다. 더 정확히는 신명기의 초판본입니다.
초판이 신명기의 어느 정도까지 담고 있을지 모르지만, 대부
분의 학자들은 12-26장일 것이라고 봅니다. 요시야가 했던
종교개혁은 여러 가지가 있지만, 신명기 12장과 관련 있는 내

용은 바로 모든 산당을 제거한 것입니다.

또 유다 각 성읍에서 모든 제사장을 불러오고 또 제사장이
분향하던 산당을 게바에서부터 브엘세바까지 더럽게 하고
또 성문의 산당들을 헐어 버렸으니 이 산당들은 그 성읍의
지도자 여호수아의 대문 어귀 곧 성문 왼쪽에 있었더라(왕
하 23:8).

전에 이스라엘 여러 왕이 사마리아 각 성읍에 지어서 여호
와를 격노하게 한 산당을 요시야가 다 제거하되 벧엘에서
행한 모든 일대로 행하고(왕하 23:19).

요시야는 이스라엘 전역에 있는 산당을 모두 헐어버렸습
니다. 그가 보기에 율법책에서 발견한 내용 중에 하나는 바로
한곳에서 하나님만을 예배하는 것이라고 생각했기 때문입니
다. 그래서 그는 예루살렘만을 하나님을 예배하는 곳으로 삼
았습니다. 그렇다면 신명기 12장은 요시야가 이해했던 것처럼
특정된 장소인 '오직 한곳'에서만 예배하는 것을 말하고 있을
까요? 하나님께서 자신의 이름을 두려고 택하신 그곳이라는
의미는 무엇일까요? 이에 대해 학자들은 다양한 의견을 제시
합니다.[186] 어떤 학자는 이 본문이 유일한 장소에 대한 언급이
아니라고 주장하기도 합니다. 그러나 만약 그 장소가 예루살
렘을 지칭한 것이라면 에발산에 제단을 쌓으라는 하나님의 명
령(신 27:1-8)은 모순된다고 볼 수밖에 없습니다. 그러므로 수
적 단일성을 의미하는 것이 아니라고 보는 것입니다. 물론 신
명기에는 정확한 장소에 관한 언급이 없습니다. 그렇다고 여
러 장소를 허용한다고 볼 수도 없습니다. 따라서 특정한 곳이
라는 의미는 맞지만 시대에 따라 다양한 장소가 적용될 수 있

습니다. 장소가 핵심이 아니라, '야웨의 이름을 두실 곳'이 중
요합니다.[187] 정리하자면 지금까지는 다른 성소도 인정했고
(출 20:24), 순례지로서 가치도 있었지만, 신명기의 율법 전체
에 흐르고 있는 정서는 종교적인 변절(disloyalty)에 대한 두려
움입니다. 가장 극악한 형태의 변절은 가나안 예배에 참여하
는 것이지요.[188] 야웨만을 예배하는 순수성을 가지고 배타적,
독점적 장소를 요구하는 것이지, 제의 중앙화를 요구하는 것
은 아닙니다.[189] 하지만 요시야 시대에는 다양한 곳에서 다양
한 방법으로 예배하는 잘못된 일들이 성행하고 있었습니다.
그래서 다른 모든 곳은 폐하고 예루살렘이라는 특정 장소에서
하나님을 예배하는 것이 예배에 대한 순수성을 지키는 것이라
고 생각했을 수 있습니다.

　　가나안 입성을 앞둔 이스라엘 백성들에게는 훗날 요시야
시대에 실제로 드러나게 될 유혹의 요소들이 이미 도사리고
있었습니다. 그렇기에 하나님을 향한 배타적이고 독점적인 순
수 예배를 강조해야 했습니다. 이러한 이유로 신명기 12장이
기록된 것입니다. 신명기 12장의 핵심은 '예배 장소'의 지리적
고정성이 아니라, 하나님만을 예배하는 배타적이고 순수한 신
앙의 태도에 있습니다. '한곳'은 단순히 좌표를 지칭하는 말이
아니라, 하나님께서 자신의 이름을 두신 자리, 곧 하나님의 임
재와 주권을 인정하며 예배하는 마음을 의미합니다. 시대와
상황은 달라도, 이 원리는 변하지 않습니다. 예배의 중심이 건
물이나 지역이 아니라 하나님 자신이라는 사실을 기억할 때,
우리는 어디서든 참된 예배자가 될 수 있습니다.

더 생각해 보기

신명기 12장의 메시지는 예배를 깊이 돌아보게 합니다. 우리는 '한 곳에서의 예배' 논쟁을 넘어, 과연 예배가 '오직 하나님만을 위한' 것인지 자문해야 합니다. 화려한 무대와 최첨단 음향 시설, 유명 강사의 설교로 청중의 만족을 최우선시하거나, 프로그램의 재미와 감동에만 집중하며 정작 거룩하신 하나님을 간과하고 있지는 않습니까? 예배는 우리를 구원하시고 약속의 땅으로 이끄시는 야웨 하나님을 기억하고 그분의 이름에 합당한 영광을 돌리는 시간입니다. '내가 나의 이름을 두시려고 택하신 곳'은 단순히 물리적인 장소를 넘어, 우리의 마음과 삶 전체가 하나님께 드려지는 순수하고 배타적인 예배의 자리여야 합니다. 이는 비대면 예배냐 대면 예배냐의 이분법을 넘어섭니다. 물리적 거리와 상관없이 우리가 예배하는 모든 순간과 공간에서 오직 하나님만을 높이고, 그분의 말씀을 경외하며, 우리의 삶으로 그분을 드러내는 것이 중요합니다. 우리의 모든 예배가 인간의 만족이 아닌, 창조주이자 구원자이신 야웨 하나님께 온전히 집중될 때, 비로소 그분의 임재를 경험하고 세상에 하나님의 영광을 선포하는 진정한 예배 공동체가 될 것입니다.

새로 배운 단어와 문법

단어	발음(음역)	의미
כָּל	콜(kol)	모든
הַ	하(ha)	그
מָקוֹם	마콤(māqôm)	장소, 자리, 곳

6

레쉬트(רֵאשִׁית)

첫 열매와

십일조

오늘날 우리는 '나눔'과 '기여'라는 가치를 다양한 방식으로 실천합니다. 기부 캠페인, 자원봉사, 사회적 기업 등을 통해 더 나은 세상을 만드는 데 동참하거나, 작은 선행을 통해 주변 사람들에게 도움의 손길을 전하기도 합니다. 이러한 나눔은 단순히 물질적 풍요를 나누는 것을 넘어, 관계를 강화하고 공동체의 의미를 되살리는 중요한 행위로 여겨집니다. 그러나 그리스도인인 우리는 종종 물질적 나눔의 목적이 단순히 누군가의 필요를 채우는 데 있는지, 혹은 더 깊은 영적이고 도덕적인 가치를 담고 있는지 고민하기도 합니다. 내가 가진 것을 사용하는 방식은 단순히 개인의 선택을 넘어, 나 자신과 이웃, 그리고 하나님과의 관계를 반영하는 거울이 될 수 있습니다.

하나님께 드리는 첫 열매(רֵאשִׁית): 주권을 인정하는 고백

신명기의 전체적인 형식은 언약과 관련됩니다. 고대 근동 세계에서 언약은 봉신국가에게 종주국가가 내리는 명령이었습니다. 봉신국가는 이에 순종해야 할 의무가 있었습니다. 이런 방식은 고대 근동 사람들에게는 자연스럽습니다. 그리고 이런 분위기 속에서 봉신국이 종주국에게 경의를 표하고, 자신의 위치를 인정하며 매년 세금 납부 또는 공물을 바치는 조공 행위를 반복했습니다. 그렇지 않는다면 그나마 인정해준 봉신국의 지위를 종주국이 박탈했습니다. 성경에서 하나님과 이스라엘의 관계를 이와 비슷한 형태로 나타낸 것이 있습니다. 바로 첫 열매를 드리는 것과 십일조입니다. 즉, 순종해야 할 의무가 있는 이스라엘이 드려야 할 첫 열매와 십일조는 하나님의 것이었습니다. 그래서 모세는 이스라엘에게 다음과 같이 명령합니다.

> 네 하나님 여호와께서 네게 기업으로 주어 차지하게 하실 땅에 네가 들어가서 거기에 거주할 때에 네 하나님 여호와께서 네게 주신 땅에서 그 토지의 모든 소산의 맏물(רֵאשִׁית)을 거둔 후에 그것을 가져다가 광주리에 담고 네 하나님 여호와께서 그의 이름을 두시려고 택하신 곳으로 그것을 가지고 가서 그 때의 제사장에게 나아가 그에게 이르기를 내가 오늘 당신의 하나님 여호와께 아뢰나이다. 내가 여호와께서 우리에게 주시겠다고 우리 조상들에게 맹세하신 땅에 이르렀나이다 할 것이요(신 26:1-3).

약속의 땅에 들어가면 이스라엘은 자연스럽게 농업을 하

고, 매년 소산물을 얻을 것입니다. 바로 그중 첫 소산물은 하나님께 드려야 합니다. 소산을 얻게 하는 땅은 하나님이 주신 것이며, 따라서 첫 소산물은 하나님의 것이기 때문입니다. 이를 행함으로 이스라엘은 자신들의 삶의 주인은 하나님이심을 인정하고 고백하고 잊지 않게 됩니다. 만물로 번역한 히브리어 '레쉬트'(ראשׁית)의 일반적인 의미는 '시작, 처음, 기원' 등입니다. 하지만 이런 의미만 있지 않고, 맥락에 따라 '첫 생산물, 첫째, 최상(최선)의 것, 성물 등의 의미로도 사용합니다. 본문에선 소산물 중에 처음의 것을 의미하기 때문에 시간적으로는 '첫 열매'이고, 질적으로는 '최상의 것'을 의미합니다.[190] 이스라엘은 가장 좋은 수확의 첫 열매를 하나님께 드리며, 자신들을 이집트에서 구원하신 하나님을 기억하며 경배합니다 (신 26:5-8). 하나님의 인도하심이 없었다면 이런 일은 불가능했기 때문입니다. 특별히 이스라엘의 의무는 첫 소산물을 하나님께 드리는 것으로 끝나지 않고, 하나님이 주신 복을 레위인과 객과 함께 즐거워해야 합니다(신 26:11).

하나님의 선물

이어서 신명기 본문은 십일조에 대해 언급합니다. 민수기에 의하면, 십일조는 레위 자손의 기업이었습니다(민 18:21, 24). 신명기가 이스라엘에게 십일조가 주어진 이유는 하나님께서 그들에게 땅을 '선물'로 주셨기 때문이라고 설명합니다.

네 하나님 여호와께서 네게 기업으로 주어(נתן) 차지하게 하실 땅에 네가 들어가서 거기에 거주할 때에 네 하나님 여호와께서 네게 주신(נתן) 땅에서 그 토지의 모든 소산의 맏물을 거둔 후에 그것을 가져다가 광주리에 담고 네 하나님 여호와께서 그의 이름을 두시려고 택하신 곳으로 그것을 가지고 가서 그 때의 제사장에게 나아가 그에게 이르기를 내가 오늘 당신의 하나님 여호와께 아뢰나이다. 내가 여호와께서 우리에게 주시겠다고(נתן) 우리 조상들에게 맹세하신 땅에 이르렀나이다 할 것이요. 이곳으로 인도하사 이 땅 곧 젖과 꿀이 흐르는 땅을 주셨나이다(נתן). 여호와여, 이제 내가 주께서 내게 주신(נתן) 토지 소산의 맏물을 가져왔나이다 하고 너는 그것을 네 하나님 여호와 앞에 두고 네 하나님 여호와 앞에 경배할 것이며 네 하나님 여호와께서 너와 네 집에 주신(נתן) 모든 복으로 말미암아 너는 레위인과 너희 가운데에 거류하는 객과 함께 즐거워할지니라. 원하건대 주의 거룩한 처소 하늘에서 보시고 주의 백성 이스라엘에게 복을 주시며 우리 조상들에게 맹세하여 우리에게 주신(נתן) 젖과 꿀이 흐르는 땅에 복을 내리소서 할지니라(신 26:1-3, 9-11, 15).

땅은 하나님께서 주신 것임을 '나탄'(נתן) 동사를 반복해 설명함으로서 강조되고 있습니다. 히브리어 동사 '나탄'의 일반적인 의미는 '주다'입니다. 하나님이 선물로 주신 땅에서 가장 좋은 첫 번째 것을 드리는 것은 하나님의 선물을 기억하는 행위입니다. 또한 레위인과 거류하는 객과 함께 즐기는 것은 하나님이 주신 땅에서 복을 누리기 때문에 가능한 일입니다. 십일조 역시 하나님을 기억하고, 이웃을 기억하는 아주 중요한 고백의 행위인 것입니다.

십일조의 정신: 하나님 경외와 이웃 사랑

신명기는 십일조에 관하여 두 번 언급하는 데, 하나는 공동체와 함께 나누는 십일조이며(신 14:22-27), 다른 하나는 셋째 해에 드리는 십일조로서, 레위인과 객과 고아와 과부에게 줄 것을 명령합니다(신 26:12).

먼저 신명기 14장에 언급된 십일조는 매년 드리는 십일조를 명령합니다.

> 너는 마땅히 매 년 토지 소산의 십일조를 드릴 것이며(עַשֵּׂר תְּעַשֵּׂר) 네 하나님 여호와 앞 곧 여호와께서 그의 이름을 두시려고 택하신 곳에서 네 곡식과 포도주와 기름의 십일조를 먹으며 또 네 소와 양의 처음 난 것을 먹고 네 하나님 여호와 경외하기를 항상 배울 것이니라(신 14:22-23).

본문에서 십일조를 드리다는 표현은 동사로 사용되었습니다. 히브리어로 '앗세르 테앗세르'(עַשֵּׂר תְּעַשֵּׂר)라고 읽습니다. 두 단어의 어근은 모두 '아사르'(עָשַׂר)로 같은 단어입니다. 다만 먼저 나온 '앗세르'(עַשֵּׂר)는 피엘 부정사 절대형의 형태이고, 뒤의 단어 '테앗세르'(תְּעַשֵּׂר)는 피엘 미완료(Yiqtol) 2인칭 남성 단수입니다. 이와 같은 구조에서는 두 가지를 기억해야 합니다. 첫째는 같은 어근을 사용하는 동사가 부정사, 동사의 형태로 나타날 때는 강조형으로 이해해야 합니다. 둘째는 미완료 3인칭과 2인칭 형태에서는 지시형 또는 단축 미완료형(Jussive)으로 사용이 가능하다는 것을 파악해야 합니다. 형태만으로 구분이 가능한 동사도 있지만, 그렇지 않은 동사들도 있기에 문맥에서 파악해야 하는 경우가 많습니다. 이 본문도 마찬가지입니다. 본문의 십일조를 내는 행위는 강조형이며, 지시형입니다. 그래서 '너는 마땅히 십일조를 드려야만 한다' 정도로 번역할 수 있습니다. 당시 십일조는 곡식, 포도주, 기름, 가축 등의 물품의 형태였습니다. 다만 부피가 큰 가축

같은 경우는 가져오는 데 상당한 힘이 들기 때문에 돈으로 바꾸어 십일조를 드리는 형태를 허락했습니다(신 14:24-25). 이런 전통은 신약 시대까지 이어져 내려갔습니다. 이러한 십일조는 하나님 경외하기를 배우는 중요한 행위입니다.

신명기 26장에서는 셋째 해에 드리는 십일조를 명령합니다.

> 셋째 해 곧 십일조(מַעֲשֵׂר)를 드리는 해에 네 모든 소산의 십일조 내기를 마친 후에 그것을 레위인과 객과 고아와 과부에게 주어 네 성읍 안에서 먹고 배부르게 하라. 그리 할 때에 네 하나님 여호와 앞에 아뢰기를 내가 성물(הַקֹּדֶשׁ)을 내 집에서 내어(בִּעַרְתִּי) 레위인과 객과 고아와 과부에게 주기를 주께서 내게 명령하신 명령대로 하였사오니 내가 주의 명령을 범하지도 아니하였고 잊지도 아니하였나이다(신 26:12-13).

이 본문에서 십일조는 명사형 '마아세르'(מַעֲשֵׂר)로 사용되었습니다. 십일조를 내다는 동사 '아사르'(עָשַׂר)에서 파생된 명사입니다. 그런데 독특한 것은 셋째 해 십일조는 레위인과 객과 고아와 과부에게 주어야 한다는 내용입니다. 즉, 이 십일조는 이웃을 위해 드리는 것입니다.

아울러 '내다'라는 의미의 히브리어 '바아르'(בִּעַר)를 주목해야 합니다. 이 단어의 일반적인 의미는 '제거하다'입니다. 12절의 십일조는 13절의 성물과 같은 의미입니다. 본문에서 성물은 '학코데쉬'(הַקֹּדֶשׁ)로 기록되었습니다. 두 단어가 합쳐진 단어로서 한 단어는 정관사 '하'(ה)이고 한 단어는 '거룩한 것'이라는 의미의 '코데쉬'(קֹדֶשׁ)입니다. 본문에서의 직역은 '그 거룩한 것'이 됩니다. 그렇다면 그 거룩한 것인 십일조를 집에서 제거해야 한다는 의미로 13절을 읽을 수 있습니다. '바아르'는 신명기에서 아주 특별한 동사로서, 악을 제거하는 의미로 자주 사용되었습니다(13:5; 17:7, 12; 19:13, 19; 21:9, 21; 22:21, 22, 24; 24:7). 그런 의미에서 보면 성물, 곧 십일조를 집에 두면 악이 된다고 볼 수 있습니다. 그렇기에 그 악을 제거하기 위해서는 반드시 밖으로 내놓아야 합니다.[191] 이런 용어를 사용할 만큼 십일조, 특히나 레위인과 객과 고아와 과부를 위한 십일조는 중요한 것이었습니다. 이웃과 함께 살아야 함을 강조하는 하나님의 명령은 이렇게 중요합니다.

십일조를 하나님께 드리는 예배자는 다음과 같이 고백해야 합니다.

내가 애곡하는 날에 이 성물을 먹지 아니하였고 부정한 몸으로 이를 떼어두지 아니하였고 죽은 자를 위하여 이를 쓰지 아니하였고 내 하나님 여호와의 말씀을 청종하여 주께서 내게 명령하신 대로 다 행하였사오니 원하건대 주의 거룩한 처소 하늘에서 보시고 주의 백성 이스라엘에게 복을 주시며 우리 조상들에게 맹세하여 우리에게 주신 젖과 꿀이 흐르는 땅에 복을 내리소서 할지니라(신 26:14-15).

'애곡하는 날'은 가나안 땅의 이교적 예배나 마술적 행위들을 하는 날입니다. 따라서 그날 십일조를 사용하면 하나님이 아닌 우상들을 위해 허비하는 날이 됩니다. 아울러 죽은 자를 위해 쓰는 것 또한 하나님과 상관없는 일이 되고, 하나님의 것을 하나님이 아닌 다른 것을 위해 쓴 것이니 죄가 됩니다. 그러므로 이런 행위들은 말 그대로 하나님과 맺은 언약을 어기는 것이 됩니다. 이스라엘 백성들은 그날 십일조를 사용하지 않아야 합니다. 광야에서 배운 것과 신명기의 말씀에 의하면 주의 말씀에 순종할 때만이 주께서 주시는 은혜를 입을 수 있기 때문입니다.

정리하자면, 신명기에 나타난 첫 열매와 십일조는 두 가지 핵심을 강조합니다. 첫째, 모든 소유가 하나님의 것이라는 고백입니다. 우리가 받은 모든 은혜와 소산물이 하나님께로부터 왔음을 인정하고 가장 좋은 것을 마땅히 그분께 드리는 것이야말로 하나님을 경외하는 진정한 표현입니다. 둘째, 십일조는 이웃과 나눌 때 비로소 완전해지는 사랑의 실천입니다. 특히 셋째 해 십일조가 레위인과 객, 고아, 과부를 위해 주어졌듯이, 이는 약한 이들과 함께 풍요를 나누는 하나님의 마음을 담고 있습니다. 나눔은 우리 안의 탐심을 제거하는 가장 좋은 방법이 됩니다.

오늘날, '나의 것'이라는 소유 의식이 강해지고, 물질적 성공이 신앙의 척도처럼 여겨지는 시대에 십일조를 단순히 세금처럼 여기거나, 혹은 나눔의 실천이 생색내기나 사회적 봉사로만 끝나고 있지는 않습니까? 우리가 이웃에게 성물인 십일조를 '제거'(בער)해야 했던 것처럼, 우리 안에 쌓여 있는 탐심과 이기심이라는 '악'을 끊어내고, 하나님께서 주신 물질을 통해 이웃과 더불어 사는 삶이 필요합니다. 이에 관한 교부 파테리우스(Paterius)의 말로 이번 장을 마무리 하겠습니다.

> 필요한 일이 다 이루어질 때까지 지속적으로 자신의 선행을 바치는 사람은 훌륭한 봉헌을 하는 것입니다(Expositio Veteris et Novi Testamenti (on Leviticus) 7).[192]

더 생각해 보기

교회에서 십일조는 재정의 주수입원이자, 경상비와 사역

비를 유지하는 핵심 재원입니다. 이 현실을 부정할 수 없습니다. 그러나 성경이 가르치는 십일조의 본래 정신인 '하나님 경외와 이웃 사랑'이 약화된다면, 십일조는 단순한 재정 수단으로 전락할 위험이 있습니다. 교회는 반드시 십일조 안에 '나눔의 몫'을 구조적으로 포함시켜야 합니다. 예를 들어, 십일조 총액에서 일정 비율을 구제, 선교, 사회적 약자 지원에 배정하고, 이를 성도에게 투명하게 보고하는 제도를 마련하는 것입니다. 그렇게 할 때 십일조는 교회 운영비를 넘어 하나님 나라를 확장하는 통로가 될 수 있습니다.

또한 십일조를 '반드시 10분의 1'이라는 경직된 규칙으로만 가르치는 것은 건강하지 않을 수도 있습니다. 재정 상황이 불규칙하거나 경제적으로 어려운 성도에게는 큰 부담이 될 수 있으며, 반대로 여유 있는 성도에게는 신앙적 도전 없이 형식만 남게 할 수 있습니다. 십일조는 '신앙 훈련을 위한 최소한의 기준'으로 제시하되, 비율보다 마음과 목적을 우선하게 가르쳐야 합니다. 훈련의 출발점으로 10%를 삼지만, 점차 그 이상으로 자발적인 헌신과 나눔을 확대하는 것이 바람직한 방법일 수도 있습니다.

이제 교회는 성도들에게 '십일조만 하면 된다'는 사고에서 벗어나, 하나님이 주신 것을 기쁘게 돌려 드리고, 그 복을 이웃과 나누는 삶이 무엇인지 구체적으로 보여주어야 합니다. 그것이 십일조의 의미를 살리는 일이라 생각합니다.

새로 배운 단어와 문법

단어	발음(음역)	의미
רֵאשִׁית	레쉬트(rēʾšît)	시작, 처음, 기원, 맏물
נתן	나탄(nātan)	주다

עָשַׂר	아사르(ʿāśar)	십일조를 바치다
מַעֲשֵׂר	마아세르(maʿăśēr)	십일조
בָּעַר	바아르(bāʿar)	제거하다, 내다
הַ	하(ha)	그
קֹדֶשׁ	코데쉬(qōdeš)	거룩한 것

◆ 미완료(Yiqtol) 3인칭과 2인칭 형태에서는 지시형 또는
단축 미완료형(Jussive)으로 사용이 가능하다는 것을 파
악해야 합니다.

7

아멘(אָמֵן)

저주에 담긴
하나님의 마음

우리는 누군가에게 '좋은 사람'으로 보이고 싶어 합니다. 그러나 대게 겉으로는 경건하고 도덕적인 모습을 유지하지만, 아무도 보지 않는 은밀한 곳에서의 모습은 다를 때가 많습니다. 교회에서도 말씀에 순종하는 듯 보이지만, 일상생활에서는 다른 기준을 따르거나, 세상의 유혹 앞에서 스스로의 욕심을 합리화하기도 합니다. 성경은 우리가 '나 홀로' 있다고 생각하는 그 순간에도, 그리고 가장 은밀한 죄에 대해서도 분명히 경고하고 있습니다. 신명기의 '저주 12계명'은 바로 이처럼 보이지 않는 곳에서 우리의 신앙을 시험하는 죄악들을 날카롭게 꿰뚫으며, 우리에게 진정한 순종과 '하나님 앞에서의 삶'이 무엇인지를 가르쳐 줍니다.

우상: 신성한 영향력인가, 인간의 욕망인가?

본문은 십일조에 관해 설명한 후 하나님과 이스라엘이 맺는 언약에 관해 이야기합니다. 신명기는 언약에 관한 이야기라고 해도 지나치지 않을 정도로 '언약'이 자주 등장합니다. 왜냐하면 약속의 땅을 바로 앞에 둔 상황에서 이스라엘의 정체성을 바로 세우는 것은 중요한 일이기 때문입니다. 그들은 하나님의 백성이자, 하나님과 언약 관계를 맺는 민족으로서 살아가야 합니다. 그러나 가나안 정착 후 이전과는 다른 문화와 환경을 경험하면, 그들의 정체성이 흔들릴 수 있기 때문에 하나님은 계속해서 언약을 상기시키십니다.

신명기 27장부터 나오는 언약은 요단에 들어가서 에발산에 세울 돌들에 새길 명령입니다. 그 중 신명기 27:11-26에 있는 율법의 명령은 흔히 '저주 12계명'이라고 부릅니다. 신명기는 12개의 목록들이 모두 저주를 받아야 할 만큼 큰 죄라고 설명합니다. 이 율법을 듣기 위해 이스라엘 지파 일부는 그리심 산에 서고, 일부는 에발 산에 서야 합니다. 그리고 신명기 27장은 에발 산에 서서 저주의 계명을 듣는 자들을 위한 내용만 나타납니다. 12개의 명령 중에서도 시작과 끝에서 다른 계명들을 감싸고 있는 명령이 상당히 중요합니다.

> 장색의 손으로 조각하였거나 부어 만든 우상(פֶּסֶל)은 여호와께 가증하니 그것을 만들어 은밀히(בַּסָּתֶר) 세우는 자는 저주를 받을 것이라 할 것이요 모든 백성은 응답하여 말하되 아멘(אָמֵן) 할지니라(신 27:15).

저주 12계명은 이스라엘에게 새로운 내용은 아닙니다. 법령의 시작을 알리는 15절의 '우상'이라는 단어는 십계명 두

번째 계명에서 쓰인 단어와 동일합니다. 두 번째 계명은 첫 번째 계명에 이어서 바로 나옵니다.[193]

> 너를 위하여 새긴 우상을 만들지 말고 또 위로 하늘에 있는 것이나 아래로 땅에 있는 것이나 땅 아래 물 속에 있는 것의 어떤 형상(פֶּסֶל)도 만들지 말며 그것들에게 절하지 말며 그것들을 섬기지 말라. 나 네 하나님 여호와는 질투하는 하나님인즉 나를 미워하는 자의 죄를 갚되 아버지로부터 아들에게로 삼사 대까지 이르게 하거니와 나를 사랑하고 내 계명을 지키는 자에게는 천 대까지 은혜를 베푸느니라(출 20:4-6).

'형상'으로 번역된 단어 '페셀'(פֶּסֶל)은 나무나 돌로 만든 형상을 가리키는 단어였으나, 후에는 금속으로 만든 형상에도 사용되었습니다(사 2:20; 30:22; 31:7; 40:19; 44:10; 46:6; 렘 10:4, 8-9; 겔 7:19-20; 호 2:8; 합 2:19). 이 형상은 고대 근동에서 신성한 영향력을 가진 신의 존재를 나타내는 수단이었습니다.[194] 하지만 형상 제작을 금지하는 명령은 십계명 외에 언약 법전의 제단법(출 20:22-26), 제의 십계명(출 34:17), 성결법전(레 19:4b; 26:1), 신명기(신 4:15-24; 16:21-22), 저주 12계명(신 27:15)에서도 나오고,[195] 십계명을 주신 직후에도 금과 은으로 하나님을 만들지 말라는 명령이 나옵니다.

> 너희는 나를 비겨서 은으로나 금으로나 너희를 위하여 신상을 만들지 말고 내게 토단을 쌓고 그 위에 네 양과 소로 네 번제와 화목제를 드리라 내가 내 이름을 기념하게 하는 모든 곳에서 네게 임하여 복을 주리라(출 20:23-24).

하나님을 예배하는 제단은 흙으로 만들었습니다. 오히려 금과 은으로 만든 형상은 사치스러움으로 치장한 부의 과시일 수도 있습니다.[196]

형상을 만드는 것은 하나님을 향한 잘못된 응답입니다. 출애굽 당시 금송아지 이야기(출 32장)는 형상의 잘못된 사용을 가장 직접적으로 보여줍니다. 아론은 새로운 형태의 예배를 만들었고, 그것을 배교라고 생각하지 않은 죄를 범했습니다. 이 외에도 미가의 신상 이야기(삿 17장), 여로보암의 성소(왕상 12장), 느부갓네살의 금 신상(단 3장)은 우상 숭배의 특징을 보여줍니다.[197] 이사야는 우상의 무능함을 고발하며, 우상 숭배자들을 비난합니다(사 44:9-20). 또한 예레미야는 스스로 우상을 만들어 섬긴 이스라엘 백성들의 모습을 설명하며, 이를 비난합니다(렘 2:27-28).

하나님께서 우상 숭배를 금지하신 것은 자신이 인간이 만든 피조물에 갇혀 있는 분이 아니라는 것을 말하기 위함입니다. 하나님은 살아 계신 분이시기 때문에 멈춰 있는 하나의 형상으로 제한할 수 없습니다. 또한 이스라엘도 그런 하나님을 믿을 수는 없을 것입니다. 그렇기에 하나님은 인간이 마음대로 할 수 있는 분이 결코 아님을 강조합니다.[198]

은밀한 죄: 하나님 앞의 내면적 순종

더 나아가 인간이 만든 형상으로 하나님께 드리는 예배가 가능하다는 모든 가능성을 배제합니다. 형상으로는 올바른 예배를 드릴 수 없다는 것입니다.[199] 그렇다고 시각 예술, 조형 예술을 금하는 것은 아니고, 오히려 형상 사용의 문제를 언급합니다. '섬기지 말라'는 것이 핵심 문장입니다. 예배에 형상을 두는 것이 문제이고, 이는 이교도들의 예배 방식이었습니다. 손으로 만든 것도 문제이고, 이집트에서 경험했던 다양한 피조물들을 신격화하는 것도 문제였습니다. 그런데 이런 마음이 약속의 땅에 들어가면 굉장한 유혹으로 다가올 것이 뻔했기 때문에 하나님은 가장 먼저 이 명령을 하셨습니다. 하지만 우상에 관한 다른 본문들과 달리 저주 12계명에 등장하는 성상 제작 금지는 특별함을 가지고 있습니다. 바로 '은밀함'을 말하고 있다는 것입니다. 본문에서 '은밀히'로 번역한 단어 '베사테르'(בַּסֵּתֶר)는 세 단어가 결합되어 있습니다. 하나는 '~에'라는 의미인 전치사 '베'(בְּ), 다른 하나는 정관사 '하'(הַ) 그리고 마지막은 명사 '세테르'(סֵתֶר)이며 이 단어는 '숨은 곳, 은닉처'를 의미합니다. 직역하면 '그 은닉처에'라는 의미가 됩니다. 약간 의역한다면 '비밀로, 남몰래'라는 뜻도 가능합니다.

하지만 저주 12계명은 집중적으로 '내면으로부터의 순종하는 하나님의 말씀'을 집중적으로 다룹니다.[200] 15절에서 언급한 우상을 제작하는 것이 죄라는 것은 너무 분명한 사실인데, 이 본문에선 '은밀히 세우는 것'도 금지합니다. 모두에게 숨기고 자신만이 안다고 생각할지라도 그 또한 저주받을 만큼의 죄가 된다는 사실입니다. 부모에 대한 계명도 밖에서는 아닌 척할 수 있지만, 집안에서 하는 행동이 문제가 되기도 합니다. 이웃의 경계표를 옮기는 행동도 누가 볼 때 할까요? 아무도 보지 않을 때 합니다. 성범죄과 관련된 내용들(20-23) 또한 모두 은밀하게 일어나는 일입니다.

이 법령들은 실제로 일어나지 않은 일을 방지하기 위해서 주어진 것일 수도 있지만, 이미 사회의 통제권 밖에서 실제로 일어나고 있는 일들이기 때문에 주어졌을 가능성이 훨씬 큽니다. 이 저주 목록들에 해당하는 행위들은 증명하기 매우 어려운 방법으로 일어나기 때문에 한 개인의 경건한 삶이 강하게 요구됩니다. 이런 죄를 짓는 이들은 아무도 보는 이 없고, 어떤 증거도 찾을 수 없을 것이라고 확신했겠지만, 하나님은 모든 것을 알고 계시고 보고 계십니다.[201]

백성들은 '아멘'(אמן)으로 응답해야 합니다.

이 율법의 말씀을 실행하지 아니하는 자는 저주를 받을 것이라 할 것이요 모든 백성은 아멘(אמן) 할지니라(신 27:26).

아멘(אמן)은 '진실로, 참으로'라는 뜻을 가지고 있으며, 타인이 한 말을 인정하거나, 찬성할 때 쓰는 단어입니다. 이스라엘은 하나님이 주신 율법의 말씀을 지키지 않는 자는 저주를 받는다는 말씀에 동의했습니다. 이 선포는 하나님께서 인간이 가장 은밀한 곳에서 행하는 일들도 다 지켜보신다는 확고한 믿음이 담긴 고백입니다. 이런 항목들을 어겼을 때는 인간이 저주를 받는 것을 넘어서서 하나님과 인간 사이에 큰 문제가 발생합니다. 대 바실리우스(Basil of Caesarea)는 다음과 같이 말합니다.

하나님은 혀가 붙지 않고 소리가 허공을 뚫지 않는 의인의 피까지도 들으시는 분이십니다. 선행의 존재는 하나님 앞에서 큰 소리입니다(Hex. 22.).[202]

이와 같은 강력한 법령이 약속의 땅을 앞둔 이스라엘에게 주어진 이유는 명확합니다. 저주 목록에 있는 모든 죄들은 사람과 관련 있는 것도 결국 하나님과 관련이 있고, 하나님이 심판하신다는 것을 강조합니다. 또한 이 법령을 받아들이는 자들만이 이스라엘, 즉 하나님의 백성이 될 수 있습니다.[203]

신명기의 '저주 12계명'은 단순히 과거 이스라엘의 사회

질서를 위한 법률 조항이 아닙니다. 그것은 하나님께서 인간의 내면, 곧 아무도 보지 않는 자리에서 드러나는 우리의 참모습을 시험하시는 말씀입니다. 사람의 눈에는 숨길 수 있어도 하나님의 눈은 피할 수 없습니다. 그러므로 진정한 신앙은 공적 자리에서의 종교적 행위만이 아니라, 숨겨진 마음과 비밀스러운 선택까지도 하나님 앞에서 드러내고 순종하는 데 있습니다. 이는 종교적 형식보다 하나님과의 관계를 더 깊이 지키라는 부르심이며, 우리 모두가 '하나님 앞에서의 삶'을 다시 점검해야 함을 일깨워 줍니다.

더 생각해 보기

하나님의 백성으로 살아간다는 것은 단순히 겉으로 보이는 종교적 행위를 넘어, 하나님의 말씀에 온전히 순종하는 삶을 의미합니다. 그 순종은 사람들의 평가나 시선을 의식한 것이 아닙니다. 진정한 신앙은 누구도 보지 않는 가장 은밀한 곳에서 드러납니다. 우리는 겉으로는 하나님께 삶을 다 맡긴 듯 의지하는 척하면서 뒤로는 불안한 미래를 위해 사주를 보거나, 겉으로는 친절하지만, 마음속에서는 누군가를 시기하거나 비난하는 생각, 회의나 모임에서 직접 말하지 않고, 뒷담화를 통해 평가절하, 인터넷이나 SNS에서 익명성 뒤에 숨어 공격적인 댓글 작성, 하나님을 의지한다고 말하면서도 결정적 순간엔 계산과 이익을 먼저 따짐 등을 행하고 있지는 않습니까?

이처럼 '겉과 속이 완전히 다른 삶'은 하나님 앞에서 가장 가증한 죄입니다. 왜냐하면 하나님의 백성으로 살아간다는 것은 언제나 '하나님 앞에' 서 있다는 확고한 인식으로 살아가는 것이기 때문입니다. 아무도 보지 않는다고 생각하는 그 순간에도, 은밀한 죄악을 계획하는 우리의 마음속까지 하나님은 모두 알고 계시고 보고 계십니다. 우리는

‘나만 아니면 돼’라는 이기적인 생각이나, ‘나 정도면 괜찮지’ 하는 자기 합리화 속에서 은밀한 죄의 유혹에 쉽게 노출되고 있지는 않나요? 저주 12계명은 우리에게 ‘아멘’으로 응답하라고 촉구합니다. 이는 단순한 동의를 넘어, 우리의 가장 깊은 내면까지 하나님의 말씀에 순종하며, 겉과 속이 동일한 거룩한 삶을 살겠다는 주님 앞에서의 담대한 결단입니다.

새로 배운 단어와 문법

단어	발음(음역)	의미
פֶּסֶל	페셀(pesel)	형상
בְּ	베(bə)	~안에
הַ	하(ha)	그
סֵתֶר	세테르(seṭer)	숨은 곳, 은닉처
אָמֵן	아멘(ʾāmēn)	아멘, 진실로, 참으로

감사의 글

책이 출간되기까지 선한 길로 인도해 주신 하나님께 먼저 감사를 드립니다.

이 책의 첫 원고를 쓴 것은 무려 15년 전, 2010년이었습니다. 구약에 매력을 느끼고 본격적으로 구약을 공부하겠다고 마음을 정했던 때였지요. 그때부터 연구하고, 고민했던 내용들을 글로 옮겼고, 새로운 내용을 배우거나, 새로운 고민이 생겼을 때마다 글과 내용을 더했습니다. 그렇게 원고를 쓰기 시작한지 벌써 15년이 흘렀습니다. 그러던 중 출판사 복있는사람에서 좋은 기획을 제안해 주신 덕분에 이 책이 세상에 나오게 되었습니다. 부족한 원고임에도 출판을 결정해 주시고, 출간까지 여러모로 애써 주신 복있는사람에 깊이 감사드립니다.

추천사를 써주신 세 분의 교수님은 저에게 너무나 귀한 분들입니다. 홍국평 교수님은 저의 지도 교수님으로, 학위 과정 중은 물론 졸업 후에도 제자를 사랑하시고 아껴 주시며 지금도 변함없이 가르침을 주고 계십니다. 송민원 교수님은 성서 연구에 대한 열정을 보여주시고, 따뜻한 성품으로 늘 본이 되어 주십니다. 이삭 교수님은 학문적 열정으로 늘 도전을 주시고, 유쾌한 성품 덕분에 뵐 때마다 기쁨이 가득합니다. 부족한 원고에 따뜻한 추천사를 보내 주신 세 분의 교수님께 진심으로 감사드립니다.

구약 연구와 관련해 빼놓을 수 없는 분들이 계신데, 바로 중심교회THE HUB의 이기동 담임목사님과 스터디 멤버들입니다. 이 모임 덕분에 마음껏 구약을 연구하고 강의할 수 있었고, 이 원고를 다듬는 데에도 큰 도움이 되었습니다. 이기동 목사님과 스터디 멤버들께 깊이 감사드립니다.

또 감사한 한분은 이승아님입니다. 원고를 아주 꼼꼼히 읽고 날카롭고 따뜻한 피드백을 주었습니다. 상세하게 준 피드백 덕분에 원고의 완성도가 상당히 높아질 수 있었습니다.

저에게 떼려야 뗄 수 없는 공동체 오후다섯시교회도 있습니다. 그들의 기도와 응원, 그리고 격려가 없었다면 이 자리에 있는 것 자체가 쉽지 않았을 것입니다. 아울러 양가 부모님의 변함없는 사랑과 기도 그리고 제가 어떤 일을 하든 보내주시는 무조건적인 지지와 격려는 제가 존재할 수 있는 가장 큰 힘이 됩니다. 무엇보다도 "한 번 사는 인생, 행복한 일을 하며 살자!"고 제게 용기를 북돋아 준 아내가 없었다면, 어떤 일도 시작하지 못했을 것입니다.

이 모든 만남과 관계는 하나님의 은혜로 주어진 기적임을 고백하며, 다시 한번 깊이 감사드립니다.

오늘도 하나님의 은혜로 살아감을 감사하며
전원희

Abrams, Judith Z. "Metzora(at) kashaleg: Leprosy: Challenges to Authority in the Bible." *JBQ* 21, no. 1 (1993): 41-45.

Albright, W. F. "The Names 'Israel' and 'Judah' with an Excursus on the Etymology of Tôdâh and Tôrâh." *JBL* 46, no. 3/4 (1927): 151-85.

Alexandria, Saint Clement of. *Christ the Educator*. Translated by Wood, Simon P. FC 23. Washington: Catholic University of America Press, 1954.

————. *Stromateis*. Books 1-3. Translated by Ferguson, John. FC 85.Washington, D.C.: Catholic University of America Press, 1991.

Ambrose Bishop of Milan, Saint. 『성직자의 의무』 한국연구재단총서 학술명저번역 서양편, 625, 최원오 역. 파주: 아카넷, 2020 [*De officiis ministrorum*.].

Aquinas, Saint Thomas. *The Summa Theologica of Saint Thomas Aquinas I*. Translated by Province, Fathers of the English

Dominican, Sullivan, Revised by Daniel J. Great Books of
the Western World 19.Chicago; London; Toronto: Ency-
clopaedia Britannica, 1952.

Arles, Saint Caesarius of. *Sermons*. Translated by Mueller, Sister
Mary Magdeleine. Father of the Church 66. 3, 187-238.
Washington, D.C.: Catholic University of America
Press, 1973.

__________. *Sermons*. Translated by Mueller, Sister Mary Magdeleine.
FC 47. 2, 81-186. Washington, D.C.: Catholic University
of America Press, 1964.

Augustine of Hippo, Saint. *Tractates on the Gospel of John 1-10*.
Translated by Rettig, John W. FC 78.Washington, D.C.:
Catholic University of America Press, 1988.

Bailey, John A. "Initiation and the Primal Woman in Gilgamesh
and Genesis 2-3." *JBL* 89, no. 2 (1970): 137-50.

Basil Bishop of Caesarea, Saint. *Exegetic homilies*. Translated by
Way, Sister Agnes Clare. FC 46.Washington, D.C.: Cath-
olic University of America Press, 1963.

Bratsiotis, N. P. "*'îsh*." *TDOT 1*. Grand Rapids, Mich.: Eerdmans,
2004.

Carthage, Saint Cyprian Bishop of. *Treatises*. Translated by De-
ferrari, Roy Joseph. FC 36.Washington: Catholic Univer-
sity of America Press, 1958.

Cassian, John. *The Conferences*. Translated by Ramsey, Boniface.
ACW 57. New York: Paulist Press, 1997.

Chrysostom, Saint John. *Homilies on Genesis 18-45*. Translated by
Hill, Robert C. FC 82.Washington, D.C.: Catholic Uni-
versity of America Press, 1990.

Clark, W. Malcolm. "A Legal Background to the Yahwist's Use of
"Good and Evil" in Genesis 2-3." *JBL* 88, no. 3 (1969):
266-78.

Coote, Robert. "The Meaning of the Name Israel." *HTR* 65, no. 1
(1972): 137-42.

Davies, Eryl W. "A Mathematical Conundrum: The Problem of the Large Numbers in Numbers i and xxvi." *VT* 45, no. 4 (1995): 449-69.

Douglas, Mary. "The Forbidden Animals in Leviticus." *JSOT* 18, no. 59 (1993): 3-23.

Engnell, I. ""Knowledge" and "Life" in the Creation Story." In *Wisdom in Israel and in the Ancient Near East* Thomas, D. Winton, Noth, Martin. VTSup, 103-19. Leiden: E. J. Brill, 1969.

Gordis, Robert. "The Knowledge of Good and Evil in the Old Testament and the Qumran Scrolls." *JBL* 76, no. 2 (1957): 123-38.

———. "The Significance of the Paradise Myth." *AJSL* 52, no. 2 (1936): 86-94.

Grabbe, Lester L. "The Scapegoat Tradition: A Study in Early Jewish Interpretation." *JSJ* 18, no. 2 (1987): 152-67.

Harper, G. Geoffrey. "Time for a New Diet?: Allusions to Genesis 1-3 as Rhetorical Device in Leviticus 11." *Southeastern Theological Review* 4, no. 2 (2013): 179-95.

Hart, Ian. "Genesis 1:1-2:3 as a Prologue to the Book of Genesis." *TynBul* 46, no. 2 (1995): 315-36.

Hillers, Delbert R. "Delocutive Verbs in Biblical Hebrew." *JBL* 86, no. 3 (1967): 320-24.

Houtman, Cornelis. *Exodus 1*. Translated by Rebel, Johan. HCOT Kampen: Peeters Publishers, 1993.

Humphreys, Colin J. "The Number of People in the Exodus from Egypt: Decoding Mathematically the Very Large Numbers in Numbers I and XXVI." *VT* 48, no. 2 (1998): 196-213.

Janowski, B. "*Azazel*." DDD Leiden; Boston; Köln: Brill, 1999.

Janzen, J. Gerald. "On the Most Important Word in the Shema (Deuteronomy VI 4-5)." *VT* 37, no. 3 (1987): 280-300.

Jastrow, Morris. "The 'Nazir' Legislation." *JBL* 33, no. 4 (1914):

266-85.

Jenson, Philip Peter. *Graded Holiness*. JSOTSup 106. Sheffield: JSOT Press, 1992.

Jepsen, Alfred. "*Aman*." TDOT 1. Grand Rapids, Mich.: Eerdmans, 2004.

Jerome, Saint. *The Homilies of Saint Jerome* Translated by Ewald, Marie Liguori. FC 57. 2, Homilies 60-96. Washington: Catholic University of America Press, 1966.

Kislev, Itamar. "The Census of the Israelites on the Plains of Moab (Numbers 26): Sources and Redaction." *VT* 63, no. 2 (2013): 236-60.

______. "The Numbers of Numbers: The Census Accounts in the Book Numbers." *ZAW* 128, no. 2 (2016): 189-204.

Kittel, Rudolf. *Geschichte des Volkes Israel II*. 7. Auflage. Gotha: Leopold Klotz Verlag, 1925.

Klein, Ernest. *A Comprehensive Etymological Dictionary of the Hebrew Language for Readers of English*. Jerusalem; Haifa: Carta; University of Haifa, 1987.

Kline, Meredith G. "Abram's Amen." *WTJ* 31, no. 1 (1968): 1-11.

Mayes, A. D. H. *Deuteronomy: Based on the Revised Standard Version*. New Century Bible Commentary. 1991. Reprint. Grand Rapids, Mich.; London: Eerdmans; Marshall, Morgan & Scott, 1981.

Mendenhall, George E. "The Census Lists of Numbers 1 and 26." *JBL* 77, no. 1 (1958): 52-66.

Milan, Saint Ambrose Bishop of. *Seven Exegetical Works*. Translated by McHugh, Michael P. FC 65. Washington: Catholic University of America Press 1972.

Milgrom, Jacob. "Israel's Sanctuary: The Priestly 'Picture of Dorian Gray'." *RB* 83, no. 3 (1976): 390-99.

______. *Leviticus 1-16*. AB 3. New York: Doubleday, 1991.

Miller, Patrick D. *The Ten Commandments*. Louisville, KY: Westminster John Knox Press, 2009.

Muraoka, T. "On the So-Called Dativus Ethicus in Hebrew." *JTS* 29, no. 2 (1978): 495–98.

Noth, Martin. *The Laws in the Pentateuch, and Other Studies*. Translated by Ap-Thomas, D. R. Edinburgh: Oliver&Boyd, 1967, 1966 [*Gesammelte Studien zum Alten Testament* Auflage 2. München: Chr. Kaiser Verlag, 1960].

Nyssa, Saint Gregory of. *Ascetical Works*. Translated by Callahan, Virginia Woods. FC 58. Washington: Catholic University of America Press, 1967.

Oden, Robert A., Jr. "Divine Aspirations in Atrahasis and in Genesis 1–11." *ZAW* 93, no. 2 (1981): 197–216.

Origen. *Homilies on Genesis and Exodus*. Translated by Heine, Ronald E. FC 71. Washington, D.C.: Catholic University of America Press, 1982.

———. *Homilies on Numbers*. Translated by Scheck, Thomas P., Hall, Christopher A. Ancient Christian Texts Downers Grove, Ill.: IVP Academic, 2009.

Orlov, Andrei A. *Dark Mirrors: Azazel and Satanael in Early Jewish Demonology*. Albany, NY: State University of New York Press, 2011.

Rad, Gerhard von. *Deuteronomium-Studien*. Forschungen zur Religion und Literatur des Alten und Neuen Testaments Göttingen: Vandenhoeck & Ruprecht, 1947.

———. *Genesis*. Translated by Marks, John H. rev. ed. OTL. London: SCM Press, 1972 [*Das erste Buch Mose: Genesis* Auflage 9. Göttingen: Vandenhoeck & Ruprecht, 1972].

———. *Studies in Deuteronomy*. Translated by Stalker, David. Studies in Biblical theology. 9. 1953; Reprint, London: SCM Press, 1961 [*Deuteronomium-Studien* Auflage 2. Göttingen: Vandenhoeck & Ruprecht, 1948].

Rashkow, Ilona N. "Azazel: The Scapegoat in the Bible and Ancient Near East." *JBQ* 51, no. 2 (2023): 85–90.

Reicke, Bo Ivar. "Knowledge Hidden in the Tree of Paradise." *JSS*

1, no. 3 (1956): 193-201.

Rendsburg, Gary A. "An Additional Note to Two Recent Articles on the Number of People in the Exodus from Egypt and the Large Numbers in Numbers i and xxvi." *VT* 51, no. 3 (2001): 392-96.

Rogers, Cleon L., Jr. "Moses: Meek or Miserable?". *JETS* 29, no. 3 (1986): 257-63.

Roo, Jacqueline C. R. de. "Was the Goat for Azazel Destined for the Wrath of God." *Bib* 81, no. 2 (2000): 233-42.

Rudman, Dominic. "A Note on the Azazel-Goat Ritual." *ZAW* 116, no. 3 (2004): 396-401.

Sarna, Nahum M. *Genesis*. The JPS Torah Commentary Philadelphia: Jewish Publication Society, 1989.

Waite, Jerry. "The Census of Israelite Men after their Exodus from Egypt." *VT* 60, no. 3 (2010): 487-91.

Watts, John D. W. "Infinitive Absolute as Imperative and the Interpretation of Exodus 20:8." *ZAW* 74, no. 2 (1962): 141-45.

게제니우스, W. 『게제니우스 히브리어 문법』, 신윤수 역. 서울: 비블리아 아카데미아, 2006 [Gesenius, Wilhelm, Kautzsch, Emil. *Gesenius' Hebrew Grammar*. 2nd ed. Translated Cowley, Arthur Ernest. London: Oxford University Press, 1910].

______. 『게제니우스의 히브리어·아람어 사전』, 이정의 역. 서울: 생명의 말씀사, 2007 [Gesenius, Friedrich Heinrich Wilhelm. *Hebräisches und Aramäisches Handwörterbuch über das Alte Testament*. 17. Aufl. Springer: Verlag Berlin Heidelberg, 1962].

골딩게이, 존. 『구약성서개론: 본문 탐색, 접근, 이슈들』, 주현규 역. 서울: 기독교문서선교회, 2019 [Goldingay, John. *An introduction to the Old Testament: Exploring Text, Approaches and Issues*. Downers, IL: InterVarsity Press, 2015].

김근주. 『오늘을 위한 레위기』 서울: IVP, 2021.

김동혁. "제3 이사야의 안식일 신학: 이사야 56장 1-8절과 58장 13-14절에 대한 주석적 연구."『구약논단』 24 (2, 2018): 12-36.

김영진.『구약성서개론: 한국인을 위한 최신 연구』서울: 대한기독교서회, 2004.

김이곤.『출애굽기의 신학』한국신학논집. 14, 서울: 한국신학연구소, 1989.

노트, 마르틴.『레위기』국제성서주석 서울: 한국신학연구소, 1984 [Noth, Martin. *Das Dritte Buch Mose: Leviticus*. ATD. 4. Aufl. Göttingen: Vandenhoeck & Ruprecht, 1978].

더햄, 존.『출애굽기』WBC 성경주석, 손석태, 채천석 역. 서울: 도서출판 솔로몬, 2000 [Durham, John I. *Exodus*. WBC. 3. Waco, Texas: Word Books, 1987].

드 보, 롤랑.『구약성경의 제도들 2: 종교사회 제도』수가대 신학총서 1-2, 김건태 역. 경기: 수원가톨릭대학교 출판부, 2017 [de Vaux, Roland. *Les Institutions de l'Ancien Testament 2: Institutions religieuses*. Paris: Éditions du Cerf, 1997].

라솔, 윌리엄 S., 허바드, 데이비드 앨런, 부쉬, 프래드릭 윌리엄.『구약개관』, 박철현 역. 고양: 크리스챤 다이제스트, 2002 [Lasor, William Sanford, Hubbard, David Allan, Bush, Frederic William. *Old Testament Survey: The Message, Form, and Background of the Old Testament*. 2nd ed. Grand Rapids, Mich.: Eerdmans, 1996].

라우트리지, 로빈.『구약성서신학』, 최영진 역. 서울: 기독교문서선교회, 2011 [Routledge, Robin. *Old Testament Theology: A Thematic Approach*. Downers Grove, IL: IVP Academic, 2008].

라이트, 크리스토퍼.『신명기』, 전의우 역. 서울: 성서유니온, 2017 [Wright, Christopher J. H. *Deuteronomy*. Understanding the Bible Commentary. Grand Rapids, Mich.: Baker Publishing Group, 1996].

램딘, 토마스 O.『성서 히브리어』, 이기락 역. 서울: 가톨릭출판사, 1995 [Lambdin, Thomas Oden. *Introduction to Biblical Hebrew*. New York: Prentice Hall, 1971].

롱맨, 트렘퍼, 딜러드, 레이몬드.『최신 구약 개론』, 박철현 역. 고양: 크리스챤다이제스트, 2009 [Longman, Tremper, Dillard, Raymond B. *An Introduction to the Old Testament*. 2nd ed. Grand Rapids, Mich.: Zondervan, 2006].

루커, 마크.『레위기』, 차주엽 역. 서울: 부흥과개혁사, 2018 [Rooker, Mark F. *Leviticus*. NAC. Nashville, TN: B&H Publishing Group, 2000].

리나드, 조지프 T., 롬스, 로니 J.『탈출기·레위기·민수기·신명기』교부들의 성경주해 구약성경, 3, 강선남 역. 칠곡: 분도출판사, 2015 [Lienhard, Joseph T., Rombs, Ronnie J. *Exodus, Leviticus, Numbers, Deuteronomy*. ACCS. Old Testament 3. Downers Grove, IL: InterVarsity Press, 2001].

맥콘빌, J. G.『신명기』, 강대이, 황의무 역. 서울: 부흥과개혁사, 2019 [McConville, J. G. *Deuteronomy*. ApOTC. Nottingham: Inter-Varsity Press, 2010].

메릴, 유진 H.『신명기』, 신윤수 역. 서울: 부흥과개혁사, 2020 [Merrill, Eugene H. *Deuteronomy*. NAC. Nashville, TN: B&H Publishing Group, 1994].

밀러, 패트릭 D.『고대 근동과 이스라엘 종교』고대 근동 시리즈, 21, 김병하 역. 서울: 기독교문서선교회, 2018 [Miller, Patrick D. *The Religion of Ancient Israel*. Louisville, Ky.: Westminster John Knox Press, 2000].

________.『신명기』현대성서주석, 김회권 역. 서울: 한국장로교출판사, 2000 [Miller, Patrick D. *Deuteronomy*. Interpretation: A Bible Commentary for Teaching and Preaching. Louisville: John Knox Press, 1990].

발렌틴, 사무엘 E.『레위기』현대성서주석, 조용식 역. 서울: 한국장로교출판사, 2011 [Balentine, Samuel E. *Leviticus*. Interpretation. Louisville, KY: John Knox Press, 2002].

배선복. "제사법의 회개에 나타난 책임과 회복의 윤리: 아셈(אשׁם)동사와 레위기 6장 1-7절을 중심으로."『구약논단』28 (2, 2022): 105.

버치, 브루스 C., *et al.*『구약신학과의 만남』한국 구약학 총서, 1, 차준

참고문헌

희 역. 서울: 프리칭아카데미, 2007[Birch, Bruce C.,Brueg-gemann, Walter,Fretheim, Terence E., Peterson, David L. *A Theological Introduction to the Old Testament*. Nashville: Abingdon Press, 1999].

볼프, 한스 발터.『구약성서의 인간학』, 문희석 역. 경북: 분도출판사, 1976[Wolff, Hans Walter. *Anthropologie des Alten Testaments*. München: Christian Kaiser Verlag, 1973].

붓드, 필립 J.『민수기』WBC 성경주석, 5, 박신배 역. 서울: 솔로몬, 2004[Budd, Philip J. *Numbers*. WBC. 5. Waco, Texas: Word Books, 1984].

사르나, 나훔 M.『출애굽기 탐구』, 박영호 역. 서울: 솔로몬, 2004 [Sarna, Nahum M. *Exploring Exodus: The Origins of Biblical Israel*. New York: Schocken Books, 1996].

성기문.『피와 고기의 신학: 레위기 5대 제물 연구』서울: Planters, 2022.

셰리든, 마크.『창세기 12-50장』교부들의 성경주해 구약성경 2, 이혜정 역. 칠곡: 분도출판사, 2014[Sheridan, Mark, Oden, Thomas C. *Genesis 12-50*. ACCS. Old Testament 11. Downers Grove, IL: InterVarsity Press, 2002].

송민원.『히브리어의 시간』서울: 복 있는 사람, 2024.

슈미트, 베르너 H.『구약성서 입문』, 차준희, 채홍식 역. 서울: 대한기독교서회, 2007[Schmidt, Werner H. *Einführung in das Alte Testament*. 5. Aufl. Berlin: Walter de Gruyter, 1995].

______.『구약신앙: 역사로 본 구약신학』, 차준희 역. 서울: 대한기독교서회, 2007[Schmidt, Werner H. *Alttestamentlicher Glaube*. 9. Aufl. Neukirchen-Vluyn: Neukirchener Verlag, 2004].

슈미트, 한스-크리스토프.『구약, 어떻게 공부할 것인가?』, 차준희, 김정훈 역. 서울: 대한기독교서회, 2014[Schmitt, Hans-Christoph. *Arbeitsbuch zum Alten Testament*. 3. Aufl. Göttingen: Vandenhoeck & Ruprecht GmbH & Co. KG, 2011].

스튜어트, 더글라스.『호세아-요나』WBC 성경주석, 31, 김병하 역. 서

울: 도서출판 솔로몬, 2011 [Stuart, Douglas. *Hosea-Jonah*. WBC. 31. Nashville: Thomas Nelson Publishers, 1987].

아이히로트, 발터.『구약성서신학 I』, 박문재 역. 고양: 크리스챤다이제스트, 2003 [Eichrodt, Walther. *Theology of the Old Testament*. OTL. Translated Baker, J. A. Philadelphia: The Westminster Press, 1967].

아처, 글리슨 L.『구약총론』, 김정우, 김은호 역. 서울: 기독교문서선교회, 2002 [Archer Jr., Gleason L. *A Survey of Old Testament Introduction*. rev. ed. Chicago: Moody Press, 1994].

앤더슨, 버나드 W.『구약성서 탐구』, 김성천 역. 서울: 기독교문서선교회, 2017 [Anderson, Bernhard W. *Understanding the Old Testament*. 5th ed. New Jersey: Pearson Education, Inc., 2007].

─────.『구약신학』, 최종진 역. 서울: 한들출판사, 2001 [Anderson, Bernhard W. *Contours of Old Testament Theology*. Minneapolis, MN: Augsburg Fortress, 1999].

예레미야스, 요륵.『하나님의 후회: 구약성서의 하나님 이해』, 채홍식 역. 서울: 대한기독교서회, 2002 [Jeremias, Jörg. *Die Reue Gottes: Aspekte alttestamentlicher Gottesvorstellung*. Biblische Studien 65. Neukirchen-Vluyn: Neukirchener Verlag, 1975].

올슨, 데니스.『민수기』현대성서주석, 차종순 역. 서울: 한국장로교출판사, 2000 [Olson, Dennis T. *Numbers*. Interpretation, a Bible Commentary for Teaching and Preaching. Louisville: John Knox Press, 1996].

옷토, 루돌프.『성스러움의 의미』, 길희성 역. 경북: 분도출판사, 2009 [Otto, Rudolf. *Das Heilige: über das Irrationale in der Idee des Göttlichen und sein Verhältnis zum Rationalen*. 35. Aufl. München: C.H. Beck, 1963].

우즈, 에드워드 J.『신명기』틴데일 구약주석 시리즈, 김정훈 역. 서울: 기독교문서선교회, 2016 [Woods, Edward J. *Deuteronomy*. TOTC. London: Inter-Varsity Press, 2011].

월키, 브루스 K., 프레드릭스, 캐시 J.『창세기 주석』, 김경열 역. 서울:

새물결플러스, 2018[Waltke, Bruce K., Fredricks, Cathi J. *Genesis: A Commentary*. Grand Rapids, Mich.: Zondervan, 2001].

월트키, 브루스.『구약신학: 주석적·정경적·주제별 연구 방식』, 김귀탁 역. 서울: 부흥과개혁사, 2012[Waltke, Bruce K. *An Old Testament Theology: An Exegetical, Canonical, and Thematic Approach*. Grand Rapids, Michigan: Zondervan, 2007].

웬함, 고든.『레위기』, 김귀탁 역. 서울: 부흥과개혁사, 2014[Wenham, Gordon J. *The Book of Leviticus*. NICOT. Grand Rapids, Mich.: Eerdmans, 1979].

________ .『모세오경』성경이해 3, 박대영 역. 서울: 성서유니온선교회, 2007[Wenham, Gordon J. *The Pentateuch*. Exploring the Old Testament 1. London: SPCK, 2003].

________ .『창세기(상)』WBC 성경주석, 1, 박영호 역. 서울: 도서출판 솔로몬, 2001[Wenham, Gordon J. *Genesis 1-15*. WBC. 1. Waco, Texas: Word Books, 1987].

이일례. "히브리산파들의 저항과 '시편 언어'의 친연성(親緣性): 상호텍스트성으로 본 출애굽기 1장 15-22절과 시편 34편."『구약논단』23 (4, 2017): 42-73.

자콥, 에드몽.『구약 신학』, 박문재 역. 고양: 크리스챤다이제스트, 1999[Jacob, Edmond. *Theology of the Old Testament*. Translated Heathcote, W., Allcock, Philip J. New York: Harper & Row, 1958].

장일선.『구약신학의 주제』서울: 대한기독교서회, 2006.

조우현. "하느님의 사람들(שרמים)과 모세의 구리 뱀(בחש נתשת): 구약성경 내 여러 본문들을 바탕으로 민수 21, 4-9 다시 읽기."『신학전망』(219, 2022): 90-130.

주옹, 폴, 무라오까.『성서 히브리어 문법』, 김정우 역. 서울: 도서출판 기혼, 2012[Paul Joüon, S. J. *A Grammar of Biblical Hebrew*. 2nd ed. SubBi 27. Translated Muraoka, T. Roma: Gregorian & Biblical Press, 2006].

주원준.『신명기』주해, 거룩한 독서를 위한 구약성경. 5, 서울: 바오로딸, 2016.

차일즈, 브레바드 S. 『구약 신학』, 박문재 역. 서울: 크리스챤 다이제스트, 1992[Childs, Brevard S. *Old Testament Theology in A Canonical Context*. Philadelphia: Fortress Press, 1986].

침멀리, 발터. 『구약신학』, 김정준 역. 서울: 한국신학연구소, 1999[Zimmerli, Walther. *Grundriss der alttestamentlichen Theologie*. 6. Aufl. Stuttgart: Kohlhammer, 1989].

커리드, 존 D. 『고대 근동 신들과의 논쟁』, 이용옥 역. 서울: 새물결플러스, 2017[Currid, John D. *Against the gods: The Polemical Theology of the Old Testament*. Wheaton, Illinois: Crossway, 2013].

폰 라트, 게르하르트. 『신명기』 국제성서주석, 번역실 역. 서울: 한국신학연구소, 1986[Rad, Gerhard von. *Das fünfte Buch Mose: Deuteronomium*. ATD. 8, 2. Aufl. Göttingen: Vandenhoeck & Ruprecht, 1968].

─────. 『창세기』 국제성서주석, 한국신학연구소 역. 서울: 한국신학연구소, 1983[Rad, Gerhard von. *Das Erste Buch Mose: Genesis*. ATD 2/4. Göttingen: Vandenhoeck & Ruprecht, 1972].

프레다임, 테렌스 E. 『출애굽기』 현대성서주석, 강성열 역. 서울: 한국장로교출판사, 2001[Fretheim, Terence E. *Exodus*. Interpretation: A Bible Commentary for Teaching and Preaching. Louisville: John Knox Press, 1991].

프리젠, Th. C. 『구약 신학 개요』, 노항규 역. 서울: 크리스챤 다이제스트, 1995[Vriezen, Th. C. *An Outline of Old Testament Theology*. 2nd ed. Oxford: Basil Blackwell, 1970].

하틀리, 존 E. 『레위기』 WBC 성경주석, 4, 김경열 역. 서울: 도서출판 솔로몬, 2005[Hartley, John E. *Leviticus*. WBC. 4. Dallas, Texas: Word Books, 1992].

─────. 『창세기』, 김진선 역. 서울: 성서유니온, 2019[Hartley, John E. *Genesis*. Understanding the Bible Commentary. Grand Rapids, MI: Baker Publishing Group, 2000].

해리슨, 롤란드. 『구약서론 II』, 류호준, 박철현, 노항규 역. 고양: 크리스챤다이제스트, 2007[Harrison, Roland K. *Introduction to the Old Testament*. Grand Rapids: Eerdmans, 1969].

해밀턴, 빅터.『오경 개론』베이커 구약 개론 시리즈, 1, 강성열, 박철현 역. 고양: 크리스챤다이제스트, 2007[Hamilton, Victor P. *Handbook on the Pentateuch*. Grand Rapids, MI: Baker Book House Co., 2005].

______ .『창세기 I』, 임요한 역. 서울: 부흥과 개혁사, 2016[Hamilton, Victor P. *The Book of Genesis: Chapter 1-17*. NICOT. Grand Rapids, Mich.: Eerdmans, 1990].

해밀턴, 빅터 P.『창세기 II』, 임요한 역. 서울: 부흥과개혁사, 2018 [Hamilton, Victor P. *The Book of Genesis: Chapters 18-50*. NICOT. Grand Rapids, Mich.: Eerdmans, 1995].

______ .『출애굽기』, 박영호 역. 서울: 솔로몬, 2017[Hamilton, Victor P. *Exodus*. Grand Rapids, MI: Baker Academic, 2011].

1 Ernest Klein, *A Comprehensive Etymological Dictionary of the Hebrew Language for Readers of English* (Jerusalem; Haifa: Carta; University of Haifa, 1987), 548.

2 Ian Hart, "Genesis 1:1-2:3 as a Prologue to the Book of Genesis," *TynBul* 46, no. 2 (1995): 318.

3 Nahum M. Sarna, *Genesis*, The JPS Torah Commentary (Philadelphia: Jewish Publication Society, 1989), 23.

4 N. P. Bratsiotis, "'îsh," *TDOT* 1 (Grand Rapids, Mich.: Eerdmans, 2004), 226.

5 본문은 다음을 참고했다. Saint Thomas Aquinas, *The Summa Theologica of Saint Thomas Aquinas I*, trans. Fathers of the English Dominican Province and Revised by Daniel J. Sullivan, Great Books of the Western World 19 (Chicago; London; Toronto: Encyclopaedia Britannica, 1952).

6 Robert Gordis, "The Significance of the Paradise Myth," *AJSL* 52, no. 2 (1936): 86-94; Robert Gordis, "The Knowledge of Good and Evil in the Old Testament and the Qumran Scrolls," *JBL* 76, no. 2 (1957): 123-

38; I. Engnell, ""Knowledge" and "Life" in the Creation Story," in *Wisdom in Israel and in the Ancient Near East*, eds. D. Winton Thomas and Martin Noth, VTSup 3 (Leiden: E. J. Brill, 1969), 103-19; Bo Ivar Reicke, "Knowledge Hidden in the Tree of Paradise," *JSS* 1, no. 3 (1956): 193-201; John A. Bailey, "Initiation and the Primal Woman in Gilgamesh and Genesis 2-3," *JBL* 89, no. 2 (1970); 144-7.

7   빅터 해밀턴, 『창세기 I』, 임요한 역 (서울: 부흥과 개혁사, 2016[Victor P. Hamilton, *The Book of Genesis: Chapter 1-17*, NICOT, Grand Rapids, Mich.: Eerdmans, 1990]), 176.

8   Robert A. Oden, Jr., "Divine Aspirations in Atrahasis and in Genesis 1-11," *ZAW* 93, no. 2 (1981): 212-3; Gerhard von Rad, *Genesis*, trans. John H. Marks, rev. ed., OTL (London: SCM Press, 1972[*Das erste Buch Mose: Genesis*, Aufl. 9, ATD, Bd. 2-4, Göttingen: Vandenhoeck & Ruprecht, 1972]), 81.

9   해밀턴, 『창세기 I』, 177.

10 고든 웬함, 『창세기(상)』, WBC 성경주석 1, 박영호 역 (서울: 도서출판 솔로몬, 2001[Gordon J. Wenham, *Genesis 1-15*, WBC 1, Waco, Texas: Word Books, 1987]), 177-8.

11 W. Malcolm Clark, "A Legal Background to the Yahwist's Use of "Good and Evil" in Genesis 2-3," *JBL* 88, no. 3 (1969): 266-78; 해밀턴, 『창세기 I』, 178.

12 Rad, *Genesis*, 83.

13 본문은 다음을 참고하였다. Saint John Chrysostom, *Homilies on Genesis 18-45*, trans. Robert C. Hill, FC 82 (Washington, D.C.: Catholic University of America Press, 1990).

14 존 D. 커리드, 『고대 근동 신들과의 논쟁』, 이용옥 역 (서울: 새물결플러스, 2017[John D. Currid, *Against the gods: The Polemical Theology of the Old Testament*, Wheaton, Illinois: Crossway, 2013]), 76-101.

15 요륵 예레미야스, 『하나님의 후회: 구약성서의 하나님 이해』, 채홍식 역 (서울: 대한기독교서회, 2002[Jörg Jeremias, *Die Reue Gottes: Aspekte alttestamentlicher Gottesvorstellung*, Biblische Studien 65, Neukirchen-Vluyn: Neukirchener Verlag, 1975]), 29-32.

16 본문은 다음을 참고하였다. Chrysostom, *Homilies on Genesis 18-45*.

17 월트키, 『구약신학』, 363.

18 『아브라함의 묵시』는 제2성전기 유대 묵시문학에 속하는 작품으로, 기원후 1~2세기경에 히브리어나 아람어로 기록되었을 가능성이 높으며 현재는 슬라브어 번역본만 전해집니다. 창세기 12장 전후의 아브라함 이야기를 확장하여, 그가 우상숭배를 버리고 하나님의 부름을 받은 과정과

천사 야오엘의 인도를 받아 하늘에 올라 하나님의 영광, 종말 심판, 이스라엘의 미래를 계시받는 장면을 묘사합니다.

19 Delbert R. Hillers, "Delocutive Verbs in Biblical Hebrew," *JBL* 86, no. 3 (1967): 320-4; W. 게제니우스, 『게제니우스 히브리어 문법』, 신윤수 역 (서울: 비블리아 아카데미아, 2006 [Wilhelm Gesenius and Emil Kautzsch, *Gesenius' Hebrew Grammar*, 2nd ed., trans. Arthur Ernest Cowley, London: Oxford University Press, 1910]), 219; 폴 주옹, 무라오까, 『성서 히브리어 문법』, 김정우 역 (서울: 도서출판 기혼, 2012 [S. J. Paul Joüon, *A Grammar of Biblical Hebrew*, 2nd ed., SubBi 27, trans. T. Muraoka, Roma: Gregorian & Biblical Press, 2006]), 246.

20 Meredith G. Kline, "Abram's Amen," *WTJ* 31, no. 1 (1968): 1-11.

21 Alfred Alfred Jepsen, "Aman," *TDOT* 1 (Grand Rapids, Mich.: Eerdmans, 2004), 309.

22 게제니우스, 『게제니우스 히브리어 문법』, 220.

23 해밀턴, 『창세기 I』, 478.

24 게제니우스, 『게제니우스 히브리어 문법』, 506; 웬함, 『창세기(상)』, 571.

25 W. 게제니우스, 『게제니우스의 히브리어·아람어 사전』, 이정의 역 (서울: 생명의 말씀사, 2007 [Friedrich Heinrich Wilhelm Gesenius, *Hebräisches und Aramäisches Handwörterbuch über das Alte Testament*, 17. Aufl., Springer: Verlag Berlin Heidelberg, 1962]), 677.

26 게르하르트 폰 라트, 『창세기』, 국제성서주석, 한국신학연구소 역 (서울: 한국신학연구소, 1983 [Gerhard von Rad, *Das Erste Buch Mose: Genesis*, ATD 2/4, Göttingen: Vandenhoeck & Ruprecht, 1972]), 199-200; 브레바드 S. 차일즈, 『구약 신학』, 박문재 역 (서울: 크리스챤 다이제스트, 1992 [Brevard S. Childs, *Old Testament Theology in A Canonical Context*, Philadelphia: Fortress Press, 1986]), 245; 해밀턴, 『창세기 I』, 480.

27 본문은 다음을 참고하였다. Chrysostom, *Homilies on Genesis 18-45*.

28 희년서(기원전 2세기 경)는 모세가 40일 동안 시내산에 있으면서 하나님께 받은 계시를 기록한 책으로 알려져 있습니다. 이 책은 창세기와 출애굽기의 내용을 바탕으로 재구성한 재서술입니다.

29 바빌로니아 탈무드는 바빌로니아 지역의 유대인들에 의해서 만들어졌고, 유대인들의 중요한 문헌인 미쉬나에 관련한 주석, 토론, 보충 자료, 논평 등을 담고 있습니다. 미쉬나는 크게 여섯 부분으로 나뉘고, 이들은 다시 소책자로 나뉩니다. 그 중에 산헤드린은 손해/손해보상금을 다루는 '네지킨'에 속해 있습니다. 산헤드린에서는 사법 기관을 만드는 방법에 대한 논의가 있습니다.

30 Sarna, *Genesis*, 151.

31 토마스 O. 램딘, 『성서 히브리어』, 이기락 역 (서울: 가톨릭출판사, 1995

[Thomas Oden Lambdin, *Introduction to Biblical Hebrew*, New York: Prentice Hall, 1971]), 168.

32 브루스 K. 월키, 캐시 J. 프레드릭스, 『창세기 주석』, 김경열 역 (서울: 새물결플러스, 2018[Bruce K. Waltke and Cathi J. Fredricks, *Genesis: A Commentary*, Grand Rapids, Mich.: Zondervan, 2001]), 541.

33 빅터 P. 해밀턴, 『창세기 II』, 임요한 역 (서울: 부흥과개혁사, 2018[Victor P. Hamilton, *The Book of Genesis: Chapters 18-50*, NICOT, Grand Rapids, Mich.: Eerdmans, 1995]), 138.

34 게제니우스, 『게제니우스 히브리어 문법』, 569; 무라오카는 이것을 '관심의 여격(Dativus Ethicus)'이라 부른다. T. Muraoka, "On the So-Called Dativus Ethicus in Hebrew," *JTS* 29, no. 2 (1978): 495.

35 월키, 프레드릭스, 『창세기 주석』, 341-2.

36 그래서 유대인들에게는 이 단어로 인해 하나님의 '보이심', '나타나심'이라는 전승이 생겨났다.

37 본문은 다음을 참고하였다. Origen, *Homilies on Genesis and Exodus*, trans. Ronald E. Heine, FC 71 (Washington, D.C.: Catholic University of America Press, 1982).

38 본문은 다음을 참고하였다. Saint Ambrose Bishop of Milan, *Seven Exegetical Works*, trans. Michael P. McHugh, FC 65 (Washington: Catholic University of America Press 1972).

39 이스라엘의 의미에 대해서 올브라이트는 '하나님이 치료하신다'로 주장한다. W. F. Albright, "The Names 'Israel' and 'Judah' with an Excursus on the Etymology of Tôdâh and Tôrâh," *JBL* 46, no. 3/4 (1927): 154-68; 쿠트는 '하나님이 판단한다'로 본다. Robert Coote, "The Meaning of the Name Israel," *HTR* 65, no. 1 (1972): 137-46.

40 존 E. 하틀리, 『창세기』, 김진선 역 (서울: 성서유니온, 2019[John E. Hartley, *Genesis*, Understanding the Bible Commentary, Grand Rapids, MI: Baker Publishing Group, 2000]), 417.

41 해밀턴, 『창세기 II』, 557.

42 본문은 다음을 참고하였다. 마크 셰리든, 『창세기 12-50장』, 교부들의 성경주해 구약성경 2, 이혜정 역 (칠곡: 분도출판사, 2014[Mark Sheridan and Thomas C. Oden, *Genesis 12-50*, ACCS Old Testament 11, Downers Grove, IL: InterVarsity Press, 2002]).

43 존 더햄, 『출애굽기』, WBC 성경주석, 손석태, 채천석 역 (서울: 도서출판 솔로몬, 2000[John I. Durham, *Exodus*, WBC 3, Waco, Texas: Word Books, 1987]), 49-50.

44 마지막 단어의 한 모음에 차이가 있지만, 이는 히브리어 악센트에 의한 영향이고 같은 단어다.

45 더헴, 『출애굽기』, 49.

46 더헴, 『출애굽기』, 50.

47 루돌프 옷토, 『성스러움의 의미』, 길희성 역 (경북: 분도출판사, 2009[Rudolf Otto, *Das Heilige: über das Irrationale in der Idee des Göttlichen und sein Verhältnis zum Rationalen*, 35. Aufl., München: C.H. Beck, 1963]), 47-56.

48 해밀턴, 『창세기 II』, 599-600.

49 이일례, "히브리산파들의 저항과 '시편 언어'의 친연성(親緣性): 상호텍스트성으로 본 출애굽기 1장 15-22절과 시편 34편," 『구약논단』 23 (4, 2017): 42-73.

50 본문은 다음을 참고하였다. Saint Jerome, *The Homilies of Saint Jerome* 2, Homilies 60-96, trans. Marie Liguori Ewald, FC 57 (Washington: Catholic University of America Press, 1966).

51 빅터 P. 해밀턴, 『출애굽기』, 박영호 역 (서울: 솔로몬, 2017[Victor P. Hamilton, *Exodus*, Grand Rapids, MI: Baker Academic, 2011]), 101.

52 Comelis Houtman, *Exodus 1*, trans. Johan Rebel, HCOT (Kampen: Peeters Publishers, 1993), 329.

53 김이곤, 『출애굽기의 신학』 38-44; 브루스 C. 버치 et al., 『구약신학과의 만남』, 한국 구약학 총서 1, 차준희 역 (서울: 프리칭아카데미, 2007[Bruce C. Birch et al., *A Theological Introduction to the Old Testament*, Nashville: Abingdon Press, 1999]), 158-9.

54 버치 et al., 『구약신학과의 만남』, 157.

55 테렌스 E. 프레다임, 『출애굽기』, 현대성서주석, 강성열 역 (서울: 한국장로교출판사, 2001[Terence E. Fretheim, *Exodus*, Interpretation: A Bible Commentary for Teaching and Preaching, Louisville: John Knox Press, 1991]), 91.

56 본문은 다음을 참고하였다. Origen, *Homilies on Numbers*, trans. Thomas P. Scheck and Christopher A. Hall, Ancient Christian Texts (Downers Grove, Ill.: IVP Academic, 2009).

57 발터 아이히로트, 『구약성서신학 I』, 박문재 역 (고양: 크리스챤다이제스트, 2003[Walther Eichrodt, *Theology of the Old Testament*, OTL, trans. J.A. Baker, Philadelphia: The Westminster Press, 1967]), 199; 나훔 M. 사르나, 『출애굽기 탐구』, 박영호 역 (서울: 솔로몬, 2004[Nahum M. Sarna, *Exploring Exodus: The Origins of Biblical Israel*, New York: Schocken Books, 1996]), 116; 더헴, 『출애굽기』, 103.

58 고든 웬함, 『모세오경』, 성경이해 3, 박대영 역 (서울: 성서유니온선교회, 2007[Gordon J. Wenham, *The Pentateuch*, Exploring the Old Testament 1, London: SPCK, 2003]), 105.

59 에드몽 자콥, 『구약 신학』, 박문재 역 (고양: 크리스챤다이제스트, 1999

[Edmond Jacob, *Theology of the Old Testament*, trans. W. Heathcote and Philip J. Allcock, New York: Harper & Row, 1958]), 57.

60 송민원, 『히브리어의 시간』 (서울: 복 있는 사람, 2024), 80-2.

61 브루스 월트키, 『구약신학: 주석적·정경적·주제별 연구 방식』, 김귀탁 역 (서울: 부흥과개혁사, 2012[Bruce K. Waltke, *An Old Testament Theology: An Exegetical, Canonical, and Thematic Approach*, Grand Rapids, Michigan: Zondervan, 2007]), 427-30.

62 본문은 다음을 참고하였다. Saint Augustine of Hippo, *Tractates on the Gospel of John 1-10*, trans. John W. Rettig, FC 78 (Washington, D.C.: Catholic University of America Press, 1988).

63 Karl W. Butzer, "Environmental Change in the Near East and Human Impact on the Land," in *Civilizations of the Ancient Near East*, ed. Jack M. Sasson (New York: Scribner, 1995), 136.

64 베르너 H. 슈미트, 『구약신앙: 역사로 본 구약신학』, 차준희 역 (서울: 대한기독교서회, 2007[Werner H. Schmidt, *Alttestamentlicher Glaube*, 9. Aufl., Neukirchen-Vluyn: Neukirchener Verlag, 2004]), 148-9.

65 차일즈, 『구약 신학』, 79-80.

66 월트키, 『구약신학』. 485-6.

67 베르너 H. 슈미트, 『구약성서 입문』, 차준희, 채홍식 역 (서울: 대한기독교서회, 2007[Werner H. Schmidt, *Einführung in das Alte Testament*, 5. Aufl., Berlin: Walter de Gruyter, 1995]), 166-7.

68 버나드 W. 앤더슨, 『구약신학』, 최종진 역 (서울: 한들출판사, 2001[Bernhard W. Anderson, *Contours of Old Testament Theology*, Minneapolis, MN: Augsburg Fortress, 1999]), 202; 롤란드 해리슨, 『구약서론 II』, 류호준, 박철현, 노항규 역 (고양: 크리스챤다이제스트, 2007[Roland K. Harrison, *Introduction to the Old Testament*, Grand Rapids: Eerdmans, 1969]), 128.

69 해리슨, 『구약서론 II』, 130.

70 마르틴 노트, 『레위기』, 국제성서주석 (서울: 한국신학연구소, 1984[Martin Noth, *Das Dritte Buch Mose: Leviticus*, ATD, 4. Aufl., Göttingen: Vandenhoeck & Ruprecht, 1978]), 11.

71 글리슨 L. 아처, 『구약총론』, 김정우, 김은호 역 (서울: 기독교문서선교회, 2002[Gleason L. Archer Jr., *A Survey of Old Testament Introduction*, rev. ed., Chicago: Moody Press, 1994]), 341.

72 본문은 다음을 참고하였다. Saint Caesarius of Arles, *Sermons 2, 81-186*, trans. Sister Mary Magdeleine Mueller, FC 47 (Washington, D.C.: Catholic University of America Press, 1964).

73 김근주, 『오늘을 위한 레위기』 (서울: IVP, 2021), 49.

74 Jacob Milgrom, *Leviticus 1-16*, AB 3 (New York: Doubleday, 1991), 175-

7.

75 김근주, 『오늘을 위한 레위기』, 59-65.

76 본문은 다음을 참고하였다. 조지프 T. 리나드, 로니 J. 롬스, 『탈출기·레위기·민수기·신명기』, 교부들의 성경주해 구약성경 3, 강선남 역 (칠곡: 분도출판사, 2015 [Joseph T. Lienhard and Ronnie J. Rombs, *Exodus, Leviticus, Numbers, Deuteronomy*, ACCS Old Testament 3, Downers Grove, IL: InterVarsity Press, 2001]).

77 김근주, 『오늘을 위한 레위기』, 78-9.

78 앤더슨, 『구약신학』, 206.

79 패트릭 D. 밀러, 『고대 근동과 이스라엘 종교』, 고대 근동 시리즈 21, 김병하 역 (서울: 기독교문서선교회, 2018 [Patrick D. Miller, *The Religion of Ancient Israel*, Louisville, Ky.: Westminster John Knox Press, 2000]), 281.

80 김근주, 『오늘을 위한 레위기』, 87.

81 Milgrom, *Leviticus 1-16*, 195-6.

82 슈미트, 『구약신앙: 역사로 본 구약신학』, 321-2.

83 Milgrom, *Leviticus 1-16*, 197-8; 김근주, 『오늘을 위한 레위기』, 87.

84 Th. C. 프리젠, 『구약 신학 개요』, 노항규 역 (서울: 크리스챤 다이제스트, 1995 [Th. C. Vriezen, *An Outline of Old Testament Theology*, 2nd ed., Oxford: Basil Blackwell, 1970]), 339.

85 김근주, 『오늘을 위한 레위기』, 94.

86 웬함, 『모세오경』, 143

87 Milgrom, *Leviticus 1-16*, 220-1; 번역은 김근주를 따랐다. 김근주, 『오늘을 위한 레위기』, 110.

88 밀러, 『고대 근동과 이스라엘 종교』, 290.

89 새와 같이 작은 몸집 형태의 제물이 쓰이지 않은 것은 고기를 나눠먹어야 하는 화목제의 특성과 맞지 않았기 때문인 것 같다. Milgrom, *Leviticus 1-16*, 222.

90 아이히로트, 『구약성서신학 I』, 150-1.

91 앤더슨, 『구약신학』, 206; 밀러, 『고대 근동과 이스라엘 종교』, 289.

92 밀러, 『고대 근동과 이스라엘 종교』, 289.

93 속죄제에 관한 광범위한 연구는 다음 책을 참고하라. 성기문, 『피와 고기의 신학: 레위기 5대 제물 연구』 (서울: Planters, 2022).

94 노트, 『레위기』, 48.

95 김근주, 『오늘을 위한 레위기』, 148.

96 밀러, 『고대 근동과 이스라엘 종교』, 291.

97 노트, 『레위기』, 48.

98 로빈 라우트리지, 『구약성서신학』, 최영진 역 (서울: 기독교문서선교회, 2011 [Robin Routledge, *Old Testament Theology: A Thematic Approach*,

Downers Grove, IL: IVP Academic, 2008]), 229.

99 아이히로트, 『구약성서신학 I』, 167-8; 웬함, 『모세오경』, 144-5.

100 해리슨, 『구약서론 II』, 141.

101 프리젠, 『구약 신학 개요』, 339.

102 Milgrom, *Leviticus 1-16*, 245.

103 아이히로트, 『구약성서신학 I』, 167; 웬함, 『모세오경』, 145.

104 밀러, 『고대 근동과 이스라엘 종교』, 298.

105 해리슨, 『구약서론 II』, 141.

106 김근주, 『오늘을 위한 레위기』, 169.

107 Jacob Milgrom, "Israel's Sanctuary: The Priestly 'Picture of Dorian Gray'," *RB* 83, no. 3 (1976): 390-9.

108 배선복, "제사법의 회개에 나타난 책임과 회복의 윤리: 아셈(אשׁם)동사와 레위기 6장 1-7절을 중심으로," 『구약논단』 28 (2, 2022), 128-9.

109 Mary Douglas, "The Forbidden Animals in Leviticus," *JSOT* 18, no. 59 (1993): 18-20.

110 빅터 해밀턴, 『오경 개론』, 베이커 구약 개론 시리즈 1, 강성열, 박철현 역 (고양: 크리스챤다이제스트, 2007 [Victor P. Hamilton, *Handbook on the Pentateuch*, Grand Rapids, MI: Baker Book House Co., 2005]), 347.

111 본문은 다음을 참고하였다. Saint Clement of Alexandria, *Christ the Educator*, trans. Simon P. Wood, FC 23 (Washington: Catholic University of America Press, 1954).

112 G. Geoffrey Harper, "Time for a New Diet?: Allusions to Genesis 1-3 as Rhetorical Device in Leviticus 11," *Southeastern Theological Review* 4, no. 2 (2013): 179-95.

113 Martin Noth, *The Laws in the Pentateuch, and Other Studies*, trans. D. R. Ap-Thomas (Edinburgh: Oliver&Boyd, 1967, 1966 [*Gesammelte Studien zum Alten Testament*, Aufl. 2, Theologische Bücherei. Altes Testament, Bd. 6, München: Chr. Kaiser Verlag, 1960]), 56-60.

114 Milgrom, *Leviticus 1-16*, 733.

115 김근주, 『오늘을 위한 레위기』, 253-60; 고든 웬함, 『레위기』, 김귀탁 역 (서울: 부흥과개혁사, 2014 [Gordon J. Wenham, *The Book of Leviticus*, NICOT, Grand Rapids, Mich.: Eerdmans, 1979]), 205-6.

116 Philip Peter Jenson, *Graded Holiness*, JSOTSup 106 (Sheffield: JSOT Press, 1992), 146; Milgrom, *Leviticus 1-16*, 730.

117 루커, 『레위기』, 265.

118 구약성서에서 레 16:8, 10(2번), 26에 나타난다. B. Janowski, "Azazel," *DDD*, 2nd ed. (Leiden; Boston; Köln: Brill, 1999), 128-31.

119 롤랑 드 보, 『구약성경의 제도들 2: 종교사회 제도』, 수가대 신학총서

1-2, 김건태 역 (경기: 수원가톨릭대학교 출판부, 2017 [Roland de Vaux, *Les Institutions de l'Ancien Testament 2: Institutions religieuses*, Paris: Éditions du Cerf, 1997]), 384-5.

120 Milgrom, *Leviticus 1-16*, 1020.

121 Jacqueline C. R. de Roo, "Was the Goat for Azazel Destined for the Wrath of God," *Bib* 81, no. 2 (2000): 233-42.

122 Milgrom, *Leviticus 1-16*, 1021; Ilona N. Rashkow, "Azazel: The Scapegoat in the Bible and Ancient Near East," *JBQ* 51, no. 2 (2023): 88-89.

123 하틀리, 『레위기』, 506, 515.

124 발렌틴, 『레위기』, 215.

125 Dominic Rudman, "A Note on the Azazel-Goat Ritual," *ZAW* 116, no. 3 (2004): 396-401.

126 본문은 다음을 참고하였다. Saint Caesarius of Arles, *Sermons 3*, 187-238, trans. Sister Mary Magdeleine Mueller, Father of the Church 66 (Washington, D.C.: Catholic University of America Press, 1973).

127 아이히로트, 『구약성서신학 I』, 134-5; 웬함, 『모세오경』, 153-4.

128 월키, 프레드릭스, 『창세기 주석』, 120-3.

129 Patrick D. Miller, *The Ten Commandments* (Louisville, KY: Westminster John Knox Press, 2009), 122.

130 발터 침멀리, 『구약신학』, 김정준 역 (서울: 한국신학연구소, 1999 [Walther Zimmerli, *Grundriss der alttestamentlichen Theologie*, 6. Aufl., Stuttgart: Kohlhammer, 1989]), 199-201.

131 장일선, 『구약신학의 주제』 (서울: 대한기독교서회, 2006), 148.

132 김동혁, "제3 이사야의 안식일 신학: 이사야 56장 1-8절과 58장 13-14절에 대한 주석적 연구," 『구약논단』 24 (2, 2018), 12-36.

133 김근주, 『오늘을 위한 레위기』, 515.

134 김근주, 『오늘을 위한 레위기』, 516.

135 본문은 다음을 참고하였다. Saint Clement of Alexandria, *Stromateis. Books 1-3*, trans. John Ferguson, FC 85 (Washington, D.C.: Catholic University of America Press, 1991).

136 본문은 다음을 참고하였다. 리나드, 롬스, 『탈출기·레위기·민수기·신명기』.

137 존 골딩게이, 『구약성서개론: 본문 탐색, 접근, 이슈들』, 주현규 역 (서울: 기독교문서선교회, 2019 [John Goldingay, *An introduction to the Old Testament: Exploring Text, Approaches and Issues*, Downers, IL: InterVarsity Press, 2015]), 161.

138 해리슨, 『구약서론 II』, 177.

139 키텔(R. Kittel)에 의하면 독주를 마시지 않고, 머리를 기르는 나실인들의

행동은 현대 생활 방식(가나안)에 대한 항의의 표시일 수 있다. Rudolf
Kittel, *Geschichte des Volkes Israel II*, 7. Aufl. (Gotha: Leopold Klotz Ver-
lag, 1925), 250; 같은 의미로 앤더슨(B. W. Anderson)도 나실인은 포도
나무의 모든 소산(포도주, 포도즙, 생포도, 건포도, 씨, 껍질)을 먹지 않았
고, 이는 광야 전승의 정신에 입각해 포도 농업으로 대표되는 가나안 문
화에 대한 저항이었다고 본다. 버나드 W. 앤더슨, 『구약성서 탐구』, 김성
천 역 (서울: 기독교문서선교회, 2017 [Bernhard W. Anderson, *Understand-
ing the Old Testament*, 5th ed., New Jersey: Pearson Education, Inc.,
2007]), 432, no. 17; 스튜어트(D. Stuart)는 머리를 깎지 않은 것은 구별
의 표시, 포도주를 입에 대지 않은 것은 자기 부인의 표시, 죽은 것을 피
할 것은 순결의 표시라고 설명한다. 더글라스 스튜어트, 『호세아-요나』,
WBC 성경주석 31, 김병하 역 (서울: 도서출판 솔로몬, 2011 [Douglas Stu-
art, *Hosea-Jonah*, WBC 31, Nashville: Thomas Nelson Publishers, 1987]),
574.

140 데니스 올슨, 『민수기』, 현대성서주석, 차종순 역 (서울: 한국장로교출판
사, 2000 [Dennis T. Olson, *Numbers*, Interpretation, a Bible Commentary
for Teaching and Preaching, Louisville: John Knox Press, 1996]), 77-82.

141 웬함, 『모세오경』, 170.

142 본문은 다음을 참고하였다. Milan, *Seven Exegetical Works*.

143 본문은 다음을 참고하였다. Saint Gregory of Nyssa, *Ascetical Works*,
trans. Virginia Woods Callahan, FC 58 (Washington: Catholic Univer-
sity of America Press, 1967).

144 Judith Z. Abrams, "Metzora(at) kashaleg: Leprosy: Challenges to Au-
thority in the Bible," *JBQ* 21, no. 1 (1993): 41-5.

145 Cleon L. Rogers, Jr., "Moses: Meek or Miserable?," *JETS* 29, no. 3
(1986): 257-63.

146 필립 J. 붓드, 『민수기』, WBC 성경주석 5, 박신배 역 (서울: 솔로몬, 2004
[Philip J. Budd, *Numbers*, WBC 5, Waco, Texas: Word Books, 1984]), 260.

147 본문은 다음을 참고하였다. Saint Cyprian Bishop of Carthage, *Treatis-
es*, trans. Roy Joseph Deferrari, FC 36 (Washington: Catholic Universi-
ty of America Press, 1958).

148 올슨, 『민수기』, 210.

149 조우현, "하느님의 사람들(שירם)과 모세의 구리 뱀(נחשתנ): 구약성
경 내 여러 본문들을 바탕으로 민수 21, 4-9 다시 읽기," 『신학전망』 (219,
2022): 102.

150 윌리엄 S. 라솔, 데이비드 앨런 허바드, 프래드릭 윌리엄 부쉬, 『구약개
관』, 박철현 역 (고양: 크리스챤 다이제스트, 2002 [William Sanford Lasor,
David Allan Hubbardand Frederic William Bush, *Old Testament Survey:*

The Message, Form, and Background of the Old Testament, 2nd ed., Grand Rapids, Mich.: Eerdmans, 1996]), 266-7.

151 올슨, 『민수기』, 221-3.

152 웬함, 『모세오경』, 180-1.

153 본문은 다음을 참고하였다. Saint Ambrose Bishop of Milan, 『성직자의 의무』, 한국연구재단총서 학술명저번역 서양편 625, 최원오 역 (파주: 아카넷, 2020 [*De officiis ministrorum*]).

154 골딩게이, 『구약성서개론』, 161.

155 해리슨, 『구약서론 II』, 176.

156 올슨, 『민수기』, 41-2.

157 Eryl W. Davies, "A Mathematical Conundrum: The Problem of the Large Numbers in Numbers i and xxvi," *VT* 45, no. 4 (1995): 465-9.

158 본문은 다음을 참고하였다. John Cassian, *The Conferences*, trans. Boniface Ramsey, ACW 57 (New York: Paulist Press, 1997).

159 해리슨, 『구약서론 II』, 201.

160 웬함, 『모세오경』, 191.

161 패트릭 D. 밀러, 『신명기』, 현대성서주석, 김회권 역 (서울: 한국장로교출판사, 2000 [Patrick D. Miller, *Deuteronomy*, Interpretation: A Bible Commentary for Teaching and Preaching, Louisville: John Knox Press, 1990]), 31.

162 밀러, 『신명기』, 41.

163 해리슨, 『구약서론 II』, 192; 김영진, 『구약성서개론: 한국인을 위한 최신 연구』 (서울: 대한기독교서회, 2004), 313; 밀러, 『신명기』, 40.

164 본문은 다음을 참고하였다. 리나드, 롬스, 『탈출기·레위기·민수기·신명기』.

165 침멀리, 『구약신학』, 199-201.

166 John D. W. Watts, "Infinitive Absolute as Imperative and the Interpretation of Exodus 20:8," *ZAW* 74, no. 2 (1962): 141-5.

167 유진 H. 메릴, 『신명기』, 신윤수 역 (서울: 부흥과개혁사, 2020 [Eugene H. Merrill, *Deuteronomy*, NAC, Nashville, TN: B&H Publishing Group, 1994]), 171-2.

168 장일선, 『구약신학의 주제』, 148; 크리스토퍼 라이트, 『신명기』, 전의우 역 (서울: 성서유니온, 2017 [Christopher J. H. Wright, *Deuteronomy*, Understanding the Bible Commentary, Grand Rapids, Mich.: Baker Publishing, 1996]), 116-8.

169 월트키, 『구약신학』, 492.

170 차일즈, 『구약 신학』, 84-7.

171 아이히로트, 『구약성서신학 I』, 137.

172 슈미트,『구약성서 입문』, 173.

173 J. Gerald Janzen, "On the Most Important Word in the Shema (Deuteronomy VI 4–5)," *VT* 37, no. 3 (1987), 280–300.

174 월트키,『구약신학』, 564–5.

175 라이트,『신명기』, 145.

176 라이트,『신명기』, 144–5; 한스-크리스토프 슈미트,『구약, 어떻게 공부할 것인가?』, 차준희, 김정훈 역 (서울: 대한기독교서회, 2014 [Hans-Christoph Schmitt, *Arbeitsbuch zum Alten Testament*, 3. Aufl., Göttingen: Vandenhoeck & Ruprecht GmbH & Co. KG, 2011]), 354.

177 메릴,『신명기』, 188.

178 한스 발터 볼프,『구약성서의 인간학』, 문희석 역 (경북: 분도출판사, 1976 [Hans Walter Wolff, *Anthropologie des Alten Testaments*, München: Christian Kaiser Verlag, 1973]), 82–116.

179 라이트,『신명기』, 149.

180 볼프,『구약성서의 인간학』, 28–56.

181 라이트,『신명기』, 150.

182 앤더슨,『구약신학』, 246–7.

183 본문은 다음을 참고하였다. Ambrose Bishop of Milan,『성직자의 의무』.

184 Gerhard von Rad, *Deuteronomium-Studien*, Forschungen zur Religion und Literatur des Alten und Neuen Testaments (Göttingen: Vandenhoeck & Ruprecht, 1947), 47; Gerhard von Rad, *Studies in Deuteronomy*, trans. David Stalker, Studies in Biblical theology 9 (1953; repr., London: SCM Press, 1961 [*Deuteronomium-Studien*, Aufl. 2, Forschungen zur Religion und Literatur des Alten und Neuen Testaments, Bd. 58, Göttingen: Vandenhoeck & Ruprecht, 1948]), 68.

185 메릴,『신명기』, 261.

186 라이트,『신명기』, 246–8.

187 밀러,『신명기』, 212–3.

188 웬함,『모세오경』, 206.

189 라이트,『신명기』, 248; 트렘퍼 롱맨, 레이몬드 딜러드,『최신 구약 개론』, 박철현 역 (고양: 크리스챤다이제스트, 2009 [Tremper Longman and Raymond B. Dillard, *An Introduction to the Old Testament*, 2nd ed., Grand Rapids, Mich.: Zondervan, 2006]), 155.

190 A. D. H. Mayes, Deuteronomy: *Based on the Revised Standard Version*, New Century Bible Commentary (1991; repr., Grand Rapids, Mich.; London: Eerdmans; Marshall, Morgan & Scott, 1981), 277.

191 에드워드 J. 우즈,『신명기』, 틴데일 구약주석 시리즈, 김정훈 역 (서울: 기독교문서선교회, 2016 [Edward J. Woods, *Deuteronomy*, TOTC, London: In-

ter-Varsity Press, 2011]), 362.

192 본문은 다음을 참고하였다. 리나드, 롬스, 『탈출기·레위기·민수기·신명기기』.

193 첫 번째 계명에 이어 바로 등장한다는 그 이유 때문에 개신교를 제외한 가톨릭, 루터교, 유대교는 2계명을 따로 떼어놓지 않습니다. 어거스틴도 제2계명을 그다지 강조하지 않았고, 중세시대까지 그 생각이 이어졌습니다. 심지러 루터는 형상금지에 관한 내용을 교리 문답서에 포함하지 않았습니다.

194 더햄, 『출애굽기』, 473-4.

195 침멀리, 『구약신학』, 192-3, 196; 슈미트, 『구약신앙: 역사로 본 구약신학』, 212-3.

196 Miller, *The Ten Commandments*, 56-7.

197 차일즈, 『구약 신학』, 82-3.

198 침멀리, 『구약신학』 193-4; 장일선, 『구약신학의 주제』 145; 더햄, 『출애굽기』, 475.

199 김이곤, 『출애굽기의 신학』, 215.

200 주원준, 『신명기』, 거룩한 독서를 위한 구약성경 주해 5 (서울: 바오로딸, 2016), 409.

201 게르하르트 폰 라트, 『신명기』, 국제성서주석, 번역실 역 (서울: 한국신학연구소, 1986 [Gerhard von Rad, *Das fünfte Buch Mose: Deuteronomium*, ATD 8, 2. Aufl., Göttingen: Vandenhoeck & Ruprecht, 1968]), 169.

202 본문은 다음을 참고하였다. Saint Basil Bishop of Caesarea, *Exegetic homilies*, trans. Sister Agnes Clare Way, FC 46 (Washington, D.C.: Catholic University of America Press, 1963).

203 J. G. 맥콘빌, 『신명기』, 강대이, 황의무 역 (서울: 부흥과개혁사, 2019 [J. G. McConville, *Deuteronomy*, ApOTC, Nottingham: Inter-Varsity Press, 2010]), 501-2.